汉字心学

顾 易　阮清钰　著

南方出版传媒·广东人民出版社

·广州·

图书在版编目（CIP）数据

汉字心学 / 顾易，阮清钰著. — 广州 : 广东人民出版社，
2018.11

ISBN 978-7-218-13207-5

Ⅰ. ①汉… Ⅱ. ①顾… ②阮… Ⅲ. ①汉字—心理学
Ⅳ. ①H12-05

中国版本图书馆CIP数据核字（2018）第229907号

HANZI XINXUE

汉字心学

顾 易 阮清钰 著

出 版 人：肖风华

责任编辑：梁 茵 陈泽航
责任技编：周 杰 吴彦斌
书籍设计：赵焜森 钟 清 张雪烽

出版发行：广东人民出版社
地 址：广州市大沙头四马路10号（邮政编码：510102）
电 话：（020）83798714（总编室）
传 真：（020）83780199
网 址：http://www.gdpph.com
印 刷：广州市人杰彩印厂
开 本：787mm×1092mm 1/16
印 张：28.5 字 数：350千
版 次：2018年11月第1版 2018年11月第1次印刷
定 价：98.00元

如发现印装质量问题，影响阅读，请与出版社（020-83795749）联系调换。
售书热线：（020）83795240

目 录

卷二　心理状态

卷三　思想情感

卷五 意志意愿

卷六　社会伦理

汉 字 心 学
Hanzi Xinxue

从「心」字说起

有句谜语，谜面为：月伴三星如弯镰，浪花点点过船舷。谜底是什么？读者都可以猜到，这是一个"心"字。

心，象形字，甲骨文为◊，像人和动物的心脏的形状，上面的左右短斜线可以看作是心脏上的血管或瓣膜。

金文为◊，多了中间的一点，表示心脏是有血的。

篆文为◊，中间像人体内椭圆形心脏的形状，图案突出了该心脏上端的动脉入口管道、静脉入口管道。

《说文·心部》对"心"的解释是："心，人心，土藏，在身之中。象形。博士说以为火藏。凡心之属皆从心。"意思是，人的心脏，是属土的脏器，藏在身躯的中部。依博学之士说，心是属火的脏器。所有与心相关的字，都采用"心"作偏旁。心的本义是指人的心脏。《红楼梦》第二十五回："贾母闻之，如刀刺心，一发哭着大骂。"

古人以为心不但是泵血的器官，还是感知器官、思维器官。《黄帝内经》认为"心主身之血脉"，道出了心的生理功能，又说："心藏神，主神明。"心是人一身之主，主宰着人的精神、思想、意识、情感，掌握着人的气血盛衰以及精、气、神和思维功能。《礼记》也指出"总包万虑谓之心"，认为心是用来思考的。因此，"心"引申指头脑、思想，《孟子·告子上》："心之官则思，思则得之，不思则不得也。"心又指一个人的内心，《诗经》："春日迟迟，采蘩祁祁。女心伤悲，殆及公子同归。"心还引申指心意、心思，《诗经》："他人有心，予忖度之。"心脏位于身体的中部，故引申为中心、中央。白居易《琵琶行》："东船西舫悄无声，唯见江心秋月白。"

有"心"字的成语非常多，大致可以分成几类：一是用于表达心地好坏的。我们夸一个人心地好，形容其高洁，会用"蕙质兰心"。蕙和兰，均为香草名，以其比喻人心地如"蕙兰"似的纯洁和高雅。而"心怀鬼胎"指心里揣着见不得人的念头或事情。二是用于表达心境的，如"心花怒放""心旷神怡""心如死灰"等。三是用于表达心态的，如"心安神泰""心安理得"。四是用于表达心情的，如"心荡神迷""心胆俱裂""心烦意乱"等。

儒、释、道三家对"心"的概念均很重视。儒家把心作为意志和道德品性的称谓，认为心是思维器官，有知觉，有道德品性，能主宰人的行动。孔子说："七十而从心所欲。""欲修其身者，先正其心。"孟子讲人心固有仁、义、礼、智四端。张载说："为天地立心，为生民立命，为往圣继绝学，为万世开太平。"佛家认为佛就在人心中，即心是佛。不论对个人，还是对国家、社会，"心"的健康是一切健康的重要因素。那么，简单的心字，告诉我们心是什么呢？我们可以从心的形、音、义去寻找答案。

心如莲花　清香高洁

从"心"字形上看，心字的形状如一朵含苞待放的莲花。《吕氏春秋》说："在肺之下，膈膜之上，着脊第五椎。形如莲蕊，上有四系，以通四脏。心外有赤黄裹脂，谓之心包络。"莲花自古以来就用以比喻一个人心性澄明、洁身自好。周敦颐《爱莲说》有云："莲，花之君子者也。""出淤泥而不染，濯清涟而不妖。"莲不慕牡丹之雍容华贵，不慕百合之馥郁馨香，不慕兰花之优雅美丽，不慕秀竹之修长挺拔。莲安静地做着自己，内省不浮。

王阳明的"心字四诀"是对人心品质一个很好的阐述，王阳明说："无善无恶心之体，有善有恶意之动。知善知恶是良知，为善去恶是格物。"在王阳明看来，心体是天命之性，原是无善、无恶的，但人一旦有了欲望、意念，就会有善恶之分，"一念之差"，善念上天堂，恶念下地狱。那么，要靠什么分清善与恶呢？这就要致良知，用良知之心去辨别，顺应天理，排除干扰，恢复自己的赤子之心，这就是"格物"，这才能为善去恶。

阳明心学提倡按"身、心、意、知、物"的条理，去下"格、致、诚、正、修"的功夫，达到身心澄明，实际上就是要养就莲花高贵的品质。

人要做到如此，并不容易，需要相当高的觉悟和定力，特别是在物欲横流的时代，要做到心如莲花的确很难。但我们的先贤却为我们树立了榜样。子罕以廉为宝，陶渊明淡泊名利而不为五斗米折腰，铁面包青天大义灭亲斩包勉，于谦"清风两袖朝天去"，郑板桥"要留清白在人间"，均为心如莲花的典范。要心如莲花，必须坚持直道中行，抵抗住诱惑，守住法律和道德的底线，这才拥有莲花的品质。

"千锤万击出深山，烈火焚烧若等闲。粉身碎骨浑不怕，要留清白在人间。"这是明代于谦所写的千古传颂的《石灰吟》。于谦一生，历经磨难。他做官后，因为敢于为民请命，严惩作奸犯科的权贵，而受到排挤打击。人家当官前呼后拥，尽显官威，于谦当官便服一套、瘦马一匹。于谦每次进京，从不送礼，只带随身行装及"两袖清风"。但是，同僚并不以其为谦虚清廉，反而说他坏了官场规矩，"居心叵测"。但于谦还是没有随波逐流，始终如一，终于名垂青史，万古流芳。

心如星月　澄明宁静

心的字形又如一弯新月带三星。星月辉映，星月之光是澄明宁静的。当我们遥望天空，看到一钩弯月和闪闪发光的星星，内心是如此的宁静。保持一颗澄明清净之心，就是无垢无染、无贪无嗔、无痴无忧的空灵自在，湛寂明澈，圆融无碍。有了清净心，当遇失意事时以忍对待，当遇荣宠事时以让对待，当遇忧怨事时以平对待。当今社会，有很多人都很浮躁，凡事急功近利，梦想一夜成名有之，一天暴富有之，还有的脾气暴躁，一碰就骂，一骂就跳，动刀动棒，皆因心不静，气不顺。无事之时，不生气而心静，还比较容易。然而，一旦被招惹，或遇不如意之事，马上怒火中烧，纠结于心，这就是心不静。真正的心静，就应如星月一样，冷静、安详、澄明、超脱。

历代的高僧、学者常以明月为喻表达心的本质。

唐代名僧寒山拾得有诗曰："吾心似秋月，碧潭清皎洁。无物堪比伦，教我如何说。"

王阳明更是以明月来表述心的良知本体，有诗云：

"悟后六经无一字，静余孤月湛虚明。从知归路多相忆，伐木山山春鸟鸣。"

"莲花顶上老僧居，脚踏莲花不染泥。夜来花心吐明月，一颗悬空黍米珠。"

"吾心自有光明月，千古团圆永无缺。山河大地拥清辉，赏心何必中秋节。"

心如容器　有容乃大

心是人身贮存血液的器官，一个人心量有多大，气量就有多大。

古时候，有个小和尚喜欢抱怨，有一点不如意就发牢骚。他的师父看在眼里，一天，师父让小和尚买一些盐回来。师父把一半盐倒进钵里，加满水，让小和尚喝，小和尚尝了一口，吐出来，说："太咸了，没法喝。"师父带着小和尚把剩余的一半盐抛散进湖里，让小和尚尝尝湖水的味道。小和尚尝了一口，觉得很清爽。师父问："有咸味没有？"小和尚答道："一点也没有。"师父笑着说："人的烦恼就如同这盐，当你感到痛苦时，不妨把容器放大一些——不是一钵水，而是一片湖。"小和尚恍然大悟。一个人拥有宽容之心、慈悲之心，就有大气量、大胸怀，能成就大事业。

心如水泵　吐故纳新

心是泵血的器官，一张一弛，吐故纳新。"心"与"新"同音，心有新陈代谢，推陈出新之功，是人的生命存在和生机勃发的条件。心是人的一个发动机。心脏一收一放，把新鲜氧气送到毛细血管，协助细胞实现新陈代谢。一个人心一旦停止了跳动，就意味着生命的结束。因此，要保持心的活力，就必须养心、修心，清除心中的垃圾，保持一颗蓬勃向上的心。古话有云："九窍，十二舌，气之门户，心之总摄也。"也就是说人体的七窍，人体的器官，都是气进进出出的门户，都由心所总管。又有云："智者善调心，心调得安乐；智者善护心，心护得安乐。"调心，养心至关重要。

一个人身体的成长在二十岁左右就停止了，而心理上的成长却是持续一生的过程。近年来，随着时代的不断变化，各种因心理疾患而带来的社会事件引起我们很多的思考，人们应从积极的角度更好地维护心灵的健康。而这一切都要从"心"开始，因为"心"主宰一切，并蕴含着巨大的能量。

　　我们的祖先充满智慧，他们以"心"或"忄"旁创造了"心"族汉字，形成了一个庞大的"心族群"。这个群大致有三种样式：一是以心为基，如想、念、思、虑、意、愿、惠、志等，有200多个；二是以心为偏旁，如悟、怡、快、悦等，有400多个；三是不以"心"为部首或偏旁，如沁、闷、聪、德等，也有20多个。这些字都与人的心理活动、情感相关。

　　本书以心理感觉、心理状态、思想情感、思维意识、意志意愿、社会伦理为构架，从字的起源和演变、字的本义、字的哲理，结合心理学、伦理学的知识来阐述古人用心造出来的美妙汉字，试图写成一本汉字心理学，希望读者能从汉字的形、音、意中，学到一点心理学、伦理学、社会学的知识，进行心灵的修炼，成为世事洞明、大彻大悟的人。

　　让我们从"心"出发，领略"心"字的独特魅力！

汉字 心字

心理感觉

惊 JING

潭鱼惊钓落
云雁怯弓张

　　战国时，魏国有一个叫更羸的射箭能手。有一天，更羸跟魏王到郊外打猎。一只大雁从远处慢慢地飞来，边飞边鸣。更羸仔细看了看，指着大雁对魏王说："大王，我不用箭，只要拉一下弓，这只大雁就能掉下来。"

　　"是吗？"魏王信不过自己的耳朵，问道，"你有这样的本事？"更羸说："请让我试一下。"更羸并没有取箭，他左手拿弓，右手拉弦，只听得嘣的一声响，那只大雁只往上飞，拍了两下翅膀，忽然从半空里直掉下来。

　　"啊！"魏王看了，大吃一惊，"真有这本事！"更羸笑笑说："不是我本事大，是因为我知道，这是一只受过箭伤的鸟。"魏王更加奇怪了，问："你怎么知道的？"

　　更羸说："它飞得慢，叫的声音很悲惨。飞得慢，因为它受过箭伤，伤口没有愈合，还在作痛；叫得悲惨，因为它离开同伴，孤单失群，得不到帮助。它一听到弦响，心里很害怕，就拼命往高处飞。它一使劲伤口裂开就掉下来了。"后来，人们便用

"惊弓之鸟"形容受过惊吓的人碰到一点动静就非常害怕。

"惊"字告诉我们"惊"的根源以及消除"惊"的办法。

汉字小词典

惊，形声字，从心，京声。繁体"驚"，从马，敬声。

《说文·马部》："驚，马骇也。""惊"字本义为骡马受惊吓而跳跃或狂奔，如《战国策·赵策一》："襄子至桥而马惊。"引申指惊动、震惊。唐代方干《新月》曰："入夜天西见，蛾眉冷素光。潭鱼惊钓落，云雁怯弓张。"唐代王维《鸟鸣涧》："月出惊山鸟，时鸣春涧中。"又引申指受惊而害怕，如《楚辞·招魂》："宫廷震惊。"

由惊组成的词语，大多与恐惧的情绪有关，如惊恐、惊叫、惊呼、虚惊等。成语中，"不鸣则已，一鸣惊人"，比喻平时没有突出的表现，一下子做出惊人的成绩；"打草惊蛇"，意思是打草惊了草里的蛇，原比喻惩罚了甲而使乙有所警觉，后多比喻做法不谨慎，反使对方有所戒备。

惊觉来自敬畏

惊，音通"敬"，繁体为"驚"，从敬，取敬畏之意。心存敬畏，必然产生惊觉。古人云："畏则不敢肆而德以成，无畏则从其所欲而及于祸。"人一旦没有敬畏之心，往往会变得肆无忌惮、为所欲为，甚至无法无天，最终吞下自酿的苦果。《菜根谭》里说："自天子以至于庶人，未有无所畏惧而不亡者也。上畏天，下畏民，畏言官于一时，畏史官于后世。""敬"就是尊重，"畏"就是害怕。表现在内心就是不存邪念，表现在外就是持身端庄严肃有威仪。

有一次，一个记者问作家史铁生："你对你的病是什么态度？"没想到在轮椅上待了多年，每隔几天就要去医院做透析的史铁生这样回答道："是敬重。"敬重病痛，敬重挫折，这样的人是有福的。史铁生说："面对困境先要接纳它，然后试着跟它周旋，输也是赢。"身体可以出现问题，但心灵却不能残缺。敬重病痛，史铁生获得了罕见的澄明通透的心境，开始他独特的人生思考，写出大量优秀的文学作品。

惊恐源自内心的恐惧和害怕

惊，形旁为"忄"，从心。惊，反映的是一种从内在心理到外在感知的一种感受，是内心对某种事物的畏惧、害怕。恐惧是人类进化过程中遗留下来的原始情绪，是自主性的逆境反应，会驱使人们远离危险，趋利避害。心理学家认为，每个人潜意识中都或多或少地潜藏着一些恐惧，比如，对衰老和死亡，对危险的存在，对自我的暴露，对失去和改变等等。所有这些都来自于内心，正是由于心里有了恐怖，才有了焦虑和害怕。

范仲淹（989—1052）

　　在一般情况下，适度的恐惧可以使人小心谨慎，有意识地避开有害、危险的事物，以免受到伤害。但是过度的恐惧，会产生消极的情绪如紧张、焦虑、苦恼，使人的神经过度紧张。这种状况会引起多种"心因性"的疾病。简体的"惊"字，揭示了人的心理状态，告诉我们要敢于直面内心的恐惧，但又要防止过度的反应。

　　惊，从京。京，本义为高筑的土堆，在甲骨文和金文中，其形象都像高山。故"惊"又指位居高处、危险等不可知的境地时，感到害怕。俗话说，高处不胜寒。爬得越高，摔得越惨。有些人有"恐高症"，站在高处往下看时，两脚发软。在人生的道路上，宠和辱最容易受"惊"，居高与位卑，同样使人担惊受怕，因为两者都缺少安全感。

　　《菜根谭》当中有一副对联："宠辱不惊，看庭前花开花落；去留无意，望天空云卷云舒。"这道出了对事、对物、对名、对利应有的态度：得之不喜，失之不忧，宠辱不惊，去留无意。要做到这种状态，必须心境平和，淡泊自然。"惊"字，从心，从京，既是指要有一个平常心，又指居安思危。

范仲淹是北宋著名的政治家，"先天下之忧而忧，后天下之乐而乐"是其人生宗旨，当他谪居邓州之时，仍然能够从容处变，"心旷神怡，宠辱皆忘，把酒临风，真喜洋洋者矣"。挫折、失败、成功、顺利是与人生相伴的。在这过程中，面对外界的评说，要有自己的看法。宠辱不惊，才能达观进取，笑看人生。

俗话说："为人不做亏心事，半夜敲门心不惊。"惊和恐同样是一种负面的心理状态，有损神经和身体，为人坦荡、磊落，遵纪守法，自然心安理得，安稳生活。

太山在前而不见，
疾雷破柱而不惊。

——北宋·欧阳修《六一居士传》

　　太山即泰山，比喻巨大的障碍物。这两句的大意是：心中有所专注，有所追求，外界的一切都会置之度外，如泰山一样的障碍物会视而不见，如破柱巨雷的声响会听而不闻。所谓"仁者之勇，雷霆不移"（苏轼《祭堂兄子正文》），此二句并非宣扬唯心主义，而是强调人若有所追求，就会意志坚定，产生强大的精神力量。这种力量，能战胜艰难险阻，能产生坚定的信念与无穷的智慧。

唐代诗人韦应物，写了一首律诗：

寄李儋元锡

去年花里逢君别，今日花开又一年。
世事茫茫难自料，春愁黯黯独成眠。
身多疾病思田里，邑有流亡愧俸钱。
闻道欲来相问讯，西楼望月几回圆。

这首诗叙述韦应物与友人别后的思念和盼望，抒发了国乱民穷造成的复杂心境。"身多疾病思田里，邑有流亡愧俸钱"意为多病的身躯让我想归隐山田间，看着流亡的百姓愧对国家的俸禄。在这两句诗里，一个"愧"字表达了诗人对民生疾苦的关怀，对自己的自责和内疚的心情。

愧，形声字，从心，鬼声。篆文**愧**，从女，鬼声。

《说文·女部》："媿，惭也。"《尔雅·释言》："愧，惭也。""愧"字本义为惭愧，如《诗·大雅·抑》："相在尔室，尚不愧于屋漏。"

含有"愧"的成语大多与"羞惭"有关："不愧不怍"形容光明正大，问心无愧；"愧不敢当"形容感到惭愧，承当不起；"愧悔无地"指羞惭悔恨得无地自容；"当之无愧"指当得起某种称号或荣誉，无须感到惭愧；"扪心无愧"指摸着胸口自问，毫无惭愧之处；"自愧弗如"形容自感不如别人而内心惭愧。

惭愧源于心中有鬼

"鬼"是做了见不得人的事，而心生惭愧。心中有鬼就会终日惶恐不安，自感行为和想法有负道德而心中惭愧，所以经受良心的折磨。

"真的，真的对不起大家，生活的痛苦远远超过了欢乐的程度。"1994年7月27日夜里，记者凯文卡特写下这段遗言后用一氧化碳结束了33岁的年轻生命。而他自杀前的一个月，他的摄影作品《饥饿的苏丹》获得了美国最高新闻奖"普利策新闻奖"。

获奖作品是一位苏丹小女孩临死前的一张照片，她是被饥饿折磨致死的。旁边是一只鹰，虎视眈眈等待小孩子的死亡，准备猎食。

凯文卡特受到很多人的质疑，说他是自私的，踩在可怜的小女孩的尸体上获得了普利策奖项，没有去施救，而眼睁睁地看着小女孩死亡。结果一个月后，凯文卡特用这极端的方式回应了质疑。

凯文卡特自杀的原因有两种：第一种认为，苏丹饥饿的景象给他带了巨大心灵冲击。第二种是无法承受外界对他的质疑。无论是哪一种都源于"愧"，即人心中有愧，自感对不起逝去的小女孩。

惭愧表现为道德的羞耻感

知道愧意味着有悔改之意，只做人有底线、有道德的人才会羞耻。惭愧的心理表明，凡对自身不道德行为有负罪感的，就会悔改，以减轻内心的负罪感。

列宁八岁那年，有一次母亲带着他到阿尼亚姑妈家中做客。活泼好动的小列宁一不留神，把姑娘家的一只花瓶打碎了。但是，谁也没有看见。后来，姑妈问孩子们："是谁打碎了花瓶？"其他孩子都说："不是我。"而小列宁因为在生人家里害怕，怕说出实话会遭到姑妈责备，所以他也跟着大家大声回答："不——是——我！"然而，母亲看着他的表情，已经猜到花瓶是淘气的小列宁打碎的。她认为，重要的是教育儿子犯错误后要勇于承认错误，知道悔改，而不是责备他。于是她装出相信儿子的样子，在三个月内一直没有提起这件事，而是给儿子讲各种各样诚实守信的美德故事，等待着儿子的良心深处萌发出对自己行为的羞愧感。从那以后，列宁的妈妈明显地感觉到，儿子不如以前活泼了，似乎是良心正在折磨着他。有一天，在小列宁临睡前，妈妈又像往常一样，一边抚摩着他的头，一边给他讲故事。不料小列宁突然失声大哭起来，痛苦地告诉妈妈："我欺骗了阿尼亚姑妈，我说不是我打碎了花瓶，其实是我干的。"听完孩子羞愧

难受的述说，妈妈耐心地安慰他，说："给阿尼亚姑妈写封信，向她承认错误，姑妈一定会原谅你的。"于是，小列宁马上起床，在妈妈的帮助下，给姑妈写信承认了错误。

惭愧是因为具有自省心

愧从心，人之所以会惭愧，是因为有一颗自我反省的心，通过反省，不断地修正、端正自己的心、自己的言、自己的行。"愧"是认识到自己的不当行为而有的羞耻的感觉，自从亚当夏娃开始用树叶遮蔽身体，人类便开始有了羞耻感，在羞耻感的驱使下，人类才不断反省自身不文明、不道德的行为举止，从而改造提升自己，走向文明。古人"知耻而后勇"也正是此意。

1998年法国世界杯上，足坛万人迷贝克汉姆因踢人被红牌罚下，导致英格兰队以10人对11人，最终在点球大战中负于阿根廷，被淘汰出局，就此止步世界杯的16强。出现这样的结果，小贝自然难辞其咎，他也为自己的不理智举动付出了惨重的代价。

一夜之间，贝克汉姆由天之骄子变成英格兰全民公敌，遭受千夫所指，曾经最爱小贝的家乡的球迷，在球场用愤怒的眼神瞪着他。为了让自己知耻而奋进，小贝把"球迷的愤怒"这张照片放大后，一直悬挂在家里客厅的墙上，提醒自己永远不要忘记对球迷的愧疚。"知耻而后勇"，1998年后，贝克汉姆不断努力，1999、2001年两次获世界足球先生银球奖，1999年当选欧足联最佳球员，2001年被评为英国最佳运动员，2010年获得BBC终身成就奖。

　　孟子曰："耻之于人大矣。"愧疚感，是我们捍卫自尊的基础与追求自强的动力。在生活中，我们每个人都难免会遭遇令人愧疚的事情，有的人麻木不仁，浑然不放在心上；有的人仿佛遭遇毁灭性的打击，不堪承受重压，就此沉沦；有的人，比如贝克汉姆，却将愧疚挂在墙上，当作向上的动力，激励自己永不停止前进。

"羞愧"的杀伤力有多大？

　　美国著名的心理学家大卫·霍金斯（David R. Hawkins）分析了各类情感的能量等级，从最负面、伤身的情感，到最正面、滋润的情感，他把人类的情感分为羞愧、内疚、冷淡、悲伤、恐惧、欲望、愤怒、骄傲、勇气、淡定、主动、宽容、明智、真爱、喜悦、平和、开悟17个等级。以200分为分界线，愤怒、恐惧等情绪不出意外成为负面情绪，而宽容、明智等成为正面情绪的代表。其中羞愧的能级最低，仅为20分。他说："羞愧的能量级几近死亡，它犹如有意识的自杀行为，巧妙地夺去人的生命。在羞愧的状况下，我们恨不得找个地缝钻进去，或者是希望自己能够隐身。这是一种严惩摧残身心健康的状况，最终还会让我们的身体致病。"羞愧的能量接近于零了，意味对我们对自己严重的否定。所以极端的羞愧，是想否定自己存在。极端的羞愧让人无法接纳自己，所以，羞愧常常导致人们的自杀。

学不必博，要之有用；

仕不必达，要之无愧。

——南宋·罗大经《鹤林玉露》

　　这几句大意是：学习不一定追求广博，关键的是所学的东西应当有实用价值；做官不一定追求显贵，关键的是所仕之职应当受之无愧。作者这几句话强调学以致用，官须称职，做到知与行统一，名与实相符。所以，下面接着说："学而无用，涂车刍灵也；仕而有愧，鹤轩虎冠也。"意思是：学的东西派不上用场，就像送葬用的泥车草人一样，空好看而已；做官尸位素餐，受之有愧，无异于乘轩车的鹤，戴冠冕的虎，滥厕禄位罢了。这种观点，现在看来也是有道理的。

急

明朝游上苑

火急报春知

　　《论语》讲了这样一个故事：孔子的弟子子夏在鲁国做了官。有一次回来向孔子请教如何治国理政。孔子说："无欲速，无见小利。欲速则不达，见小利则大事不成。"意思是说，做事不要图快，不要只见眼前小利，如果只图快，反而达不到目的；只图小利，就办不成大事。

　　"急"字告诉我们应克服急功近利的心态，防止心急火燎的情绪，以平和理性的心态去待人处世。

汉字小词典

　　急，形声字。篆文为急，从心，及声。

　　《说文·心部》："急，褊也。"本义为狭窄、狭隘，由此引申指急躁，如"西门豹之性急，故佩韦以自缓"；又指紧迫，如"县官急索租，租税从何出？"还指急速、赶快，武则天《腊日宣诏幸上苑》："明朝游上苑，火急报春知。"

花须连夜发，莫待晓风吹。"

有急字的成语很多，一种是表达焦急的心情，如"心急如焚""心急火燎"；一种是表达善行之举，如"急人之难""急公好义"；在日常急还用于指脾气，如"气急败坏""狗急跳墙"；生活中，"急"更多的指没有计划、缺乏准备的行为，如"平时不烧香，急来抱佛脚""急病乱投医"。

急功是一种焦躁的心绪

急的本义为狭窄，狭隘。心胸狭隘的人，容易产生焦躁的心态。急，从刍，从心。"刍"繁体为芻，从艸，从手，会用手割草之急。"心"为心性，心的上面长了草，急于用手割掉之。急从心，也说明，急躁首先源于心。心里急于求成的人，往往都比较性急。

《世说新语》中有一则故事：古时有一人十分性急，有一次吃鸡蛋，他用筷子扎鸡蛋，没有得逞，便十分生气，把鸡蛋扔到地上。鸡蛋在地上转不停，他就从席上下来用鞋踩，又没有踩到。愤怒至极，又从地上拾取放入口中，把蛋咬破了就吐掉。性急如此，到最后把吃鸡蛋的目的都忘了。

心急则忙乱，乱则出差错。世事往往如此，欲速则不达。在生活中，过急则心浮，心浮则气躁。有的时候，急于赶路，高速行车，不小心与别的车相碰了，必须停下来说是非，理赔，结果反而慢了。安排好一件事，慢腾腾自然不行，但过于焦急，往往会适得其反。

急进是一种落后者的心态

急的小篆字形由"心"和"及"构成，"及"为比得上，赶得上，"心"表示与心理活动有关。"急"为想要比得上，赶得上的心情，是落后者的心理状态。在一场马拉松的长跑中，落后的人往往很着急，于是急起直追，有的如愿，有的却赶不上，这是实力使然。在世界竞争的舞台上，也是同样的道理，落后者往往会心急，希望能缩小距离。这种心态有两种情况，一种是努力地追赶，量力而行，追求缩小差距；还有一种是过于焦急，急功近利，欲速不达。在竞争的路上，靠的是实力、耐力和毅力，落后了，却不自卑，只要努力前行，一步一个脚印，就能进入先进的行列。

春秋时期宋国有一个农夫，是个急性子。他盼着禾苗快快成长，今天去量量、明天又去量量，可是一天、两天、三天、五天，他总感到禾苗好像一点儿也未见长，心中十分着急。晚上躺在床上睡不着，他一直在想：怎么能帮助禾苗长高呢？想着想着，想出办法了。第二天他早早起来到田地里，头顶着烈日把禾苗一棵一棵地往上拔高。从早晨干到晚上把禾苗一棵棵全都拔了一遍，他干得精疲力竭，累得腰酸腿痛，可是心里非常高兴，以为这办法非常高明。他回到家兴奋地告诉家人："你们等着瞧，今年的庄稼，哪家也比不过我。"妻子问他："你有什么好办法？"他骄傲地说："今天我帮助禾苗快长，都往上拔了拔。"他的儿子听了不明白是怎么回事，马上跑到田里去看，田里的禾苗全都枯萎了。人们根据这个故事，引申出"揠苗助长"这个成语，比喻不顾事物的本来规律，急于求成，反倒把事情办糟了。

急切是一种漂浮的心情

急从心，这颗心是急切之心，急切则不稳重。急则忙乱，乱则容易出差错，所以要持重。

公元1409年6月，明成祖朱棣命丘福为征虏大将军，率精骑十万，讨伐谋叛的鞑靼主本雅失里。大军出发前，明成祖朱棣考虑到丘福平素爱轻敌，特意告诫他：出兵要谨慎，到达鞑靼地区虽然有时看不到敌人，也应该做好时时临敌的准备。他还进一步指出：不要丧失战机，不要轻举妄动，不要被敌人假象所欺骗。等到丘福率师北进后，朱棣又连下诏令，反复叫丘福要谨慎出战，不能轻信那些关于敌军容易打败的言论。8月，丘福的军队来到了鞑靼地区。他自己亲率1000多骑兵先行，当行进到胪朐河一带时，与鞑靼军的散兵游勇遭遇。丘福挥师迎战，将他们打败，接着乘胜渡河，又俘虏了一名鞑靼小官。丘福向他询问鞑靼主本雅失里的去向，然而这个人正是鞑靼人派出侦察明军情况的奸细，他谎称：本雅失里闻大军南来，便惶恐北逃，离这里不过30里地。丘福听了信以为真，决定率先头部队去攻杀。各位将领都不同意丘福的这一决定，建议等部队到齐了，把敌情侦察清楚再出兵。但是，丘福却坚持己见，拒不采纳。他率部直袭敌营，连战两日，鞑靼军每战总是假装败走。这就更助长了他的轻敌思想。丘福一心想要生擒本雅失里，于是孤军猛追。这时，他的部将纷纷劝丘福不可轻敌冒进，并提出或战或守的具体措施。但是，丘福根本一意孤行，下令说："不从命者斩！"随即率军攻在前面，诸将不得不跟着前进。不久，鞑靼大军突然杀过来，将丘福所率领的先头部队重重包围。丘福等军士拼命抵抗，无济于事。丘福死后，明军后续部队不战而还。

急切之心，往往使人轻敌，埋下了祸根。急而不躁，从容不迫，方能有条不紊，冷静理性。忙而不急，才是一个淡定的人。

1. 认识到急躁的危害。只有充分认识到它的危害，才可能会自觉克服。

2. 要形成冷静慎重、三思而行的习惯。

3. 自我放松法。当急躁情绪已经产生时，及时进行心理上的自我放松。

4. 行为条理法。容易急躁的人，应建立一套新的行为规则，培养行为的计划性、条理性。

5. 磨炼养成法。采取一些措施，把急性子磨慢。

6. 劳逸结合法。在紧张工作之余，可以听音乐、散步或郊游，使紧张的心情得到放松。

7. 预期时间法。确立合理的、适度的预期时间。

急行不怕前程远，
智虑都从阅历开。

——明《增广贤文》

解读

　　这句话的意思是说，人生前程远大，不要浪费时光，应该快马加鞭，不断向前；人的智慧思虑都不是天生的，增加智识、开阔眼界的必经路径是增加阅历。阅历其实简单地说就是——读万卷书，行万里路。知识的积累，带来的是理论的丰富；经历的积累，带来的是经验的提升。以理论为基础去实践，用思考做融合剂，带来的是超越知识和经验的智慧。还有最重要的一点，会总结，才会进步。举一反三、旁征博引离不开知识，也离不开经验。用科学的理论阐述自己的观点，用丰富的经历来证明，这就是阅历发挥的作用。

书
当
快
意
读
易
尽

KUAI

快

书当快意读易尽，客有可人期不来。

世事相违每如此，好怀百岁几回开？

——宋·陈师道《绝句》

　　这首诗讲的是这样一种生活感受：合口味的好书，读起来饶有兴味，颇感惬意，但往往很快就读完了，掩卷之际，令人怅然。与知心的朋友，谈起话来很投机，但偏偏不见踪影，久盼之后，令人失望。世界上的事情每每是这样，希望和现实总是发生矛盾，不如意者十居八九，一个人一生中是很难遇到真正轻松愉快、开怀大笑的好时光。

　　快乐是一种内心感受。心理学上认为，快乐的本源是错觉。快乐与痛苦相对。当人处于痛苦的情境下，时间过得分外慢。所以，痛苦是一种带着时间错觉（过得特别慢）的不良情感体验，这种错觉的起因在于体验者希望尽快地结束这种状态的内心愿望。快乐是指心情的愉悦，而一个"快"字，加强了这种时间错觉：当快乐之时，觉得时间飞快地过去了。因此，我们可以认为快乐就是一种带有时间错觉（仿佛过得特别快）的良性情感体验，这种错觉的起因在于体验者希望尽可能地延长这种状态的内心愿望。

"快"既是一种心情，也是一种处事风格。

汉字小词典

快，形声字，从心，夬声。夬兼表义。

《说文·心部》："快，喜也。""快"字本义为高兴，如"拍手称快""大快人心""快意当前"。引申为可心，如"东床快婿"。又引申为豪放、豪爽，如"心直口快""快人快语"。

与"快"有关的成语大多数与"直爽""爽快"有关："称心快意"指满足心意；"心直口快"形容想什么说什么，为人直爽；"大快人心"指坏人坏事受到惩罚或打击，使大家非常痛快；"亲痛仇快"做事不要使自己人痛心，使敌人高兴，指某种举动只利于敌人，不利于自己；"拍手称快"多指正义得到伸张或事情的结局使人感到满意；"心直口快"指性情直爽，有话就说；"一吐为快"尽情说出要说的话而感到畅快。

快为心有决断，处事果断

快从夬，为"决"字的本字，表示有决断。成语"快刀斩乱麻"就是这个意思，快速行动、干净利落是处事果断所必须的。快是速度，是果断、是利索，是一种勇于担当的体现。

东汉年间，班超帮助哥哥班固撰写《汉书》，但他认为一个男子汉的抱负不应只在纸笔上，于是弃文从武，参加了对匈奴的战斗。他果敢决断的性格使他在战场上屡建功勋。后来，东汉为了联合西域各国共同抗御匈奴的侵扰，就派遣班超作为使节出使西域。

班超手持汉朝的节杖，带领着由36人组成的使团出发了。他们首先来到了鄯善国。鄯善国王早就知道汉朝国力强盛，人口众多，不容小视，现在又见汉朝的使者庄重威仪，颇有大国之风，于是热情地接待了班超。可是没过多久，班超便察觉国王对他们越来越冷淡，不但常找借口避开他们不见，就是好不容易见上了，也绝口不提联合抗击匈奴之事。

班超有了一种不祥的预感，他召集使团的人分析说："鄯善国王对我们的态度越来越不友好了，我估计是匈奴也派了人来游说他，我们必须去探察一番，搞清事情的真相。"夜里，班超派的人潜进王宫，果然发现国王正陪着匈奴的使者喝酒谈笑，看样子很是投机，就马上回来将这个消息报告给班超。接下来的几天，班超又设法从接待他们的人那里打听到，匈奴不但派来了使节，而且还带了100多个全副武装的随从和护卫。他立刻意识到了事态已经很严重，就马上召集使团研究对策。

班超对大家说："匈奴果然已经派来了使者，说动了鄯善国王，现在我们已处于极度危险之中，如果再不采取有效措施，等鄯善国王被说服，我们就会成为他和匈奴结盟的牺牲品。到时候，我们自身难保是小事，国家交给的使命也就完不成了。大家说该怎么办？"大家齐声答应："我们服从您的命令！"班超猛击了一下桌子，果断地说："不入虎穴，焉得虎子！现在我们只有下决心消灭匈奴人，才能完成我们的使命！"当夜，班超就带人冲进匈奴人所驻的营垒，趁他们没有防备，以少胜多，终于把100多个匈奴人全部消灭了。第二天，班超提着匈奴使者的头去见鄯善国王，当面指责他的善变说："您太不像话了，既答应和我们结盟，又背地里和匈奴接触。现在匈奴使者已全被我们杀死了，您自己看着办吧。"鄯善国王又吃惊又害怕，很快就和汉朝签订了同盟协议。班超的举动震动了西域，其他国家纷纷和汉朝签订同盟，很多小国也表示和汉朝永久友好。班超终于圆满地完成了使命。

在危急的情境之下，就应当像班超一样快速决断，勇敢果断，敢于冒必要的危险，才能够获得成功。如果这时还犹犹豫豫畏缩不前，后果就不堪设想了。

快为处事有妙诀

"夬"同"诀"，即诀窍、妙诀，处事、做事有诀窍，就能敏捷地完成，达到事半功倍的效果，这也是"快"在效率方面的体现。

美国的爱迪生，是一个世界闻名的发明大王。终其一生，发明的东西有白炽电灯、留声机、活动电影、自动电报机、速写机等1328种，平均每11天就有一项发明，是位高产的发明家。1882年，是他发明最盛之年，平均每三天就发明一种东西。人们不禁要问：这位发明大王，到底是什么诀窍，发明出这么多东西呢？

在研制改进打字机一个部件的时候，他就把有关打字机的书全部借来，系统阅读，并且很快解决了问题。在发明电灯的日子里，他常常钻进图书馆，把各种杂志书报上的有关文章阅读一遍，而后根据需要摘抄一些段落。有人统计说，为了研究发明电灯，爱迪生在图书馆使用的笔记本达二百本，共计四万多页。这种带着一定目的读书，寻找有诀窍的方法，给爱迪生带来莫大的好处，使他快速地完成工作，创造发明。

快为心中畅快

"快"字采用"心"作偏旁，右边为"夬"通"决"，意为解决。悬而未决、心中惦念的问题得到解决，心中自然无比愉快。

王羲之是我国东晋时的大书法家。他出身士族，加上才华出众，朝廷中公卿大臣都推荐他做官。他做过刺史，当过右军将军（人们也称他王右军）。

许多艺术家都有各自的爱好，有的爱种花，有的爱养鸟。但是王羲之却有他特殊的癖好。不管哪里有好鹅，他都有兴趣去看，或者把它买回来玩赏。

山阴地方有一个道士，他想要王羲之给他写一卷《黄庭经》。可是他知道王羲之是不肯轻易替人抄写经书的。他打听到王羲之喜欢白鹅，就特地养了一批品种好的鹅。王羲之听说道士家有好鹅，真的跑去看了。当他走近那道士屋旁，正见到河里有一群鹅在水面上悠闲地浮游着，一身雪白的羽毛，映衬着高高的红顶，实在逗人喜爱。

王羲之去找道士，要求把这群鹅卖给他。那道士笑着说："既然王公这样喜爱，就用不到破费，我把这群鹅全部送您好了。不过我有一个要求，就是请您替我写一卷经。"

王羲之毫不犹豫地给道士抄写了一卷《黄庭经》，心中大快，那群心念已久的鹅就被王羲之带走玩赏了。

快马一鞭，快人一言。

——北宋·释道原《景德传灯录》

　　善于奔跑的快马，只需加一鞭便可达到目的地；爽直痛快的人，只需一句话便可讲明真情。以快马喻快人，意新而语工。作者有意突出一个"快"字。前一"快"字乃速度迅疾之义，后一"快"字乃性格爽直之义。虽含义有所不同，然皆属作者赞扬的对象，故而先言"快马"，后言"快人"，连类譬喻，不失贴切。可用来称赞心直口快的人。

轻拢慢捻抹复挑

慢

MAN

清朝有一位大臣叫年羹尧，由于在平定西北的叛乱中立了军功，深得雍正皇帝的赏识、重用，被封三等公爵，加太保衔。年羹尧以功臣自居，慢慢变得目中无人。一次他回北京，京城的王公大臣都到郊外去迎接他，他都置之不理。他不但妄自轻慢，而且有恃无恐，霸占了蒙古贝勒七信之女，斩杀提督、参将多人。因此，许多大臣都对他不满，弹劾他的奏章多如雪片。雍正皇帝终于动了杀机，下旨历数其罪行，年羹尧只好自杀，甚至还连累了亲属，其子年富立斩，诸子年十五以上者遣戍极边，族中文武官员具革职。年羹尧原是一员猛将，可惜因傲慢专横，落到了可悲的下场。

佛教中讲到"五毒"，即贪、嗔、痴、慢、疑。这个"慢"就是骄傲、傲慢、冷漠、无礼、自负。《三国演义》里的关羽，正是由于骄傲轻慢而遗恨千古，轻慢无疑是自我毁灭。慢字揭示了傲慢的根源、态度和表现。

慢，形声字，从心，曼声。

《说文·心部》："慢，惰也。""慢"字本义为懒惰、懈怠，如诸葛亮《出师表》："若无兴德之言，则责攸之、祎、允之慢。"引申为轻忽、不敬之意，如《史记·高祖本纪》："陛下慢而侮人，项羽仁而爱人。"又如"慢藏诲盗"。又引申为缓慢，如白居易《琵琶行》："轻拢慢捻抹复挑。"

有"慢"字的成语较少，"慢藏诲盗"，指收藏财物不慎而招致盗贼；"慢条斯理"形容说话、做事慢腾腾、不慌不忙的样子。

傲慢源于狂妄自大的心

慢，从"忄"，心是指心态、心理。《说文》："慢，一曰不畏也"，指出"慢"的根源在于心中不惧，毫不在意。傲慢的人往往心比天高，目中无人，恃才傲物，自视甚高，有自我崇拜的心理，狂满、任性，结果可悲。这种人在现实生活中多少有点能耐，有几把"刷子"，自以为了不起，最敬佩的是自己。也喜欢评功摆好，很自负，殊不知自己的学识只是大海的一滴水而已。

从前，有一个学僧在元德禅师座下学禅，刚开始还非常专心，学到了不少东西。可是一年之后他自认为学得差不多了，禅师讲法的时候已不上心，还表现出不耐烦，想下山去云游四方，他对禅师说："大师，我已经学够了，想到外面去参禅学道。"

禅师找来一个木盆，然后装满了鹅卵石，对学僧说："这盆石子满了吗？"

学僧说："好像满了。"

禅师又抓了好几把沙子撒进盆里，沙子漏了下去。

禅师问："满了吗？"

学僧说："这回好像满了。"

禅师又往盆里倒了一杯水，水也不见了。

禅师又问："满了吗？"

学僧醒悟，跪拜在禅师的跟前说："大师，弟子明白了！"

一颗谦虚的心正如那盛了石子、沙子、水的木盆，可以容纳更多的东西。而一个自大、自负的人往往不能客观地认识自己。越是有学问的人越是谦虚，牛顿说自己是站在巨人的肩膀上，居里夫人说自己很平凡。越是饱满的稻穗越是低下头。要知道天外有天，山外有山，人外有人，每一个人的知识和能力都是有限的。

轻慢表现为冷漠无礼之态

《玉篇·心印》："慢，轻侮也。"慢表现在态度上瞧不起人家，自认为地位比人家高，才能比人家大，因此，往往得罪了别人而不自知，或者根本不在意得罪人。这种人人缘都不好，很孤立，轻则被人敬之远之，重者惨遭打击报复。三国时期有一个叫祢衡的人最为典型。

祢衡很有文才，但恃才傲物，从不把别人放在眼里，放言除了孔融和杨修，"余子碌碌，莫足数也"。有一次，经孔融推荐，祢衡去见曹操，行礼之后，仰头长叹："天地这么大，怎么就没有一个人！"曹操说："我手下人才济济，怎么能说无人呢？"祢衡说："你说的这些人才我都认识，荀彧可以让他去吊丧问疾，荀攸可以让他去看守坟墓，程昱可以让他去关门闭户，郭嘉可以让他读词念赋，张辽可以让他击鼓鸣金，许褚可以让他牧羊放马，乐进可以让他朗读经书，李典可以让他传送书信，吕虔可以让他磨刀铸剑……其余的都是衣架、饭囊、酒桶、肉袋罢了！"曹操听了很生气，说："你有何本事？竟敢如此口出狂言？"祢衡说："上知天文下知地理，无所不知无所不晓，上可以让皇帝成为尧舜，下可以跟孔子、颜回媲美。怎能与凡夫俗子相提并论？"这时张辽站在旁边，愤怒地拔出剑要杀祢衡，被曹操阻止了。曹操心里明白，这种人不用自己动手，自然会有人收拾他，于是把他送到刘表处。到了荆州，祢衡傲慢之习不改，多次奚落、怠慢刘表，刘表又把他送给夏太守黄祖。有一天，祢衡当众辱骂黄祖，说"黄祖就像庙宇里的神灵，爱受大家的祭祀，可是一点也不灵验"。黄祖下不了台，恼怒之下，把祢衡杀了。祢衡死时不到三十岁。曹操知道后说："迂腐的儒士摇唇鼓舌，自己招来杀身之祸。"

这个故事说明，傲慢、自满、自以为是，必然对别人毫不尊重，轻易折辱别人，其实不是性格直爽，更不是豪放，而是愚蠢之极。那种以狂妄自大为傲，企图以蔑视侮辱他人的方式来树立自己的权威，实际上是自掘坟墓。

怠慢表现在动作迟缓

慢，从曼，"曼"指时间长，动作缓。对他人傲慢表现在行为上是慢条斯理，举止"慢慢腾腾"。

小说《儒林外史》中有一个"慢条斯理"的故事：有一个叫王冕的放牛娃，天性聪明，天文、地理无不通晓，特别是画得一手好画。他画的荷花，就像才从湖里摘下来贴在纸上的一样。因此，王冕的名字全县无人不知，无人不晓。但是，王冕既不求官爵，又不结交朋友，终日里在家闭门读书。

有一天，官府的一个差役奉了县太爷之命来找王冕画二十幅花卉册页送给上司，王冕推辞不过，答应了。画好以后，知县时仁发送给王冕一些银子并约见王冕。王冕不肯赴约，时知县只好亲自来请。时知县带着一班人马来到王冕家门口，见大门关着，敲了半天，出来一位老太太，不慌不忙地说："我儿子不在家。"官府的差役见老太太怠慢了知县，说："县大老爷亲自来传你儿子说话，你怎么这么慢条斯理的！快说，你儿子到哪里去了，我好去传。"其实，王冕是用"慢条斯理"的举止发泄对县太爷的不满。

在现实生活中，这种轻慢的行为还是很常见的。如去拜会一个领导，依约依时到达办公室，但等候了很长的时间，领导假如在处理紧急事务，尚情有可原，可是他与别人聊天。人与人之间不论地位高低都是平等的，一次次的轻慢，是对他人的不尊重，断送了情谊，值得警戒。

怠慢忘身，祸灾乃作。

——战国·荀况《荀子·劝学》

　　懒惰、懈慢就会忘记自身，灾祸就会发生。在社会生活中，人要保持一个清醒的头脑，而懒惰、懈慢会使大脑处于松弛、麻木的状态，以至于忘记了自身的处境，忘记了对自身的防护，对一切持一种漫不经心的态度，这样便容易出差错。这两句可用于告诫人们要警觉、谨慎，不可懈怠。只有保持警觉谨慎之心，才能防患于未然，保持自身的安全和事业的长久。

慌

HUANG

慌忙冒雨急渡溪

宋代诗人华岳，写了一首诗：

骤雨

牛尾乌云泼浓墨，牛头风雨翻车轴。

怒涛顷刻卷沙滩，十万军声吼鸣瀑。

牧童家住溪西曲，侵早骑牛牧溪北。

慌忙冒雨急渡溪，雨势骤晴山又绿。

　　这是一首写景诗，写了一场急雨壮观的场景：一个家住溪西的牧童，一早就骑牛去溪北放牧。忽然间乌云翻滚，风雨骤至。牧童慌忙冒雨渡溪回村，可是雨又骤晴，"山又绿"了。这首诗刻画豪迈，转折自如，朴素清新，生活气息浓郁。特别是用"慌忙"一句，描写了牧童动作的仓促和急切。

"慌"是一种常见的心理现象，是内心的荒芜，揭示了人们心中不安定、恐惧失措的缘由。

汉字小词典

　　慌，形声字，从心，荒声，荒兼表义

　　《说文·心部》："㤑，马奔也。"意为马惊慌而奔。"慌"与"㤑"为同源字。慌从心，指心中感受。"荒"指野草丛生。"心""荒"为"慌"，强调心中空无、杂乱无章，急匆匆而不知所措的感受。本意为急忙、忙乱，引申指恐惧、害怕，表示难以忍受。又用作补语，强调情况、状态达到很高的程度，以至于难以忍受，如"闷得慌"。

　　含有"慌"的成语大多与"忙乱"有关："不慌不忙"指不慌张，不忙乱，从容不迫；"慌不择路"形容势急心慌，顾不上选择道路；"惊慌失措"指由于惊慌，一下子不知怎么办才好；"恐慌万状"形容害怕惊慌到极点；"兵慌马乱"形容战争期间社会混乱不安的景象。

慌乱是由于心灵空虚，杂乱无章

　　慌为心中杂草丛生，空旷凄凉。人假如没有精神支柱，缺乏信仰和追求，在外物干扰之下，人自然就会慌乱。

　　一位著名的禅师即将不久人世，他的弟子们坐在他的周围，等待着师父告诉他们人生和宇宙的奥秘。禅师一直默默无语，闭着眼睛。突然他向弟子问道："怎么才能除掉野草？"弟子们目瞪口呆，没想到禅师会问这么简单的问题。

一个弟子说："用铲子把杂草全部铲掉！"禅师听完微笑点头。

第二个弟子说："可以一把火将草烧掉！"禅师依然微笑。

第三个弟子说："把石灰撒在草上就除掉杂草！"禅师脸上还是那样的微笑。

第四个弟子说："他们的方法都不行，斩草就要除根，必须把草根挖出来。"

弟子们讲完后，禅师说："你们讲得都很好。从明天起，你们把这块草地分成几块，按照自己的方法除去地上的杂草，明年的这个时候我们再到这个地方相聚！"

第二年的这个时候，弟子们早早就来到这里，他们用尽了各种各样办法都不能铲除杂草，早就已经放弃了这项任务，如今只是为了看看禅师用的什么方法。

禅师那块原来杂草丛生的地已经不见了，取而代之的是金灿灿的庄稼。弟子们顿时领悟到：只有在杂草地里种上庄稼，才是除去杂草的最好方法。

他们围着庄稼地坐下，庄稼已经成熟了，可是禅师却已经圆寂了。这是禅师为他们上的最后一堂课，弟子无不流下了感激的泪水。

是的，要想除掉旷野里的杂草，只有一种方法，那就是种上庄稼。要想心灵不荒芜，心中不慌乱，唯一的方法就是充实自己的心灵。

慌张是由于缺乏实力和主心骨

"荒"，表示失收。一年的收成都没有了，人难免会为来年的生活发愁，心中没有底气，没有未来的方向，自然就会发慌。同样，人在生活中，会遇到各类竞争，各种突发情况，人要是没有实力就没有主心骨，则必然会慌张。缺乏实力和主心骨，过于在意别人的看法，听到了不同的意见，心里就发慌，就要改变主意，最终更加一事无成，让人耻笑。

祖孙二人牵着毛驴去赶集。刚出村口，就遭到路人哄笑："嘚，瞧这俩傻瓜，有驴子不骑，都走路。"爷爷一听，觉得有理，就让孙子去骑毛驴。

走了一阵，又有路人说了："嘚，这孙子真没良心，自己骑毛驴，让爷爷走路。"

孙子听了，心里不是滋味，赶紧下来，换了爷爷去骑。

又过了一阵，又有路人指指点点："嘚，这爷爷真没心肝，自己霸着毛驴，让孙子走路。"爷爷听了，心里过意不去，就叫孙子一起上来骑。

祖孙俩屁股还没坐热，路人都叫起来了："嘚嘚，一头毛驴两人骑，什么世道呀。可怜的毛驴！"驴背上的一老一少听了，更加不安，赶紧都下来了。

孙子犯了愁："爷爷这可怎么办呀？骑也不是，不骑也不是。"

爷爷说："这毛驴无论如何是不能再骑了。得了，干脆还是让毛驴来骑我们吧。"于是四下里找了根绳子，把毛驴绑了，用扁担扛着，继续赶路。

心里没有主见，人云亦云，只在乎外人的评价，而缺乏自己的判断，自然无以适从，言行失态，结果可悲。

慌急是由于修为不够，定力不够

慌从心，这个心指自信心。人往往会心慌意乱，这不但与准备不足、缺乏自信心有关，而且也与一个人的修养有关。每临大事心不慌，唯有自己的内心强大，才能淡定自若。人的心理素质和他自身的经历、见识、气质有很重要的关系。大凡伟人，胸中自有雄韬伟略、甲兵百万，经历过无数大场面，每遇大事不慌

谢安（320－385）

张，笑看风云变幻，运筹帷幄。

公元383年的冬天，寒风呼啸，大地呜咽，东晋京城一片惊慌。前秦首领苻坚统一了北方的广袤天地，北方各少数民族也臣服于他，此时的苻坚是雄兵百万，战将千员。于是发兵攻打东晋，要扫平江南。东晋的皇帝晋孝武帝司马曜，急招宰相谢安进宫商讨御敌大计。谢安从容启奏道："苻坚倾国出师后方空虚，战线过长，兵力分散，军需粮草接应困难，内部又分离不团结。臣早将淮北流散之民迁往淮南，坚壁清野断其供给，令其势难立足。"晋孝武帝大喜，令其统领八万人马抗击前秦军。

谢安在大军压境之际一如既往，照样下棋，弹琴，饮酒，作诗，闭口不谈大战之事。领军大将谢玄是他的侄儿，看到叔叔如此，不禁心中焦急万分，急到谢安的帐中询问叔叔的破敌计划。谢安只是随便说了句"到时再说吧"，就什么都不说了。谢玄回去后坐立不安，又不敢再三追问，可又放不下心，就和大都督谢石（谢安的弟弟），辅国将军谢琰（谢安的儿子）一同去看望谢安。

三人进得府来，谢安就知三人是为大战之事而来，然而却闭口不谈御敌之事。他吩咐家人，一同去东山别墅游山玩水。山林间，小溪旁摆下了棋盘，谢安与兄弟和子侄轮流下棋，开始了车轮大战。谢安不慌不忙，行棋如行云流水，下得潇洒自如，得心应手。而谢石、谢琰和谢玄这些人，一个个心事重重，心里惦记着战事，每一着棋，不是昏招败招，就是漏招臭棋，一个个就都败下阵去。直到日落西山谢安才尽兴而归。三人深受谢安的感染，知道谢安定是心中有数了，所以回去后，各司其职，各练其兵，兵民们一看，也是人不慌，国不乱。军民上下，严阵以待。

前秦兵马攻打下寿阳城后，令五万人马驻守洛涧。秦军主将苻融得到晋兵缺粮的消息后，马上请苻坚火速出兵，以免晋军退走。苻坚得到消息马上把大军留在河南项城，自领轻骑八千，星夜驰往寿阳。大都督谢石和先锋都督谢玄得知秦军人马未齐后，谢玄马上命五千精兵攻打洛涧。领兵的将领刘牢之奋勇当先大破敌军，毙敌一万五千人，大获全胜。洛涧大捷，谢石命全军水路齐进，八万精兵声势浩大。秦军大败人心恐慌，寿阳城上苻坚惊慌失措，看着八公山上的草木，都像是晋兵。这就是成语"草木皆兵"的由来。随后在淝水两军的大决战中，晋军彻底打败了前秦军队，获得了淝水之战的决定胜利。

消息传到晋朝，谢安正在和宾客下棋，家人送上谢石谢玄的手书，他略瞟了一眼，心里已知里面要说之事，就随手把它放在旁边，好像没这回事一样，继续下棋。客人问信里说些什么，谢安若无其事地答道："子侄辈已经破敌了。"

"每临大事有静气，不信今时无古贤"，这是晚清风云人物翁同龢写的一副对联。静气是一种气质、修养、境界和态度，每临大事，从容淡定，不紧张慌乱，不自乱阵脚，这是强者的品质，也是应对"慌乱"的方法。

心学之窗　临事不慌、为人处事的多种办法

急事，慢慢地说；

大事，清楚地说；

小事，幽默地说；

没把握的事，谨慎地说；

没发生的事，不胡说；

做不到的事，别乱说；

伤害人的事，不能说；

讨厌的事，对事不对人地说；

开心的事，看场合说；

伤心的事，不要见人就说；

别人的事，小心地说；

自己的事，听听自己的心怎么说；

现在的事，做了再说；

未来的事，未来再说。

一切言动，都要安详；
十差九错，只为慌张。

——明·吕得胜《小儿语》

解读

一切言语行动，都要从容安详；多数的差错，都只是因为忙乱慌张。说话办事沉着从容，才能考虑周详，不出漏洞；慌慌张张，则难免挂一漏万，甚至破绽百出，把事情办坏。这中间不单有经验的因素，更重要的是修养和气质。这两句多用于告诫人们办事要从容，也用于在事后说事办错了，其原因都在慌忙。这都是提醒人们，对人慌里慌张的，是导致出错的原因。《弟子规》上也说："事勿忙，忙多错。"《礼记·玉藻》上也说："足容重，手容恭，目容端，口容止，声容静，头容直，气容肃，立容德，色容庄。"这都是告诉人们行事要庄重。

少年不识愁滋味

愁

CHOU

南宋著名词人辛弃疾罢官后，闲居信州代湖写了一首词：

丑奴儿·书博山道中壁

少年不识愁滋味，爱上层楼。

爱上层楼，为赋新词强说愁。

而今识尽愁滋味，欲说还休。

欲说还休，却道天凉好个秋。

全词通过回顾少年时不知愁苦，衬托"而今"深深领略了愁苦的滋味，却又说不出道不尽，写出两种截然不同的思想感情的变化。

真正的痛苦是说不出来的，可以说，能够登楼抒发自己的感情，说明还不是那么痛苦，至少能够说出来。

愁是一种普遍的心理现象，在人生的旅途上，发愁的事还挺多的，"愁"字揭示了愁绪的来源及解愁的方法。

愁，形声字，从心，秋声，秋兼表义。秋为草木凋零的季节，愁字表示感伤、忧虑。

《说文·心部》："愁，忧也。"本义是忧虑，如："固将愁苦而终穷""故忧愁幽思而作《离骚》。"又引申指景象惨淡，如"愁云惨雾"。愁更多地表达忧伤的心情，如"别有忧愁暗恨生""离愁""乡愁""愁闷""愁容""愁绪"。

含有"愁"的成语大多与忧愁和伤感有关："多愁善感"指易发愁和伤感，形容人感情脆弱；"旧恨新愁"指久未排解的苦闷和新起的愁怨；"悲愁垂涕"指因为悲哀、愁苦而落泪；"愁肠百结"指由于忧愁而双眉紧锁，形容心事重重的样子；"愁眉苦脸"指皱着眉头，哭丧着脸，形容愁苦的神色；"借酒浇愁"指借助酒来排遣心中的积郁。

忧愁因目睹景物凋零而心生悲伤

"愁"是因"秋"天自然景物的变化而产生无限的愁绪。在秋天，草木从早春的鲜嫩，经历了整个酷暑的蓬勃，一直历练到秋天的丰厚。但是，马上要跌入寒冬了。秋天的盛景如此短暂，草木凋零得迫不及待，逝水带走的不只是落叶，还有时光。人生的匆忙之感，最容易在秋天激发。这就是中国传统文化中的"悲秋"。

醉花阴

薄雾浓云愁永昼，瑞脑消金兽。

佳节又重阳，玉枕纱厨，半夜凉初透。

东篱把酒黄昏后，有暗香盈袖。

莫道不销魂，帘卷西风，人比黄花瘦。

在一年深秋重阳，宋代词人李清照写了这首著名的《醉花阴》，寄给在外做官的丈夫赵明诚。词意婉转，只是说天凉了，无论是枕上还是床边的帷帐，都透着一番寒意。那份轻寒，从肌肤里一丝丝透进心里。这一个季节把酒独酌或对饮，袖间漾起了菊花的清香。只是形销骨立的美人啊，比秋风里的憔悴黄菊，还要瘦去几分。

这首词寄到丈夫手里，赵明诚赞叹不已，三分心酸，三分激赏，还有三四分自愧不如。他心有不甘，闭门谢客，废寝忘食地按照李清照的韵脚填了五十首词，把李清照这首词也裹在其中，一并交给自己懂诗词的好朋友陆德夫品评。陆德夫把玩良久，思量再三，最后说："只有三句绝佳。"赵明诚追问哪三句，陆德夫道："莫道不销魂，帘卷西风，人比黄花瘦。"正是秋天自然景物的变化，使李清照产生"悲秋"的情绪，才写出绝美如此的词来。

忧愁是人的一种情感体验

愁从心，触景生情。愁是多种多样的，包括离愁、忧愁、情愁、乡愁、家愁、旅愁、老愁、晚愁、穷愁、闲愁等。人类丰富而敏锐的情感体验，借助于外界景物的触发，融进了各类浓浓的"愁"中。

大诗人杜甫诗中多种多样的愁，是诗人丰富情感的抒发。杜诗中的国愁最为刻骨铭心。诗人忧国是多层次，全方位的。一忧国破，忧唐王朝倾覆。"国破山河在，城春草木深。"长歌当哭，由于忧之深，念之切，而"感时花溅泪，恨别鸟惊心"（《春望》）。二忧战乱，国无宁日。"万国尚戎马，故园今若何？""向来忧国泪，寂寞洒衣巾"（《谒先主庙》）。三忧唐王朝荒淫腐败，劳民伤财。"巫峡盘涡晓，黔阳贡物秋。丹砂同陨石，翠羽共沉舟"（《覆舟二首》），极力讽刺肃宗、代宗沉湎于迷信，不惜民力，远赴黔阳采买丹砂，以求长生。四忧佞臣当道，犯上作乱。"前年渝州杀刺史，今年开州杀刺史"（《三绝句》），写群盗之剧。"殿前兵马虽骁雄，纵暴略与羌浑同"，写禁军之暴横。五忧贤才不遇，小人得势。"赋诗堪流涕，乱世思贤才"（《昔游》）。

诗人的国愁刻骨，家愁也揪心。他一生漂泊流离，妻儿无所依归。所以"入门闻号啕，幼子饥已卒。吾宁舍一哀，里巷亦呜咽。所愧为人父，无食致夭折"（《自京赴奉先县咏怀五百字》）。由于诗人一生漂泊，乡愁、旅愁在杜诗中反映得更加深沉凝重。"白头搔更短，家书抵万金。"比"断肠人在天涯"（马致远《天净沙·秋思》）更深切。

诗人"穷愁"也够典型。"故人持雅论，绝塞豁穷愁"（《奉送王信州崟北归》）。他穷愁潦倒一生，你看他住的房子是"床头屋漏无干处，雨脚如麻未断绝"。盖的被子是"布衾多年冷似铁，娇儿恶卧踏里裂"（《茅屋为秋风所破歌》）。穿的衣服和鞋是"麻鞋见天子，衣袖露两肘"（《述怀》）。

诗人的老愁更是经常见诸笔端，特别是晚年病体恢恢的时候，愈是凄苦孤寂，恋世情结油然而生。"老病巫山里，稽留楚客中"（《老病》），"男儿生无所成头皓白，牙齿欲落真可惜"（《莫相疑行》）。

诗人的晚愁有似杜甫的《昼梦》，足以表达积想成梦的"春渚日落梦相牵"。不过，他的晚愁深沉在思国之无宁日中，"中原君臣豺虎边"。思民之无饱暖，"安得务农息战斗，普天无吏横索钱"。这与李商隐的晚愁"夕阳无限好，只是近黄昏"，感叹唐王朝每况愈下的忧国忧民思想如出一辙。

忧愁的消除唯有内心的豁达宽广

"愁"以心为基，心空则愁无立足之地。心中有"秋"，被外界事物触动才会"愁"，如果心中空明，豁达宽广，则任外界秋色萧萧，我自波澜不惊。豁达宽广是一种明智的处事方式，是一种人生态度，一种人生境界。

三伏天，寺院的草地枯黄了一大片。"快撒点草种子吧。"小和尚说。师父挥挥手："随时！"

中秋，师父买了一包草籽，叫小和尚去播种。

秋风起，草籽边撒边飘。"不好了！好多种子都被吹飞了。"小和尚喊。"没关系，吹走的多半是空的，撒下去也发不了芽。"师父说，"随性！"

撒完种子，跟着就飞来几只小鸟啄食。"怎么办？种子都被鸟吃了！"小和尚急得直跺脚。"没关系！种子多，吃不完！"师父说："随遇！"

半夜一阵骤雨，小和尚早晨冲进禅房："师父！这下真完了！好多草籽被雨冲走了！""冲到哪儿，就在哪儿发芽！"师父说："随缘！"

一个星期过去了，原本光秃的地面，居然长出许多青翠的草苗。一些原来没播种的角落，也泛出了绿意。小和尚高兴得直拍手。师傅点头："随喜！"

"随"是豁达的表现形式，是心中空明消除愁苦的途径，它不是随便，是顺其自然，是不过度，不强求，不忘形。拥有豁达的胸怀，便能摆脱忧愁，拥有洒脱的人生。

白发三千丈，缘愁似个长。

——唐·李白《秋浦歌》

　　头上白发三千丈，这是因愁而长得这样长。愁生白发，人所共知，但白发长到三千丈，却是现实生活中绝对不会有的事。只因李白素有匡时济世之志，却不能一伸其能，愁怨激愤郁结胸中，无处宣泄，于是采用浪漫主义手法，以夸张的比喻把深长的愁思表达出来，具有惊世骇俗的艺术力量。"白发三千丈"看似无理，却入于人心，由于它表现的感情是真实的，因而受到人们激赏，是千古喻愁名句。

位卑未敢忘忧国

忧 YOU

　　古代杞国有个人整天担心天会塌、地会陷，自己无处存身，闹得食不知味，寝不安席。有人开导他说："天不过是积聚的气体罢了，怎么担心天会塌下来呢？"那人说："天是气体，那日、月、星、辰就不会掉下来吗？"开导他的人说："日、月、星、辰也是空气中发光的东西，即使掉下来，也不会伤害什么。"那人又说："如果地陷下去怎么办？"开导他的人说："地不过是堆积的土块罢了，填满了四处，没有什么地方是没有土块的，你行走跳跃，整天都在地上活动，怎么还担心地会陷下去呢？"虽然作了解释，他仍然不放心，慌得六神无主。

　　这便是"杞人忧天"的寓言故事，比喻没有根据的忧虑是不必要的。

　　孔子在《论语·子罕》中讲："知者不惑，仁者不忧，勇者不惧。"意思是，真正有智慧的人，什么事情一到手上，就清楚了，不会迷惑。真正有仁心的人，不会受环境影响，没有忧烦。真正大勇的人，没有什么可怕的。孔子告诉我们，一个人要达成完美的人格修养，重要的是这三点，缺一不可。

　　道家也讲"忧"。庄子在《庄子·列御寇》中讲："巧者劳而知者忧，无能者无所求。"大意是：灵巧的人终生劳累，有智慧的人总在为各种事情忧虑，只有什么也不做、什么也不想的人才一无所求。庄子认为人活在世上，常为功名、利禄、势位等外物所累，终生忧劳，不得安宁。只有那些清静无为、物我两忘的人，因为没有追求，无所用心，所以无忧无劳，达到精神上的逍遥自在，绝对自由。那些心灵手巧的人，因为会干各种事情，所以终生劳累不已。那些有智慧的人，因为懂得许多道理，所以终生为各种事情烦扰心神。那些无欲无求的人，反而显得轻松自在，无忧无虑。庄子还指出过分关心个人的荣辱得失，一定不能摆脱忧虑烦恼。他说："以富为是者，不能让禄；以显为是者，不能让名。"名是忧，利是愁。

　　忧是一种心理状态，更是一种情怀，关键在于适度。"忧"字揭示了忧的内涵。

汉字小词典

　　忧，形声字，从忄，尤声。繁体为憂，篆文作𢝊，形声字。从夂（suī），𢝊声。𢝊（yōu）即"忧"的本字，《说文·心部》："𢝊，愁也，从心页。""页"字像头部硕大的人形，突出头部，本义为头；从心从页，与从囟从页的"思"字同理，表示忧愁也是心脑共同作用的心理活动过程。"夂"像脚部，是古文字"页"字底下表示脚部的部分，后来为了方便书写，分拆开了。

　　《尔雅·释诂》："忧，思也。"《玉篇·心部》："忧，愁也。""忧"字本义为忧愁、悲伤，如宋代欧阳修《秋声赋》："百忧感其心，万事劳其形。"陆游也有诗云："抽刀断水水更流，举杯消愁愁更愁。"又特指父母之丧，故有"丁忧"一说，多指居父母丧，如《尚书·说命上》："王宅忧，亮阴三祀。"

因此，与"忧"相关的词语多与心绪有关，如"忧忿滞中"，是指忧愁忿懑滞郁在胸中；"忧蹙"，因忧愁而紧锁眉头；"忧心如捣"，是指忧愁得像有什么东西捣心一样；"忧公忘私"，是指关心公益，不顾私利。

忧也可以是一种爱国的情怀

忧的繁体"憂"，从頁。"頁"的本义是人头，即为心到了头上，即心事上头，忧形于色。"忧"字形象地描写了忧的状态，才下眉头，却上心头。

古代的仁人志士都以国事为重，他们最为担忧的是国家的兴亡和人民的安危，正所谓"知我者，谓我心忧，不知我者，谓我何求"。宋代苏轼说："人生识字忧患始，姓名粗记可以休。"范仲淹在《岳阳楼记》中说："先天下之忧而忧，后天下之乐而乐。"孟子说："生于忧患，死于安乐。"每一个人、每一个家庭与国家的命运都是紧紧相连的，忧国其实也是忧家。"国家兴亡，匹夫有责"，每一个人懂得为国家分忧，国家富强了，人民才能过幸福的生活。

春秋时，鲁国漆室有个姑娘，已过了嫁人的年龄，但还没有嫁人。当时，鲁国的国君是鲁穆公，穆公已经年老，但太子还很幼小；而且穆公办事糊涂，太子则是个低能儿。这个姑娘听说这些情况后，非常担忧。

有一天，她靠在大门口的柱子上唱歌，歌声凄惨感人。

邻居大娘问她："你的歌声为什么这么悲惨？是不是年龄大

了，担心嫁不出去？让我来给你找个婆家吧！"姑娘长长地叹息一声，说："唉！我是担忧国君年老，太子幼小，这样下去，我们的国家就危险了啊！"

邻居老大娘听了，不由大笑，说："原来你竟为这事悲伤吗？可这是鲁国大夫们考虑的事呀！跟我们这种平民百姓有什么关系呢？"姑娘说："怎么会没有关系呢？举例来说吧。从前，有个客人来到我家借宿，我很担心菜园中的冬葵，你一定认为我的担忧是多余的，因为客人和冬葵（古代的一种主要蔬菜）没什么关系，对吗？""是的。没什么关系。"老大娘说。"可是，客人是骑着马来的，并把马拴在菜园里，不料马缰绳断了。那马在菜园里到处乱奔，把菜园中的冬葵全踩烂了，害得我整整一个冬天没冬葵吃。怎么能说客人和冬葵没关系呢？又怎么能说我的担心是多余的呢？"

姑娘接着说："现在鲁国国君年老昏庸，太子年幼笨拙，政治一天天腐败，没多少时候，就会有祸乱。而一旦发生祸乱，国君臣子受辱，老百姓就会遭殃，又怎么会和我们无关呢？所以，我才对此忧心忡忡呀！"老大娘说："你说得很对！这样看来，你的担忧确实是很有道理的。"

过了几年，外国入侵，鲁国连年陷入战乱，男子都上前线去打仗，女子们也受到战乱的影响，生活苦不堪言，鲁女的担忧变成了现实。

后来，"鲁女忧葵"这一典故，用来形容女子对国家大事的忧虑和关心，也表示为了长远的安乐，每一个人都要有忧患意识。

忧愁是一种不良的情绪

忧，从尤。"尤"为过失、罪过或怨恨、责怪。做事有过失或遭人怨责，则心中忧烦，故"尤"旁之"心"为"忧"。"尤"又为副词，表示程度之深，心中对人、事、物的关心程

度太过则会产生担忧的情绪，故"忧"为"心"之"尤"者。"心""尤"为"忧"，这是指忧愁过度而成疾。人的心里假如为忧愁所困，得不到释放，会引起病变，如"忧郁症"。

在中国古代文学史上，有两位女词人对后世文学影响深远，她们就是李清照与朱淑真。明清以来，研究者多以"淑真易安，并称隽才"作评价。虽然境遇不同，却有一个共同特点，那就是以花喻己，忧愁满怀。在她们的词中，随处可见各种花的意象，黄花、梅花、梨花、海棠、红杏等等。女人如花，娇艳却不能持久，所以，在二人的笔下，花朵成了具有悲剧性的意象，"人比黄花瘦"，"寂寞梨花落"。季节更替，相思不变，"咏春词"也好，写景词也罢，抒发的并非是自然的美好，而是盎然生机下孤单寂寞、相思怀人的伤感情怀，寄托诗人的幽思，诠释幸福、爱情的可贵，现实境遇的痛苦、无奈。

两人的作品中充满着浓重的忧思，而最终两人的命运也在忧思与忧伤中寂寂落幕。丈夫死后，多年的背井离乡，李清照无依无靠，贫困忧苦，流徙漂泊，最后寂寞地死在江南。而朱淑真因与丈夫志趣不合，夫妻不和睦，最终抑郁早逝。

近忧源于缺乏远虑

　　中华民族是一个饱经忧患的民族，因此在千百年生存发展进程中，它始终强调"生于忧患，死于安乐"，总结出"忧劳可以兴国，逸豫可以亡身"的宝贵经验教训。俗话说，人无远虑，必有近忧。只有着眼于今天，防患于未然，才能开创未来。

　　在中国的寓言故事里，喜鹊筑巢的故事就说明了"人无远虑必有近忧"的道理。喜鹊的巢筑在高高的树顶上，到了秋天，一刮起大风，窝巢便随树枝摇摇晃晃，简直要把整个窝巢翻下来一样。每到这时，喜鹊和它的孩子们蜷缩在窝巢中，惊恐万状，害怕得连大气都不敢出。

　　有一只喜鹊就很聪明，在夏天还未到来的时候，它就想到了秋天。为了保障住所未来的安全，它果断地决定立即搬家。于是，它不辞辛苦地寻找安全的处所，终于选中了一处粗大低矮的树丫，这地方低矮踏实，上面有浓密的枝叶遮挡，大风也不可能撼动这个粗大稳固的矮树桠。然后，喜鹊又不厌其烦、不顾劳累地将原来的窝巢从高高的树顶上搬下来，它将那些搭窝的枝条、草叶，一根根、一片片搬到低矮粗大的树丫上，筑起了新居。新筑的窝巢真的是舒适安全，大风再也不会侵犯到这低矮处的树桠上了。

　　夏天到了，大树浓密的树荫下真凉快，过往行人都不免要到树荫下歇凉。人们在树荫下一抬头就看到了喜鹊的窝巢，再一伸手，就可以轻易地掏到窝巢中的小鹊或鹊蛋。于是，窝巢里的小鹊或鹊蛋经常被人掏走。小孩子们看到大人这样做，他们也来掏小鹊和鹊蛋，还互相争抢着。可怜的喜鹊这下更遭殃了，秋季还远远没到，它的住所就被破坏得不像样子了。它虽然考虑到了防备未来的灾患，却没想到眼前的危险，结果还是没能避过灾难。

人也是一样，当我们在计划未来的时候，千万不要忘了当前，如果不能兼顾眼下与将来，考虑问题或做事情欠周全的话，都会遭受损失的。

位卑未敢忘忧国，
事定犹须待阖棺。

——南宋·陆游《病起书怀》

　　本句大意是，虽然职位低下仍却未敢忘记忧虑国事，但若想实现统一的理想，只有死后才能盖棺定论。这是陆游五十二岁时写的诗句。当时作者在范成大幕府当参议官，是个地位不高的闲职所以自称"位卑"。这首诗写他久病初愈，"病骨支离"，刚能起床就忧念国事，深更半夜还在挑灯细读诸葛亮的《出师表》，其忧念国事之心，由此可见。诗人想到自己一生屡遭挫折，壮志难酬，而年已老大，自然有着深深的慨叹和感伤；但他在诗中说一个人盖棺方能论定，表明诗人对前途仍然充满着希望。"位卑未敢忘忧国"是诗人爱国之心的真实写照，成了后世许多忧国忧民的寒素之士用以自警自励的名言。

悲

万里悲秋常作客

秦少游是北宋著名诗人。有一天，他惊闻母亲病逝，悲痛欲绝，立即乘船返乡。船行于江心，水急浪涌，一群海鸥绕船盘旋，声声哀鸣。秦少游触景生情，随口吟道："一条大船两根桅，九只海鸥绕船飞，六只停在桅杆上，两只落到船头尾，剩下一只孤零零，落在甲板淌眼泪。"这首诗不仅描绘出了船行江上的情景，还表达了秦少游当时的心情。这首诗也是一个字谜，谜底就是"悲"字。

"悲"字非常准确地表达了慈悲为怀的精神，揭示了人应该具有的心地、心境和心态。

汉字小词典

悲，形声字。从心，非声。

《说文·心部》："悲，痛也。""悲"字的本义是伤心、哀痛，如范仲淹《岳阳楼记》："不以物喜，不以己悲。"引申指怜悯、同情，如"慈悲为怀""大慈大悲"。

"悲"与"喜"相对应，"悲"字的成语很多，如"悲歌慷慨"，多反映一种悲凉、悲惨的心情；"悲不自胜""悲喜交集""见哭兴悲""兔死狐悲"等。

悲喜是一种久别重逢的心绪

　　唐司空曙《云阳馆与韩绅宿别》："故人江海别，几度隔山川。乍见翻疑梦，相悲各问年。"这两句大意是：好友分别之后，已历数年，山川阻隔，相见不易。猛然相见反而怀疑是在梦中，惊定之后悲从中来，互相询问对方的年龄。正因为别后相思深长，每于梦中相见，所以猛然见面之后，还仍然怀疑是在梦中。"乍见"一句，不仅把诗人与故友久别初见时的惊奇、欣喜之情准确地传达了出来，而且别后相思之深切、此次相会之不易，也都见于言外。惊定之后，喜极生悲。由于分别的时间太长了，所以相见之后才互问年龄。"相悲"一句，既写出了老友之间互相关心的感情之探，也包含着对彼此年长容衰的感叹。这首诗表现故人久别重逢时悲喜交集的心情和神态。

不以己悲须有一颗忘我之心

　　悲，从非，从心。"非"表示违背，"心"表示心愿，事与愿违，故而生悲。人生在世，不如意之事十有八九，悲字告诉我们要不以物喜，不以己悲。在人生的道路上，会碰到许多波折甚至苦难。如果以乐观的心态去对待，苦会变为乐。如果过分地悲伤，不但伤己，也伤人。"不以己悲"表达了一种豁达的胸怀和忘我的精神境界。

　　李白《答王十二寒夜独酌有怀》："达亦不足贵，穷亦不足悲。"这两句大意是：地位显赫也不足以为贵，处境困窘也不足以为悲。李白所处的时代，小人得志，贤人受屈，李白"一生傲岸苦不谐，恩疏媒劳志多乖"。在这样贤愚颠倒的社会里，他置荣辱于度外，羞与小人为伍，认为他们"达亦不足贵"；他傲岸不屈，坚守节操，认为自己"穷亦不足悲"，从而表现出高洁的人格和豁达大度的胸怀。这首诗表达了他蔑视权贵、守贫不阿的情怀。

范仲淹《岳阳楼记》："不以物喜，不以己悲。"表达了古往今来仁人志士的旷达胸怀。他们以天下为己任，"先天下之忧而忧，后天下之乐而乐"，不以个人得失为念。

慈悲是有怜悯他人之心

悲从非，从心，意思是悲从心中来，人当怀悲悯之心，与人为善。他人遭遇不幸，我心哀怜，以他人之心为我心，以他人之苦为我苦，以他人之愿为我愿。唐代著名禅师无际大师，91岁无疾而终，生前曾为世人开列一味奇药：

慈悲心一片，好肚肠一条，温柔半两，道理三分，信行要紧，中直一块，孝顺十分，老实一个，阴骘全用，方便不拘多少。此药用宽心锅炒，不要焦，不要燥，去火性三分，于平等盆内研碎；三思为末，六波罗蜜为丸，如菩提子大；每日进三服，不拘时候，用和气汤送下。果能依此服之，无病不瘥。切忌言清行浊，利己损人，暗中箭，肚中毒，笑里刀，两头蛇，平地起风波，以上七件，须速戒之。

一个人若有好肚肠，有慈悲心，必然同情关怀弱者，抚危助残，对人守信用，对父母孝顺，处处给人方便，这样，不但自己身心康泰，推广到全社会，人人如此，整个社会也健康。

将军刘伯承也有悲天悯人的情怀，他一生有许多战功，但从不津津乐道。刘伯承的二儿子问他："淮海战役打得那么漂亮，怎么从未听您提过？"刘伯承沉思很久才说："你问我的这些问题，使我想到的是千百万的年轻寡妇找我要丈夫，白发苍苍的老太太找我要孩子，我心里很不安。"

晚年的刘伯承坚决拒看一切战争片。他说："我们牺牲一位战士，他的全家都要悲伤！同样，一个国民党士兵死了，也会殃及整个家庭。他们都是农民的子弟，一场战争要损伤多少个家庭啊！就因为这个，每次战前，我们连觉都睡不好，我至今仍看到他们为我们铺设的一条血肉模糊的路，'敌人'也一样，他们也是我们的同胞啊！"

慈悲心是人类和平的精神力量。常怀悲悯之心，人的心灵会因此更加充实、更加广阔、更加纯洁。人人常怀悲悯之心，社会将会更加和谐，世界将会更加美好。

1. 自我扩展。对自己进行一个心理疏通、心理治疗，多想想我们接触到的美好事物，多陪陪家人孩子，逐步从思想阴影的困境中摆脱掉，让心灵开拓起来。

2. 人际交流。开拓自己的交流圈，改善自己的兴趣圈，多参加一些聚会，多一些朋友，多进行一些心灵上的交流沟通，改善你和别人之间的关系，克服消极悲观思想。

3. 运动锻炼。多参加一些室外的运动，多参加一些集体的运动锻炼，这样对健身和心理交流都起到了积极作用，会逐步改善心理的不良症状。

4. 学会宣泄。长期强制压抑情绪，会使内心的体验变得更加强烈，从而有可能导致心理疾病。哭也是一种释放聚集能量、调整机体平衡的方式，所以忧愁烦恼时，即使大哭一场也未尝不可。

5. 学会自我安慰。自我安慰法看似消极、愚蠢，却可以在心理不安、苦恼时进行心理自卫，以求得心理的平衡。遇到挫折、产生苦恼时，自我安慰对个体的心理健康有一定的积极作用。

不以物喜，不以己悲。

——宋·范仲淹《岳阳楼记》

　　喜、悲，均为互文，含有悲喜两层意思。不因外物的丰富、富有，个人的获得、拥有而骄傲和狂喜；也不因为外物的丢失、损坏，个人的失意潦倒而悲伤。内在涵义是指无论面对失败还是成功，都要保持一种恒定淡然的心态，不因一时的成功和失败而妄自菲薄，无论何时都保持一种豁达淡然的心态，不因外界的好事而兴高采烈，也不因为自己的不幸遭遇而垂头丧气，坚持自己的原则不受外界的影响。这两句写古往今来仁人志士的旷达胸怀。他们以天下为己任，"先天下之忧而忧，后天下之乐而乐"，不以个人得失为念，表现了一种忘我的精神境界。

网上有一个《怕字歌》，照录如下：

怕字歌

寡妇最怕寒夜深，光棍也怕睡凉席；

少怕轻浮老怕狂，穷怕志短富怕赃；

忠臣最怕君不正，孝子害怕父不良；

贤妻最怕夫鲁莽，孤苦孩儿怕后娘；

鸡怕黄鼬鱼怕獭，瓜怕黄蒿谷怕霜；

屋漏怕逢连阴雨，羊圈破损怕豺狼；

草怕寒露霜怕日，好汉怕遇无赖帮。

这首《怕字歌》描绘了一种社会现象和自然现象，蕴含着一定的社会规律和自然规律，也包含着一定的哲理，说明人各有各的怕，"怕"是一种很普遍的心理现象。

人应该懂得"怕"。孔子说："君子有三畏：畏天命，畏大人，畏圣人之言。"天命就是老天爷赐予的命运；大人是指有地位、有号召力的人；圣人之言，是指古往今来那些道德高尚的人所发表的言论。在现代社会，人应该"怕"的至少有两种：一是应该"怕"法律，就是要遵守基本的法律与规章制度，用古人的话说，叫"畏法度"；二是应该"怕"道德，也就是那些虽不违法，但明显违背社会道德、会被人戳脊梁骨的事绝对不做。那些因为图一己之欲、逞一时之快而无视法律和道德的人，当他们为自己的"无所畏惧"痛悔不已的时候，不也正是用自己的亲身经历为我们敲响了警钟吗？

汉字小词典

怕，形声字。从心，白声。

《说文·心部》："怕，无为也。"这个"怕"读"bó"，是"淡泊"的"泊"的本字，与后来读"pà"的"怕"字同形，意义则无关。"怕"（pà）字，是"怖"字的同源字，音近义同，义为畏惧，如元稹《侠客行》："侠客不怕死，怕在事不成。"引申为表疑虑、猜测，如《儒林外史》："只怕弟一出去，船就要开，不得奉候。"

怕的本义是害怕、畏惧，如"胆小怕事""贪生怕死""欺软怕硬""一朝被蛇咬，三年怕草绳""初生牛犊不怕虎""人怕出名猪怕壮""铁怕落炉，人怕落套""娇痴不怕人猜，和衣睡倒人怀""惜春长怕花开早，何况落红无数""老去怕看新历日，退归拟学旧桃符"等。

害怕源于心存畏惧

"怕"是心存敬畏而有所畏惧。"举头三尺有神明"，人只有心存敬畏，才不敢为所欲为。敬畏其实是一种自重自警状态下的自觉把握。心存敬畏，就有了如履薄冰的谨慎态度；心存敬畏，就有了战战兢兢的体察心情；心存敬畏，就有了小心翼翼的戒惧意念；心存敬畏，就有了虚怀若谷的君子风度；心存敬畏，也就有了如负泰山的神圣责任。

改造自然应有所畏惧。"人定胜天"曾经是人类在某个时期喊得天响的口号，人类缺乏对大自然的敬畏，大自然就开始了疯狂的报复。面对这种报复，自诩为万物之灵的人类显得那么的渺小和无助。当人们了解到人类的能力不可能破解自然的全部奥秘时，终于懂得重新开始对自然深怀敬畏之心，愿意积极构建一个和谐的世界。

为官应有所畏惧。这不是怯懦，不是束缚，而是一种自律，一份清醒。为商赚钱应有所畏惧，所谓"君子爱财，取之有道"。这个道当以道义为本，决不能损人利己；这个道要合乎社会道德，决不能见利忘义；这个道应符合国家和地方法律法规，决不能游走在法律的边缘地带。总之，那种昧心财、黑心财、伤

天害理之财是不能发的。古人说得好："凡善怕者，必身有所正，言有所规，行有所止，偶有逾矩，亦不出大格。"常怀敬畏之心，做到"吾日三省吾身"，及时扫除政治上、思想上、道德上沾染的灰尘，始终筑牢正确人生观和价值观的堤坝，真正把握分寸，做到有所为、有所不为，方不枉人世间走一遭、天地间活一回。

害怕表现为心惊胆战

"心""白"为怕，表现为脸上血色苍白，害怕是一种心理反应和生理表现。没有任何事物比无中生有，"对恐惧的恐惧"更愚蠢的了。很多时候，我们的恐惧往往都来自恐惧本身，而非事件本身，我们的一生之中，有很多时候，并不是我们被生活打倒，往往是我们自己把自己打倒。

苏轼是宋代文学家、书画家，唐宋八大家之一，虽曾名动天下，但因当时朝野动乱、政见不合，使得他不断遭到政治对手的打击，之后的"乌台诗案"更是他一生中巨大转折点，差点死于非命。被贬至黄州，后被调回京，再出任杭州，又被调回京，出任扬州，出任定州，被贬海南岛，最后死于常州。"三贬三返"使他的一生经历了太多大起大落，他没有享受过安逸舒适的普通生活，也未品尝过闲云野鹤的江湖生活，更未体验过远离世俗的隐居生活。"夜饮东坡醒复醉，归来仿佛三更"是他唯一的消遣；"明月几时有，把酒问青天"是他唯一的乐趣。身处在官场的他，每一天都过得是提心吊胆、心惊胆战的，伴随他的总是一种莫名的害怕。

害怕是一种不敢为的心态

"怕，无为也。"无所作为的人"前怕狼，后怕虎"，不敢尝试，一事无成。诸葛亮事事"三思而行"，魏延兵出子午谷奇袭长安本是条妙计，无奈诸葛亮顾虑太多，将对手考虑得太聪明，"三思而行"，最终放弃了计划，使得大好战机就此溜走，以致六出祁山而无功，几伐中原而未果，憾死五丈原军中，留下"长使英雄泪满襟"的慨叹，也留下"奇谋为短"的感喟。

人生最大的失败，是从来没有失败过。有挑战，就必然会遭遇失败，那些有远大目标的人常常会经历更多的失败。说自己没有失败过的人，也就是等于说自己从来没有挑战过。什么都不做的人自然不会失败，那些越积极勇敢工作的人，失败自然会越多。新兴企业的成功率只有10%，但即便如此，如果没有勇气去挑战，便无法开辟出新的道路。

任何领域都是如此，目标越高，失败的可能性越大。但是，如果一开始人们就因为害怕失败而不去接受挑战，最终一事无成，这才是比失败还要坏的结果。在这个过程中，如果降低目标，自然就能避开失败，但那样的人，是毫无挑战精神的。唐僧师徒要经历九九八十一难，才能修成正果；假设孙悟空驾起"斤斗云"，把唐僧空运到西天佛祖跟前，省去男女妖怪们的许多惊吓、纠缠，那算白跑一趟，佛祖不值得给他们真经，更别说悟道了！所以，请不要惧怕失败，要满怀勇气接受挑战。

害怕还源于太明白

"怕"，有一个白字，其含义是太明白，会让人害怕。俗话说，"无知无畏"，知得太透彻反而会害怕。美国著名心理学家弗洛姆做过一个实验。有一天，学生问他，心态对一个人会产生什么样的影响？他什么也没有说，带领学生穿过了一间伸手不见五指的房间。当过了房间之后，他打开了电灯，学生个个吓出了一身冷汗。原来，这间房子的地面有一个很深的大池，池里还蠕动着各种毒蛇。弗洛姆看着他们，问："现在，你们还愿意再次走过这个房间吗？"大家面面相觑，都不作声，谁也不敢再尝试。尽管有安全网的保护，还是担心安全网的不可靠。这就表明，当人们看清楚了危险的时候，就失去了平静的心态，表现了不同程度的胆怯。其实，人生也是如此，在面对各种挑战的时候，失败的原因也许不是因为力量不足、智慧低下，而是因为把危险看得太清楚，分析得太透彻，考虑得太详尽，以至于被困难吓倒，迈不开步子。因此，我们既要正视困难，也不要过高地估计困难，有的时候也应当藐视困难，这样，才能不怕，不退缩。

"怕"音通"趴"，形象地描写了怕的状态，一个人害怕极了，往往吓得趴下，站不起来。其实，一个人为了真理，为了国家和人民的利益，就要无所畏惧，勇往直前。

心学之窗 遇事不怕事的5种方法

1. 沉默。被人误解了，最好的办法是选择沉默。沉默本身就是一种力量。

2. 保持单纯。成年人的通病就是思虑过多，常常把人生复杂化。

3. 弯腰。只有成熟的稻谷才懂得弯腰。

4. 控制情绪。在心情跌入谷底时，你至少要做到平静。

5. 不苛责自己。你无需让自己时时刻刻活得那么十全十美且富有意义。

一年被蛇咬，三年怕草索。

——明·凌濛初《初刻拍案惊奇》

解读

　　这是两句口头俗语，大意是：被蛇咬过一次，以后看见像蛇样子的草绳就感到害怕，比喻受过惊吓的人胆小怕事的心态，形象而贴切。经典条件作用一旦形成，机体对相似的刺激做出条件反应。人们被蛇咬后，形成了条件反射，见到绳子也害怕，避之唯恐不及。一个人被蛇咬后，自当吸取教训，但也不必反应过敏，从此前怕狼后怕虎，什么事都不敢尝试，丧失了探索精神。

愉

人生屡如此
何以肆愉悦

愉悦是人们向往的一种心情。孔子待人和颜悦色，给人愉快的感觉。《论语·乡党》集中记载了孔子的容色言动、衣食住行，其中也包括愉悦的情形，例如："执圭，鞠躬如也，如不胜。上如揖，下如授，勃如战色，足蹜蹜，如有循。享礼，有容色。私觌，愉愉如也。"大意为：（孔子出使别的诸侯国时）拿着圭，恭敬谨慎，像是举不起来的样子。向上举时好像在作揖，放在下面时好像是给人递东西。脸色庄重得像战栗的样子，步子很小，好像沿着一条直线往前走。在举行赠送礼物的仪式时，显得和颜悦色。和国君举行私下会见的时候，更轻松愉快了。

"愉"字告诉我们愉快有三个层次。

愉，形声字，从忄，俞声。

《尔雅·释诂》："愉，乐也。"《广雅》："愉，喜也；说也。""愉"字本义为快乐，如《礼记·祭义》："其进之也，敬之愉。"《庄子》："桀之治天下也，使天下瘁瘁焉，人苦其性，是不愉也。"引申为和，《说文·心部》："愉，薄也。"如《论语·乡党》："私觌，愉愉如也。"

愉字的成语不多，如"心旷神愉"，指心境开阔，精神愉快；"神怿气愉"，形容欢欣愉快。

愉快以和悦、快乐的心情为核心

愉从心，指心情舒畅，如武则天《唐大飨拜洛乐章》的"玄泽流恩载洽，丹襟荷渥增愉"、荀悦《汉纪·宣帝纪四》的"千载一会，愉悦无斁"、权德舆《与道者同守庚申》的"斋心已恬愉，澡身自澄明"。

相传，唐朝诗人孟郊参加科举考试，曾经两次落第不中，后来终于在四十六岁时高中进士。放榜之时正值春天，这时长安花团锦簇，人人都上街欣赏怡人的景致。孟郊也骑着快马、迎着春风，得意地四处游览，一天就看遍了长安的花景。中举加上春天的到来，孟郊按捺不住内心愉悦之情，写下了"春风得意马蹄疾，一日看尽长安花"这首绝句。诗里说到自己一扫过去的郁结心情，如今志得意满，真是自由畅快、无拘无束。后来"走马看花"这个成语就从孟郊的这首诗演变而出，用来形容抱负实现或游赏时得意愉快的心情。

生活就是一束阳光，你站在阳光中，迎着阳光向前看，满眼光明，身心温暖，倍增力量；转过身，俯视阴影，满目黯然，暗自神伤。面对光明和阴暗的两种心态，完全由个人的心情来掌握。选择前者，你将积极快乐地向前走；选择后者，则沉沦悲观沮丧，举步不前。如果我们左冲右突难以突围，心情正沮丧之时，何不尝试一下以快乐的心情去走另一条路径呢？

愉快以健康的身体为依归

　　"愉"，左边是心，右边是身，身心和谐方为真正的愉悦。愉从俞，俞为"愈"省，身体痊愈，带来身心健康。健康的身体是心情愉快的基础，一个人假如身体有病痛，是非常痛苦的，根本谈不上心情的愉悦。人的情绪与人的身体健康有密切关系。一个人身体健康，往往表现精力充沛、心情愉快。一个人长期疾病缠身，容易引起忧郁的心情，愉快稳定的情绪是身心健康的重要心理条件。

　　现代生理学、心理学的研究都已证明，无论是消极的还是积极的情绪活动，对人的身心健康都有十分显著的影响。精神不是独立于肉体之外的无形之物，每个人生来就拥有一个能产生思想和情绪的大脑，而人类的所有复杂情感都有其对应的、精巧的生物学机制。面对复杂的社会现实，人们必然会产生各种情感，情感是人们对所接触的事物生理反应的自然流露。而人的情感一旦

产生，它将唤起各种生理反应，影响呼吸、心脏、血管、肠胃、内分泌等器官，并通过皮肤电压、血压、心跳、腺体分泌等生理指标表现出来。《心理医学》杂志发表的一项研究表明：精力充沛、快乐轻松的人和沮丧、紧张、易怒的人相比不容易得感冒。只要有积极乐观的态度，就可以避免这一常见的疾病。那么情绪到底是怎样影响你的健康的呢？简单地说，当大脑"轻松愉快"的时候，它会向各个器官发出有助于保持身体健康的信号。另外，心情轻松愉快的人往往比消极紧张的人有更好的保健习惯。他们更容易有充足的睡眠，进行有规律的身体锻炼，而且他们体内某种紧张激素的含量较低。

愉快以身心的快乐为最高境界

身与心是一体的，两者缺一不可，互相依存。精神和肉体是对应的，身结即为心结，心结即为身结。身心为一体，其中一结打开，结结皆打开，自然身心愉悦，身心健康。

人的心情是一种心理现象，有高兴、愉快、欢乐、喜悦、轻松、欣慰、悲伤、害怕、恐惧、不安、紧张、苦恼、忧郁等各种表现。心情具有两面性，它既是良药也是毒品。古语云："心悦则物美，心悲则事哀。"医学界也认为："健康的一半是心理健康，疾病的一半是心理疾病。"人生一切境由心生，心情决定人生的境遇。具有什么样的心情，就会收获什么样的人生，就会有什么样的身体。我国自古就有"喜伤心、怒伤肝、思伤脾、忧伤肺、恐伤肾"之说，当人的心情变化时，往往伴随着生理变化。长期不愉快、恐惧、失望，会抑制胃肠运动，从而影响消化机能。心情消极、低落或过于紧张的人，往往容易患各种疾病。因此，只有保持愉悦的心情，才能有利于身体健康。

当你心中充满阳光，即使在寒冷的冬季，你也会觉得，梅衬雪白、雪衬梅香，即使滴水成冰，晶莹剔透也美丽异常；当你心情悲观的时候，即使看见波涛汹涌，浩瀚奔腾的长江，你也会有"问君能有几多愁，恰似一江春水向东流"的感慨。让我们怀着愉悦的心情，心中充满阳光。

心学之窗　如何保持愉悦的心境

1. 坚持锻炼。

2. 每年计划1—2次旅行。

3. 花一些时间陪伴家人、朋友。

4. 学会对他人表达感激和爱。

5. 沉思冥想。

6. 保持充足的睡眠。

7. 不断学习，遇到困难，勇于挑战。

8. 与人交往保持微笑，平和的心态面对一切。

9. 有不愉快的事情找信赖的亲人和朋友倾诉，减轻压力和痛苦。

10. 定期内观自己，或找心理咨询师清理情绪。

人生屡如此，何以肆愉悦。

——唐·王昌龄《过华阴》

　　《过华阴》是唐代著名边塞诗人王昌龄的诗词作品。作者一生沉寂下僚，屡遭贬黜，尝尽羁人之苦，最后死于地方官员淫威之下。此诗当为诗人又一次远离故乡路过华阴时所作。前十句诗人通过对华山变幻时隐时现的神奇景色描写，感叹羁留他乡之苦，遂心生寄居华山的美慕之情。诗人一路走来，且行且宿，虽经百里之遥，眼睛始终不离华山，吟哦不停，步出关外赏一弯新月。后四句谓华山诱人的景物变幻无穷，不断转移了诗人的情怀感受，诗人感到万事无常，无法掌握，不由得感叹道"人生屡如此，何以肆愉悦"，对人生的无常和苦闷有一些无奈。

悦

YUE

且将一笑悦丰年

　　"近悦远来，归如流水"这句诗出自白居易的《除李爽简西四川节度使制》，大意是：能做到邻近的人因受到执政者的好处而喜悦，远方的人闻风而来，归属者就会像流水一样络绎不绝。而"近悦远来"一语出自《论语·子路》："叶公问政。子曰：'近者悦，远者来。'"叶公问孔子如何搞好政治，孔子说，能使境内近居之民因政治清明而喜悦，境外远方之民也都乐于来归附。人民崇尚务实，执政者如能真正地而不口头上为人民谋福利，为人民办实事，取信于民，就会受到人民群众的衷心拥护，政通人和，近悦远来。此名句除用于论述善政外，还常被旅社、饭店写成"近悦远来，宾至如归"的对联，以招徕顾客。

　　"悦"是一种心情，也是一种生活态度，既包括悦己，也包括悦人。悦是一种乐观向上的心态，存于心而表于行。

悦,形声字,从忄,兑声。

《尔雅·释诂》:"悦,乐也。"本义为高兴,愉快。古文中常假借同音的"说"字作"悦"字用。如《论语·学而》:"学而时习之,不易说乎。"又引申表示喜欢,如司马迁《史记·刺客列传》:"士为知己者死,女为悦己者容。"

含有"悦"字的成语很多,如形容和善可亲为"和颜悦色"、形容两相爱悦为"两相爱悦"、形容看到美好的景色而心情愉快为"赏心悦目"、形容真心地服气或服从为"心悦诚服"。

真正的愉悦来自于内心的感受

悦从心,愉悦应是发自内心的。心理学家通过一个有趣的实验说明"愉悦"是一种和确定性相关很高的情绪、是发自内心的真实情感,而"有趣"是一种和不确定相关很高的情绪。当一个事情复杂、新奇和不确定的时候,人们就会感到"有趣";而当一个事情简单、稳定和确定的时候,我们就会感觉到"愉悦"。好的生活应该是愉悦又有趣。有人总是去新馆子、点新菜,尝试更多口味,而有些人喜欢去老饭店,点上家常菜,吃得安安稳稳;有人喜欢探险旅游,去穷山恶水异国他乡,也有人喜欢休闲,于熟悉处怡然自得。前者有趣,后者愉悦。当然,也有两者兼有之。有趣的东西会带来愉悦。但不管做什么事情,只要能够给我们带来内心宁静、温暖、简单、安全,带给我们幸福感,这就是发自内心的和悦。

真正愉悦的心境外化成外表

"兑"为人咧嘴之形，意为愉快的外表。有一个成语叫"喜形于色"。心情愉悦表现在人的脸上必然是眉飞色舞和舒展的。古人云："君子坦荡荡，小人长戚戚。"君子心胸开朗，思想上坦率和悦，外貌动作也坦坦荡荡，大气淡定；小人心里欲念太多，心理负担很重，动作也显得忐忑不安，所以常常是猥琐不堪的样子。真正愉悦的心境外化成外表，同样，真正的丑恶也会外化成容貌。

所谓"相由心生，境由心转"，就是说有什么样的心境，就有什么样的面相，一个人的个性、心情与作为，都可以通过面部特征表现出来。一颗阴暗的心托不起一张灿烂的脸。有一位人称"神算"的大师，看人非常准。有人问他为什么能精准"算命"？"神算"一语道破天机："只是观察能力和推理能力略有经验而已。比如一个身体健康、身心愉悦的人，通常会红光满面、神采奕奕；一个人体弱多病，通常会有气无力，印堂灰暗；一个人活得不顺心，则脸上自会愁云密布、眉头紧锁。"一个人，先天的相貌是父母给的，后天的相貌是自己修的。相貌不仅仅指表面的容颜，更多的是指神态、气质、举止等。表情是片刻的面貌，面貌是凝固了的表情。一个人的心理状况怎么样，脸上就会有什么表情。经常小偷小摸，习惯性的表情是贼眉鼠眼，长此以往，成了一副鬼祟相；经常怒气冲天，立眉瞪眼，长此以往，就成了一副凶神恶煞相；宅心仁厚，从不与人计较，自会生成一副宽厚温润之相；心态平和，乐观和善，当然生得慈眉善目、和容悦色，自然也就令人心怡神悦了。

真正的愉悦不是独乐乐，而是众乐乐

悦，从兑，兑音通"乐"，表示喜乐，兑又是心与心的交换，表示喜悦的心情应与大家分享。古代，有一位老禅师在院子里种了一棵菊花。第三年的秋天，院子成了菊花园，香味一直传到山下的村子里面。凡是来寺院的人们都忍不住赞叹："好美的花儿呀！"一天，村子里有个人开口向老禅师要几棵花种在自家的院子里，老禅师答应了。他亲自动手挑选开得最艳、枝叶最粗的几棵，挖出了根须送到了那个人的家里。消息很快传开了，前来要花的人络绎不绝。在老禅师的眼里，这些人一个比一个知心，一个比一个亲近，所以都要给。不多时日，院子里的菊花就被送得一干二净了。没有了菊花，院子里就如同没有了阳光一样寂寞。秋天的最后一个黄昏，有个弟子看到满院的凄凉，就忍不住地叹息道："真可惜！这里本来应该是满院菊香的。"老禅师心怡神悦地对弟子说："你想想，这岂不是更好吗？三年之后将一村菊香。"一村菊香！这就是分享、共享的宽广胸怀。

分享是一种博爱的心境，学会分享，才能获得真正的愉悦。古代思想家、教育家孟子曾这样问梁惠王："独乐乐，与人乐乐，孰乐？"梁惠王毫不犹豫地回答："不若与人。"就是说，只有懂得与人分享，愉悦的生活才会不请自来。当你与好友共同分享和悦的时光时，你的生活便有滋有味；当你与家人共同分享怡悦的幸福时，你的家庭便成了温馨的港湾；当你与同事共同分享成功的喜悦时，你的事业便会更上一层楼。

真正的愉悦是阅读

"悦"音通"阅"，阅读带给人们精神的愉悦。古人说"开卷有益"，这是绝对真理。阅读的目的大多是为了获取知识，但把阅读当做心情的愉悦更为可贵。因为这种阅读没有功利的驱动，是一种快乐的阅读。崇尚阅读，是中国知识分子薪火相传的宝贵精神，是中国文化数千年赖以传承的物质基础，是华夏儿女胸怀开阔、情操优美、心境温和、灵魂愉悦的力量和源泉。

明代的王艮曾写过一首《乐学歌》："乐是乐此学，学是学此乐。不乐不是学，不学不是乐。"他把"学"和"乐"视为一体，的确是极好的见解。古往今来，有很多学者或是读书人嗜书成癖。我们把阅读作为生活的一大乐趣，这种愉悦是多方面的：或为增加知识，或为陶冶性情，或者只为获取片言只语作为谈论的材料甚或令人莞尔的一笑。无论目的为何，都会使读者心有所感，悦而忘忧。

古人把读书者分为三类：苦读、痴读和闲读。比起点墨成冰而心目如磐的"苦读"，还有头悬梁锥刺股的"痴读"，更多的时候我们提倡一种融为生活习惯的"闲读"——茶余饭后，书摊站前，随手展卷，目走如行。"知于天地外，意在有无中"，不求甚解，只求一得。当然，精读一些书也十分必要。"学而不思则罔，思而不学则殆"，只有学而思，才可免于迷惘和危殆。做些摘抄，或是开动脑筋细细回味一番，从而从先哲的著作中汲取智慧。事后思来，都是极有悦意之举。

"阅读改变生活，知识改变命运。"阅读应是一种生活态度、一种生活方式。当今，得益于信息化、多媒体等手段，开放式、终身制、随时随地阅读变成一种可能。人生需要物质才能前行，但是也需要精神食粮来滋润身心，助力我们走得更远、更高。国家正大力提倡全民阅读，在全社会"爱读书、读好书、善读书"的阅读氛围之下，让我们投入到书的世界、知识的海洋之中，在书香的熏陶之下，慢慢地享受阅读，慢慢地品味生活，感受阅读带来的愉悦。

谀言顺意而易悦，
直言逆耳而触怒。

——宋·欧阳修《为君难论下》

解读

　　这两句大意是：奉承的话顺从人的心意而易于使人高兴，正直的话不顺耳而容易使人恼怒。谄媚的话往往迎合着人的心意而容易被人接受，正直的话常常与人的心意相违而不易被人接受，然而谀言多坏事，直言则于事有利。告诫人们择言不可凭感情而决定取舍而要进行冷静的分析，对悦耳之言要警惕，逆耳之言要听得进。

　　所谓"耳中常闻逆耳之言，心中常有拂心之事，才是进修德行的砥石。若言言悦耳，事事快心，便把此生埋在鸩毒中矣"。一个人的耳朵假若能常听些不中听的话，心里经常想些不如意的事，这才是敦品励德的好教训。反之，若每句话都好听，每件事都很称心，那就等于把自己的一生葬送在剧毒之中了。

怯

黄花不怯秋风冷

辛弃疾（1140—1207）

　　南宋爱国词人辛弃疾写了一首词，叫《鹧鸪天·席上吴子似诸友见和再用韵答之》：

　　翰墨诸君久擅场。胸中书传许多香。若无丝竹衔杯乐，却看龙蛇落笔忙。

　　闲意思，老风光。酒徒今有几高阳。黄花不怯秋风冷，只怕诗人两鬓霜。

　　这首词是答"吴子似诸友"的，也是咏吴子似诸友的。以论其诗为主，兼及饮酒，写来别有韵味。最后两句谓菊花傲霜独开，故言其不怯西风之冷，并以之为反衬，言其"只怕诗人两鬓霜"，怕诗人苍老，不能再赋诗篇。在这里"怯"字用得很好，赞美了菊花的品性，傲霜绽放，不惧严寒。

怯，形声字，从心，去声。

《说文·犬部》："狤，多畏也。""狤"为"怯"的异体字。《玉篇·心部》："怯，畏也。""怯"字本义为胆小，没有勇气，如《孙子兵法》："怯者不得独退。""勇士不怯死而灭名，忠臣不先身而后君。"

"怯"字的成语，大多表示胆小、畏缩、畏惧的意思，如"装怯作勇""心乔意怯""心孤意怯""怕风怯雨""大勇若怯""近乡情怯"等。

胆怯表现了内心的害怕

《说文》："怯，从犬，去声。""犬"为狗，"去"为逃离。犬来凶猛，却因为遇到更凶猛的野兽，感到畏惧，"忄"为心，心失去了，自然是害怕。许多诗文对"怯"作了形象而生动的描述。

唐代方干《新月》："入夜天西见，蛾眉冷素光。潭鱼惊钓落，云雁怯弓张。隐隐临珠箔，微微上粉墙。更怜三五夕，仙桂满轮芳。"

一弯新月挂在天边，潭中的鱼疑是钓钩垂落惊而潜逃，云中的雁以为弯弓待射怯而远飞。从新月的形象生发出如钩似弓的联想，又设想鱼雁惧钩怕弓的惊怯心理，极写新月的弯曲之状。想象力极为丰富，把新月比喻为鱼钩、弓箭，而使潭鱼、云雁感到胆怯。

唐代宋之问《渡汉江》："岭外音书断，经冬复历春。近乡情更怯，不敢问来人。"离家乡越近，心情越畏缩、胆怯，唯恐听到家中有什么不幸的消息，因此见到来自家乡的人，也不敢开口探问。宋之问远贬泷州（今广东罗定市），长期得不到家人的信息。当他从贬地逃回，渡过汉江，临近家乡时，怀着惴惴不安的心情写了这首诗。"近乡情更怯"，对远方的游子来说，更有深切的体会，为何会"情更怯"？这是因为对身边父母的担忧，担心听到不好的消息。

北宋苏轼在《拟进士对御试策》中说："慎重者，始若怯，终必勇；轻发者，始若勇，终必怯。"意思是说，谨慎从事的人，开始好像懦弱胆怯，而最终必然显示出勇敢；轻举妄动的人，开始好像勇敢，而最终必然显示出懦弱。这几句话告诉我们慎始方能善终。

胆怯源于自信心的丢失

怯，从心，这个心是信心、决心，"去"是失去，自信心失去了，人一旦灰心失望就会产生胆怯。相反，有自信心，就不胆怯，而勇敢接受挑战。

相传在春秋时期的楚国，有个叫卞和的人，在楚山中拾到一块玉璞（即未经过加工的美玉），把它奉献给了楚厉王。厉王就叫辨别玉的专家来鉴定，鉴定的结果说是石头。厉王大怒，认为卞和在欺骗戏弄自己，就以欺君之罪名，砍掉了卞和的左脚。不久，厉王死了，武王即位，卞和又把这块玉璞奉献给武王。武王也命辨别玉的专家来鉴定，结果同样说是石头，武王又以欺君之罪砍掉卞和的右脚。武王死后，文王即位。卞和抱着玉璞到楚山下大哭，一直哭了三天三夜。眼泪哭干了，最后哭出了血。文王听说后，就派人问他，说："天下被砍掉脚的人很多，都没有这样痛哭，你为什么哭得这样悲伤呢？"卞和回答："我不是为我的脚被砍掉而悲伤、痛哭，我所悲伤的是有人竟把宝玉说成是石头，给忠贞的人扣上欺骗的罪名。我相信我是对的！"文王于是派人对这块玉璞进行加工，果然是一块罕见的宝玉，遂把这块宝玉命名为"和氏璧"。由于这块宝玉的珍奇，加之来历的不平凡，和氏璧成了世间所公认的至宝，价值连城。如果不是卞和的执着自信不胆怯，可能和氏璧现在还依然被丢弃在深山之中，无法光照史册了。

1. 要战胜自己。

2. 遇事不要犹豫。

3. 转移关注点。

4. 心里想着别人比你还胆怯呢。

5. 积累经验、增长才干。

6. 学习知识，提高认识水平。

7. 依靠"精神化学"法消除害怕和胆怯。

心语赏读

不为易勇，不为险怯。

——北宋·苏辙《吴氏浩然堂记》

解读

不因为容易就敢作敢为，也不因为艰险就胆怯畏惧。常言道“软的欺负硬的怕，不是英雄是狗熊”，便是从正面讲了这一道理。在弱者面前大施淫威，拣着方便大显身手，不是英雄行为，而恰恰反映了虚弱胆怯的心理特征。迎着风浪上，敢挑重担子，不为困难所吓倒的人，才是豪杰。真正的英雄是遇强愈强，不畏艰难险阻，战胜邪恶，正义敢为的勇士。他们对待弱者时，绝不恃强凌弱，而是平等相待，主持正义，以理服人。

怡

怡然坐窗下 一笑对秋菊

　　"亲有过，谏使更；怡吾色，柔吾声"出自《弟子规》，"怡"为和悦、愉快之意，大意为：如果父母亲有过错，做子女应该规劝其改正错误；在规劝父母的时候，脸色要和悦，声音要柔和。《礼记·内则》也有文曰："父母有过，下气怡色，柔声以谏。"人非圣贤，孰能无过，父母有过错时子女要及时、适时地对他们进行劝谏，但在劝谏的过程中要注意说话的语气和方式。如今有的人在外面和别人说起话来是和风细雨，回到家里和父母亲说话则是刮风下雨。父母亲一旦有了过错，那说起话来简直是电闪雷鸣，毫不顾忌父母的感受，简直就像老子训小子，全然不像晚辈在和长辈说话，实在匪夷所思。

　　"怡"字告诉我们如何享受快乐之道。

怡，会意字。篆文**𢖶**，从心台（yí）声，台兼表义。《说文·口部》："台，悦也。"声旁"台"也有和乐之义。

《说文·心部》："怡，和也。"本义为和悦、愉快，如杜甫《赠卫八处士》："怡然敬父执，问我来何方。"

带有"怡"的成语很多，如形容心境开阔、精神愉快为"心旷神怡"，形容心情愉快、面色安详的样子为"神色怡然"，形容兄弟和悦相亲的样子为"兄弟怡怡"，让自己精神愉悦以保养本性为"怡神养寿"，使人心悦又能把道理阐述得很清楚为"怡然理顺"等。

怡神是心境开阔，精神愉快

怡，从心，这是指心情、心境、心神。《隋书·儒林传·刘炫》曰："玩文史以怡神，阅鱼鸟以散虑。"心境开阔则体健身强，心爽神怡，延年益寿。宋仁宗庆历四年（公元1044年）滕子京担任岳州知州，次年就重修岳阳楼，并请好友范仲淹为他写文来记叙这件事，于是范仲淹写成了《岳阳楼记》这篇传诵千古的文章。文中写到了在不同的时令、气候条件下，登上岳阳楼所看到的景色和不同的感受，令人顿觉心胸开阔，豁然开朗，精神怡悦；所有的一切荣辱得失都会忘却，面对清风，举杯畅饮，志旷而神怡。

心理疗法博大精深，妙趣横生，我国古代医学的许多诊疗奇闻佳话，大有"喜怒哀乐"皆是良药之感，这些独具特色的心理疗法，不但有些神奇的疗效，而且蕴藏着丰富的科学道理，其中就有"怡悦疗法"。传说古代名医张子和，善治疑难怪病，在老百姓中享有崇高威信。一天，一个名叫项关令的人来求诊，说他夫人得了一种怪病，只知道腹中饥饿，却不想饮食饭菜，整天大喊大叫，怒骂无常，吃了许多药都无济于事。张子和听后，认为此病服药难以奏效，告诉病人家属，找来两名妇女，装扮成演戏的丑角，故作姿态，扭扭捏捏地做出许多滑稽动作，果然令病人心情怡畅。病人一怡悦，病就减轻了。接着，张子和又叫病人家属请来两位食欲旺盛的妇女在病人面前狼吞虎咽地吃东西，病人看着看着，也不知不觉跟着吃起来。就这样，利用怡悦引导之法，使心情恢复神怡心静，最后不药而愈。

因此，幸福取决于开阔的心境、乐观的性格，取决于谦恭礼让、助人友善、举止优雅，如刘禹锡所云："饮尔一杯酒，陶然足自怡。"

怡然是身心愉悦，安适自在

"怡然"一词出自《列子·黄帝》："黄帝既寤，怡然自得。"人生，从儿童到少年、青年、中年最后进入老年，这是抗拒不了的自然规律。逆境顺境乃人生之常情，凡事顺其自然，遇事处之泰然；得意之时淡然；失意之时坦然，怡然自得。杜甫有诗云："怡然共携手，恣意同远步。"诗人骆宾王在《与博昌父老书》写道："今西成有岁，东户无为。野老清谈，怡然自得；田家浊酒，乐以忘忧。"长寿之秘诀，心态怡然，必须做到"五个放"：放心生活，对世间万物不过分奢求，适可而止；放身求适，力戒纵情声色，把身心调整到"安适"状态，知足常乐；放开心胸，力求常保乐观、进取心态，不为芝麻绿豆般的琐事而烦心；放下身架，在挫折与失意面前，要自我调适，坦然面对，不愠不怒，无怨无悔；放声大笑，笑能使人心情怡悦，遇挫不畏。心情怡宁，身心就能坦然地面对一切，怡然而常乐。

孔子在《礼记·礼运》写道："大道之行也，与三代之英，丘未之逮也，而有志焉"，意思是大道实行的时代，以及夏、商、周三代英明君王当政的时代，我孔丘都没有赶上，但是我有（恢复礼制的）志向。证明孔子思想取法于先人，将夏以前的社会形态提到理论高度，加工提炼出一个理想社会模式。这个理想社会的基本特征是：人人得到社会的关爱，人人都能安居乐业，怡然自得。而陶渊明在《桃花源记》艺术地再现了他构想中的"大同社会"的生活风貌，用"渔人"进入桃源所见来展示理想社会的生活图景："土地平旷，屋舍俨然，有良田美池桑竹之属，阡陌交通，鸡犬相闻。其中往来种作，男女衣着，悉如外人；黄发垂髫，并怡然自乐。"他把"大道"里构想的社会特征具体化，在读者脑海中留下了不可磨灭的美丽画面。《桃花源记》里的"黄发垂髫，并怡然自乐"的美好生活，是《礼记》中所设想的"老有所终，壮有所用，幼有所长，鳏寡孤独废疾者，

皆有所养"的具体化、艺术化，展现出一幅和谐安宁、怡然自得的幸福生活图景。

怡色是和颜悦色，态度恭顺

"怡"深之于心，表之于颜。"朋友切切思思，兄弟怡怡"出自孔子《论语·子路》，大意是：朋友之间应相互切磋批评，兄弟之间应态度恭顺，和睦相处。

如何与最亲近的人相处，这或许是每一个人都应该静下心仔细思考的问题，而在古人看来，与至亲交往，理应记住《礼记·表记》中的这三点：不失足于人，不失色于人，不失口于人。其中，"不失色于人"指的就是一个"怡"字：喜怒克制于心，不常外露于颜。孔子说孝敬亲长最难的是做到"色难"，难在何处？难在一颗恭敬的心，一种谦和的态度。不仅仅只是对待至亲与知己，在日常的为人处世，我们要懂得控制情绪，不失色于人，尽量做到事事和颜悦色的恭敬之态，才是真正的为人雅量。为人处世，说话时态度诚恳，尊重对方，情真意切，交际活动就会变成一种享受，其乐融融。如果说话人恶言恶语，言语不文明，往往会引发是非。慧于心，还要秀于口，懂得尊重，言语

得体，是文明素养的体现。而懂得"看菜吃饭，量体裁衣"，
"到什么山头说什么话"，言语得体，则会最大限度地发挥交际
功能，促进人与人之间的友好交往。

　　战国时期，魏国的信陵君为人忠厚、仁爱，对门客都以谦
逊的态度对待。当时，信陵君听说大梁城门的守门官七十岁老人
侯嬴是个贤人，家境贫穷，便派人带着大量财宝，前去聘请他。
但是，侯嬴并不接受。于是信陵君设了一桌宴席，并亲自带着
随从车马前往东门去迎接侯嬴。侯嬴上车时，也不谦让，直接就
坐在了尊位上，还在暗自观察信陵君。信陵君驾驭着马车，神色
怡然。马车行到中途，侯嬴又忽然提出要去探访一位屠夫朋友朱
亥。他在朋友那里故意拖延时间，要看信陵君的反应，但信陵君
还是一片和颜悦色。侯嬴看信陵君的表现始终都诚恳恭敬，于是

告别好友回到车上。到家以后，信陵君请侯嬴坐上尊位，并向他一一介绍在座的将相、宗室，宾客都很惊讶。宴会期间信陵君站起来，到侯嬴的座位前敬酒祝寿。侯嬴告诉信陵君说："今天我令您非常的为难。我不过是一个守东门抱门闩的人罢了，然而您却亲自驾着车马，迎接于大庭广众之中。本来您是不应该这么做的，但您却做了。我为了成就您礼贤下士的美名，因此我故意让您和车马久立于街市，使其他人围观您。但你的态度愈加恭谨、怡穆，于是市人都认为我是小人，而称赞您是位能礼贤下士的长者。"这是侯嬴受到尊重后对信陵君的第一个报答。此后，在侯嬴的帮助下，信陵君成就了一番大业。

盈缩之期，不但在天；

养怡之福，可得永年。

——东汉·曹操《步出夏门行》

解读

　　寿命的长短，不只决定于天，保养身心带来的福气，可以使人益寿延年。怡养者，安适保养也。如何赢得"养怡之福"？在天，也在人。首先，要常保持好心情，好心态。就像诗人屈原在《九章·哀郢》中所写的："心不怡之长久兮，忧与愁其相接。"怡之不存，养之无功，福焉能得？有道是：真诚清净平等正觉慈悲，看破放下自在随缘。真诚，清净，放下，随缘，自在，是颐养天年之至理。

田家少闲月　五月人倍忙

忙

MANG

早起到陂塘，归来亦夕阳。

得鱼不自饱，辛苦为谁忙。

——清·戴熙《题画》

　　这首诗生动地展现渔民从早到晚的生活状况，作者饱含着对渔民的同情来写这首诗。在许多人的笔下，渔夫的生活是悠闲自在，充满乐趣的。这些作者往往以高人隐士的眼光来看待渔人的生活，戴熙却关注到渔民的艰辛及"得鱼不自饱"的困苦处境，为他们发出"辛苦为谁忙"的不平之鸣，是很可贵的。

　　在当代社会，人们的生活节奏越来越快，"忙"好像成为一种流行病，波及全社会。许多人起早贪黑，疲于应付，马不停蹄，加班加点。问谁谁都忙，看谁谁都行色匆匆。这是有意义的"忙"，还是"茫""盲"，就要看"忙"什么、"忙"的状态是如何。"忙"有如下的三种状态：

汉字小词典

忙，形声字，从心，亡声。

《集韵·唐韵》："忙，心迫也。""忙"字本义为内心慌迫不安，如北朝民歌《木兰诗》："出门看火伴，火伴皆惊忙。"引申为行动急迫，如杜甫《新婚别》："暮婚晨告别，无乃太匆忙。"又引申为忙碌，如白居易的《观刈麦》："农家少闲月，五月人倍忙。"

与"忙"有关的成语大多与慌张、慌乱有关："不慌不忙"是指不慌张，不忙乱，从容不迫；"忙里偷闲"是指在繁忙中抽出一点空闲时间；"手忙脚乱"形容遇事慌张，不知如何是好；"忙中有错"是指在慌张忙乱中照顾不周而产生差错。

忘我工作的"忙"

第一种状态的"心""亡"，是为国家大事、为事业、为个人的兴趣和爱好而忘我工作。这种"忙"是有意义的，是生活的充实，是成功的标志。它表明一个人的地位和重要性，说明他正在创造价值。应该说地位越高的人会越忙，因为他的职责决定了他的时间不能完全由自己去支配，因此我们往往用日理万机去形容。譬如周恩来总理因为处理国家大事，是睡眠最少的领袖。一天只睡三四个小时。忙是成功人士的一种生活状态，许多政要、企业家都很忙，一方面事务多，另一方面责任重。这种为国家、大众的利益而忙，为有价值、有意义的事而奔忙，虽忙而心闲，虽忙而心甜，往往并不觉得苦和累，这就是"忙且快乐着"，这是一种"忙"的良好状态，是值得肯定和赞许的。

自我迷失的"忙"

第二种状态的"心""亡"，是迷失自我的忙，是属于亚健康状态的忙，处于一种"茫然"的状态。有的人为了面子和攀比，忙得亦步亦趋，什么热闹都往上凑，什么事情都要插一脚；有的人为了搞关系，每天不断地应酬、跑场，忙于吃喝，忙坏了身体，喝坏了肠胃；有的人喜出风头，凑热闹，泡在文山会海之中，到处发表不着边际的言论；还有的人付出时间和健康，忙于赚钱，搞垮了身体，结果得不偿失。有些成功人士在回顾人生往事时，往往都有遗憾，他们之中的许多人，虽然获得了金钱和财富，但失去了亲情和人伦之乐。我们忙于工作，这是好事，但不能失去内心的平静，不能忘记充电学习，不能忘记留点时间去锻炼身体，陪陪父母和孩子。我们在匆匆往前走的时候，要想想为谁辛苦为谁忙，要经常反思这样忙是否值得，是否有意义。在日本有不少人是"过劳死"，我们提倡爱岗敬业，但不应提倡倒在工作岗位上，这种不顾自己的身体条件而拼命工作，既是对自己的不负责，也是对家人、社会和国家的不负责。一个人只有先保护好小我，才谈得上为大我作贡献。社会的进步过程，就是不断恢复人情、尊重人性的过程。社会的发展，只有以人为出发点，以人为终点，才是有价值的。

失去正确方向的"忙"

第三种状态的"心""亡"，是迷失正确方向的忙，是盲目的"盲"。这种"忙"是瞎忙、倒忙，犹如盲人一样不辨东西南北，对自己、对社会都没有任何好处。据统计，中国是世界上人均工作时间最长的国家，但创造的人均财富却不高。这不但与生产工具的先进和人的素质有关，也与劳动力的优化组织有关。表现在日常生活中，也有很多瞎忙的现象。有的不会授权，事无

巨细，通通由自己去做，不但自己辛苦，下属也没有积极性。还有的喜欢搞形式主义，讲排场，搞许多规模不小的活动，劳民伤财，自己也劳心劳力。还有的违反经济规律和自然规律，干许多蠢事，如在山上开荒种稻等。这种瞎忙，当然不会创造有效价值。

唐代李涉写过这样的诗句："因过竹院逢僧话，偷得浮生半日闲。"宋代的黄庭坚也写过："人生政自无闲暇，忙里偷闲得几回。"这就是说，一个健康的人生，必定是劳逸结合的，一个和谐的社会，必然是张弛有度的。就像一场旅行，有时节奏慢一些，行程简单一些，反而能看到深刻的、有趣的东西，在欣赏名胜古迹时，多一点优雅的趣味。当不期而至的琐事和无意义的应酬纷至沓来时，要学会选择，敢于说不。在繁忙工作中，有一份从容淡定。让我们在忙着赶路的同时，不要忘记欣赏身边的风景，不要忘记健康和幸福，不要忘记为什么出发。

1. 整天忙于事业的男人才是成功男人，是好男人。这种传统观念让许多恋爱中即使事业平平的男人们，也乐意用"我很忙"来提高自身身价。

2. 可能是某些情场高手的交往技巧。当用"我很忙"的字眼出现在电话或者手机短信里，容易让对方产生错觉，毕竟对于一个忙碌的男人来说，女人的依赖感和期待感会加强。

3. 有些内涵不足的男人喜欢用"我很忙"做借口，针对那些"打破砂锅问到底"的女人。因为"我很忙"的理由正当，从而可以堂而皇之地躲掉他们不想面对的问题。

4. 男人也有自卑心理，常常把"我很忙"挂在嘴边，是希望唤起对方的珍惜感，提高约会时的"含金量"。

5. 明明有种种难以启齿的原因，有些男人却不够坦白又缺乏拒绝的勇气，于是"我很忙"成为含糊搪塞对方的最好方式。

忙者不会，会者不忙。

——明·冯梦龙《东周列国志》

解读

　　遇事忙乱无措的人不会做事，会做事的人不会忙乱无措。人往往是这样：遇事忙乱的人，往往是没有经验或才能，不得要领，不知如何应付；而会做事的人，对于所面临的事情心中有数，应对自如，稳操胜券，自然也就不忙乱。这两句正反见义。要想顺利地做好事情，就必须先熟悉情况，掌握方法，使自己成为行家里手，处理起来事情就不慌不忙，游刃有余。如果一上来就慌慌张张，毫无章法，事情肯定办得一团糟。做事最忌讳心浮气躁，要沉稳老练，平心静气，才能使事情迎刃而解。

忽

忽如一夜春风来

曹雪芹在《红楼梦》第五回中写道："忽喇喇似大厦倾，昏惨惨似灯将尽，呀！一场欢喜忽悲辛，叹人世终难定。"在曹雪芹这首词里，"忽"表示突然，一场欢喜之事忽然变成悲痛之事，隐喻人生无常，悲喜不定，世事难料。

"忽"字揭示了"忽略、忽视"的心理根源。

汉字小词典

忽，形声字，从心，勿声。

《说文·心部》："忽，忘也。"本义为因忘记而不重视、不注意，如"忽略""玩忽职守"。又表示迅速，如《左传·庄公十一年》："禹汤罪己，其兴也勃焉；桀纣罪人，其亡也忽焉。"又表示忽然、突然的意思，如唐代岑参《白雪歌送武判官归京》有"忽如一夜春风来，千树万树梨花开", 刘禹锡《浪淘沙》有"令人忽忆潇湘渚, 回暗迎神三两声"。还表示辽阔渺茫的样子, 如《楚辞·九歌·国殇》: "平原忽兮路超远。"在古代又为度量单位,《孙子算经》: "十忽为一丝, 十丝为一毫, 十毫为一厘, 十厘为一分。"

有"忽"字的成语不少, 如用"指顾倏忽"形容时间极其短暂; 用"瞻前忽后"形容难以捉摸; 用"晕晕忽忽"指人头脑不清醒; 用"忽忽如狂"形容印象模糊或见不真切; "恍恍忽忽"形容如同神经错乱似的。

忽视源于轻视、自负之心

忽从心, 从勿。"勿""心"为"忽"。因为无心, 所以忽略。忽从勿, 勿表示什么都没有, 意思是心上关于该对象没有思考, 没把人、物、事放在心上。人的大脑是有限的, 不可能对所有的事都记在心上。人在重视一类事的时候, 就忽视另一类事。"大意失荆州"是每一个人都会遇到的。即便是思维周密的智者, 也免不了过失, 何况普通人呢? 生活要求我们, 要在该重视时就重视, 需忽视时则忽视。其实, 忽略是一种思维的自我选择, 在惯性的作用下, 人脑会根据以往的经验而有所选择。这种选择与一个人的综合素质密切相关。重视与忽略是一对密不可分的矛盾统一体, 应当针对不同的对象, 采取不同的态度, 正所谓: 战术上要重视敌人, 战略上要藐视敌人。只有正确运用好了"忽视"与"重视", 我们才能分清主次、轻重, 合理调配自身的资源。

人们的错误就出在该重视时不重视, 该忽视时不忽视。西汉司马迁在《史记·司马相如列传》中说: "祸固多藏于隐微, 而发于人之所忽。"祸害本来就多隐藏在人们不注意之处。由于事物自身的内在联系,忽略一个微小的事情,往往会导致灾难性的后果。美国进攻朝鲜就是一个典型的例子。

1950年10月美军进兵朝鲜,此举正是要通过占领朝鲜,进而把战火烧过鸭绿江以遏制中国,妄图把刚刚诞生的新中国扼杀在摇篮中。麦克阿瑟得到进兵朝鲜授权的四天以后,周恩来总理在北京发表正式讲话,说越过"三八线"可能引发战争。他警告说,"中国人民决不能容忍外国的侵略,也不能听任帝国主义者对自己邻人的肆行侵略而置之不理"。

很可惜,美国忽略、忽视了中国的立场、态度、实力,结果中国毅然抗美援朝,改变了朝鲜半岛的实力对比,把美军打回"三八线"附近,目空一切的美军尝到了忽视中国的苦头。

忽视表现为轻慢之举

"忽"为"勿""心",由于忽略了人和事,而表现出来的举止是轻视、怠慢。唐代诗人李白在《与韩荆州书》中写道:"愿君侯不以富贵而骄之、寒贱而忽之。"意思说,希望君侯不要因为富贵而放纵他,因为贫穷而轻视他。史上有许多人"恃才傲物",由于有一定的钱财、地位、能力,往往对他人轻慢,结果小到众叛亲离,大到招来杀身之祸,《三国演义》里的关羽就是一个典型。

蜀将关羽统率攻曹,水淹七军,擒于禁,斩庞德,威震华夏。可惜关羽自恃武功盖世,万人莫敌,骄傲轻敌,结果落入了陆逊的圈套。陆逊为了迷惑关羽,命人送上厚礼并附上一封措辞相当谦卑的信函,极力赞赏他的功德,表示对他的仰慕。果然,关羽轻视陆逊,认为这个年轻人用不着防范,把原驻守荆州的军队调到了樊城,吕蒙乘机攻打荆州。等到关羽明白中计之时,已经迟了。只能步步败退,困守麦城,后来被生擒活捉而丧命。

关羽的失败，在于他的傲慢之心，轻慢之举。他不敢轻视吕蒙，但对于新上任的陆逊则相当轻视。陆逊虽无名气，却是难得的将才。关羽正是由于轻慢，断送了一世美名。

心学之窗 不可忽视的7种病态心理

1. 自卑心理：有些人容易产生自卑感，甚至自己瞧不起自己，缺乏自信会磨损人的独特个性。

2. 怯懦心理：多见于涉世不深、阅历较浅、性格内向、不善言辞的人。

3. 猜疑心理：有些人在社交中或托朋友办事，往往爱用不信任的目光审视对方。

4. 逆反心理：有些人总爱与别人抬杠，以说明自己标新立异，使别人对自己产生反感。

5. 作戏心理：有的人把交朋友视为逢场作戏，与人交往只是表面文章，因而没有感情深厚的朋友。

6. 贪财心理：有的人认为交朋友的目的就是"互相利用"，这种贪财利，占别人光的心理，会使自己的人格受到侮辱。

7. 冷漠心理：有些人对事只要与自己无关，就冷漠看待，致使别人不敢接近。

蓄疑败谋，怠忽荒政。

——《尚书·周官》

猜疑积蓄得多了就会败坏预先的谋划，怠惰疏忽就会荒废国家的政事。一件事情谋划好了，就要有信心去办，切莫在办的过程中猜疑犹豫，否则就可能无所成就。为政，就要勤勉谨慎，切莫怠慢疏忽，漫不经心，否则就会使之荒废或产生混乱。这两句用来告诫人们办事要有信心和勇气，从政要勤劳经心。疏忽大意是会造成严重后果的，轻者事情荒废，重者则可能造成国家毁灭。

卷
二

心
理
状
态

患

HUAN

患生于多欲
害生于弗备

霜风渐欲作重阳，熠熠溪边野菊香。

久废山行疲荦确，尚能村醉舞淋浪。

独眠林下梦魂好，回首人间忧患长。

杀马毁车从此逝，子来何处问行藏。

——宋·苏轼

　　"回首人间忧患长"，"患"是人类共有的情感体验，人生苦短，忧患实多。如果生活在动乱年代，饥饿战乱相伴，流离失所相随，一点安全感都没有，每天被恐惧所包围，自然忧患忡忡，不可终日。安定的岁月中，人生的旅程同样有许多忧患，现代社会，上学、就业，婚恋、生老病死等人生大事无不困扰着人们，时时都有忧患，难怪人们也学苏轼一样要感叹："独眠林下梦魂好，回首人间忧患长。"

　　"患"字揭示了忧患产生的根源以及消除忧患的方法。

患，形声字，从心，串声。

《说文·心部》："患，忧也。""患"字的本义为担忧，如《论语·宪问》："不患人之不己知，患其不能也。"引申为忧患，如《管子·戒》："非有内忧，必有内患。"又特指疾病、生病，如唐柳宗元《愈膏肓疾赋》："愈膏肓之患难。"《晋书·桓石虔传》："时有患疟疾者。"

含有"患"的成语大多与忧虑、担心有关，"饱经忧患"形容长期、多次经历过忧愁、困苦；"患得患失"指担心得不到，得到了又担心失掉；"患难之交"形容在一起经历过艰难困苦的朋友；"心腹之患"比喻隐藏在内部的严重祸害，也泛指最大的隐患。

祸患源于不忠

患，从心，从串，"串"为二"中"，"中"通"忠"，意为不忠，不能忠贞不渝，不忠于国家、民族、人民，也不忠于受恩于你的主人，必然留下了祸患。

唐玄宗在位时，为了加强边境的防御，在重要的边境地区设立了十个军镇（也叫做藩镇），军镇的长官叫节度使。在这些节度使中，唐玄宗、李林甫特别看中平卢（治所在今辽宁朝阳）节度使安禄山。安禄山年轻时在平卢军里当过将官，因不守军令，打了败仗。边境守将把他解送到长安，请朝廷处分。当时宰相张九龄为严肃军纪，把安禄山判了死刑。唐玄宗听说安禄山挺能干，下令把安禄山释放。张九龄跟唐玄宗说："安禄山违反军令，损兵折将，按军法不能不杀；且据我观察，安禄山不是个善良人，不杀恐后患无穷。"唐玄宗不听张九龄劝谏，还是赦免了安禄山。后来，张九龄被撤了职。安禄山却靠他奉承拍马屁的手段，一步一步地升官，当上了平卢节度使。不出三年，又兼任范阳（治所在今北京市）节度使。

安禄山当了节度使以后，搜罗奇禽异兽、珍珠宝贝，送到宫廷讨好唐玄宗。安禄山骗取了唐玄宗和李林甫的信任，除了范阳、平卢两镇外，又兼了河东（治所在今山西太原）节度使，控制了北方边境的大部分地区。他秘密扩充兵力，密谋反叛。

天宝十四载（公元755年）年底，安禄山假托承旨讨伐杨国忠，起兵十五万造反，一路势如破竹，连连大胜。天宝十五年正月，安禄山占据洛阳后，见宫阙壮丽，心中大悦，僭称雄武皇帝，国号大燕。正是由于他建国称帝，部将又忙于四处掠夺，没有乘胜追击，唐军才有了喘息的机会。攻取长安后，安禄山又残杀未能跑掉的唐室王孙公主一百多人，纵兵大掠。一路之上，郡县城池，尽为废墟。安禄山不忠于唐玄宗这样有恩于自己的人，最后成了唐朝的心腹大患。这个事件表明，用了不忠的人，必然给国家留下祸患。

忧患来自预防的意识

患从心，指内心感受。本义是因家人生病而同感忧虑，后泛化为对危险情况的忧虑。与"患"有关最常见的心理意识是忧患意识，是一种清醒的预见意识和防范意识。

西汉初期的贾谊是一个思想敏锐、敢讲真话、有强烈责任感的政论家。他心系国运，给汉文帝上了著名的《治安策疏》，时当西汉立国20多年，虽然政权日趋稳定，经济有所恢复，然而，贾谊根据他自己的观察和研究，在上书中忧心忡忡地指出，"进言者皆谓天下已安已治矣，臣独以为未也"，认为当时的"事势"不容乐观，有"可为痛哭""可为流涕""可为长太息"之处并不少。他也正面地提出了解决社会矛盾的方法，像贾谊这种警世危言正是责任感的表现，是一种忧患意识，并不是无病呻吟，也不是悲观绝望。北宋时期著名政治家范仲淹在《岳阳楼记》中，将忧患意识提到了一个新高度："居庙堂之高，则忧其民；处江湖之远，则忧其君。是进亦忧，退亦忧。然则何时而乐耶？其必曰：先天下之忧而忧，后天下之乐而乐矣。"这种忧患意识来自于对社稷、人民的热爱和关切。

后患来自于多心

"患"字上面是一个"串"字，"一串"的"心"，就是心多。所谓"患生于多欲，害生于弗备"，一个不能"一心"对待得失的人，这也想要、那也想要，这也怕失去、那也怕失去，怎么不会心生忧虑呢？一个不能"一心"做事的人，这也想做，那也想做，三心二意，怎么可能做成事呢？所以患得患失是做人做事的大忌。

从前有一位神射手，名叫后羿。他练就了一身百步穿杨的好本领，立射、跪射、骑射样样精通。人们争相传颂他高超的射技，对他非常敬佩。

夏王也听说了这位神射手的本领，于是，命人把后羿找来，带他到御花园里找了个开阔地带，叫人拿来了一块一尺见方、靶心直径大约一寸的兽皮箭靶，用手指着说："我来给你定个赏罚规则：如果射中了的话，我就赏赐给你黄金万两；如果射不中，那就要削减你一千户的封地。现在请先生开始吧。"

后羿听了夏王的话，一言不发，面色变得凝重起来。他慢慢走到离箭靶一百步的地方，脚步显得相当沉重。然后，后羿取出一支箭搭上弓弦，摆好姿势拉开弓开始瞄准。拉弓的手也微微发抖，瞄了几次都没有把箭射出去。后羿终于下定决心松开了弦，箭应声而出，"啪"的一下钉在离靶心足有几寸远的地方。后羿脸色一下子白了，他再次弯弓搭箭，精神却更加不集中了，射出的箭也偏得更加离谱。

后羿收拾弓箭，勉强陪笑向夏王告辞，悻悻地离开了王宫。夏王就问手下道："这个神箭手后羿平时射起箭来百发百中，为什么今天跟他定下了赏罚规则，他就大失水准了呢？"手下解释说："后羿平日射箭，不过是一般练习，在一颗平常心之下，水平自然可以正常发挥。可是今天他射出的成绩直接关系他的切身利益，叫他怎能静下心来充分施展技术呢？看来一个人只有真正把赏罚置之度外，才能成为当之无愧的神箭手啊！"

患得患失、过分计较自己的利益将会成为我们获得成功的大碍。我们应当从后羿身上吸取教训，面临任何情况时都应尽量保持平常心。

君子以思患而豫防之。

——《周易·既济》

　　本句大意是：君子总是想着可能发生的祸害，预先作出防范。对于祸害，如果预先能够想到，作出防备，就能加以杜绝，或在祸害发生时采取应变措施比较顺利地克服它。否则，祸害突然降临，仓促应付，后果便不可设想。所以明智的人都能居安思危，顺时忧逆。说明了平安时就要预防祸患的道理。

明月清风开慧目

慧

HUI

　　有一个典故叫"咏雪之慧"，出自《世说新语·言语》："谢太傅寒雪日内集，与儿女讲论文义。俄而雪骤，公欣然曰：'白雪纷纷何所拟？'兄子胡儿曰：'撒盐空中差可拟。'兄女曰：'未若柳絮因风起'。公大笑乐。即公大兄无奕女，左将军王凝之妻也。"侄儿谢朗的比喻只表现了雪的颜色形态，而侄女谢道韫比拟出雪飘下来的一种动态，比谢朗技高一筹，可见谢道韫的聪慧。

　　"慧"字深刻地揭示了智慧的来源，告诉我们获得智慧的途径。

汉字小词典

　　慧，形声字，从心，彗声。

　　《说文·心部》："慧，儇（xuān）也。"南唐徐锴《说文解字系传》："儇，敏也。"慧字本义是聪明、机敏，如《孟子·公孙丑上》："虽有智慧，不如乘势。"引申为狡黠，如《三国志·董允传》："后主渐大，爱宦人黄皓。皓便辟佞慧，欲自容入。"后来佛教用语中，"慧"指了悟，《正字通·心部》："慧，梵书言了悟也。"

"慧"字的成语常用的有："别具慧眼"，指具有独到眼光，高明的见解；"秀外慧中"，指外表秀丽，内心聪明；"拾人牙慧"，比喻拾取别人的一言半语当作自己的话；"慧心巧思"，聪明的心地，精巧的构思，多用以形容女子某种技艺精巧，别出心裁。

心灵俱丰能生慧

"慧"字可以拆成三个字，上面两个"丰"字，一个"灵"字去"火"，一个"心"字，"心灵俱丰自是慧"，没有心灵的丰富多彩，根本无法成为慧者。

人的一生从无知经求知到有知，知识的量从无到有，智慧的运用由少而多，是一个不断学习积累和转变的过程。知识和智慧是有差别的，"知识"强调人所知道、所拥有的学问，知识使人知道了许多事、明白了许多理，是智慧的基础。"智慧"则是运用知识的结果，是知识积累形成的良好成效。智慧包含了知识和聪明，它是头脑的智能，是洞察人生和实践道德的才能。智慧不但来自于知识的广博，更来源于一颗明亮的心。

有一个老和尚在垂暮之年想把自己的衣钵传给一个弟子。在众多弟子中有三人悟禅极深，老和尚一时难以选择谁为传人。

一个暮色苍茫的傍晚，老和尚自感寿命将止，到他决定继承人的时候了。他叫来三个弟子吩咐他们出去各买一样东西，看谁买的东西既便宜又能塞满禅房。

老和尚给了弟子们每人一枚铜钱后，有两个弟子出去了，可是另外一个弟子却端坐在老和尚身边打禅，没有行动。

不久，有一个弟子回来了。他告诉老和尚，他已买了几车干草，足可以填满禅房了。老和尚听后，摇头蹙眉，非常失望。

接着，另一个弟子也回来了。只见他从袖子中取出一支蜡烛，然后把蜡烛点燃。老和尚见状，口念："阿弥陀佛"，脸上露出了满意的神色。

这时，老和尚把目光盯向了他身旁的弟子。只见那弟子起身，将铜钱还给了老和尚，双手合十说："师傅，我买的东西就要来了！"说完，他吹熄蜡烛，禅房一片黑暗，那弟子将手指向门外说："师傅请看，弟子买的东西已经来了——"师徒都向门外看去，只见东半边天上，一轮满月，皎洁的月光照进禅房，禅房里洒满光辉，一片通明。

老和尚惊讶得半晌无语，禅房里一时寂静异常。许久，老和尚才问打禅的弟子："你何以想到此法？"弟子双掌合十说："干草固然能装满禅房，但却使禅房不洁而黑暗，虽价廉而实平庸所为；蜡烛小如手指，不值一文，然烛光能充盈禅房，买烛者非上智而不能为也！"弟子沉吟片刻，神情肃穆，继续道："月光既出，玉宇澄清，月光可谓九天中无价之物！月明则天明，天明则地明，天明地明则心明；然佛明四宇，佛明我心，可见月光乃我佛也；今我不取一文得我佛，只因我心中有佛光！"

老和尚闻言，脱下袈裟披在这位弟子身上："你心中的佛光，乃上智中之至聪至慧者也！"

扫除心灵垃圾显示慧

在古文字中，慧字上的两个"丰"乃是扫帚之形，中间乃一手形，故彗字即手拿扫帚之义，彗星其名取彗字，即用其本义，因其形似扫帚之故。慧从彗，又从心。扫帚者，除垢秽之物，下加以"心"，表示扫除心灵的灰尘与愚钝，清除心中的偏执、贪婪、愚疾、狂妄和冷漠，使其纯净。我们只有扫除心灵的垃圾，

腾出更多的空间，去感受美好的事物，去体验丰富的情感，去享受多姿的生活，人生才会丰盈起来。正如神秀和尚所说的："时时勤拂拭，勿使惹尘埃。"

其实，每一个人都是有慧根的。但生活在这个尘世之中，难免受到外界的"污染"，这就要及时加以清理，否则心灵就会被"尘埃"遮盖，智慧就无法显露。《六祖坛经》开章明义，人要"总净心念"，其意思是要人洗涤自己的心灵世界，展现心中的智慧，照亮自己的人生。

从容淡泊方成慧

慧，从两个"丰"、下面的"ヨ"和"心"可以看成"急"字除去头上的一把"刀"，意为人生处世不要着急，要学会拥有从容淡泊的心境，方能家庭和事业双丰收。慧从心，慧是心灵，是境界，"慧"字中两个"王"的"丨"，既出头，又穿底，象征了"慧"要看破红尘，超凡脱俗，明白凡人不可理喻之理，才能产生无上的智慧。历史上有许多禅师都是诗人，写的诗不仅诗句优美，而且充满智慧和哲理。如布袋和尚写的诗："手把青秧插满田，低头便见水中天。心地清净方为道，退步其实是向前。"这首诗以插秧为例，揭示了进退的哲理。在人生的道路上，我们不要一味地追求向前，有时退步也是向前。

其实，慧的根基来自于善心，心地澄明智慧自然生。智慧不仅仅是一种才智，更是一种心量、气量，踏实和坚毅。

西汉刘向《说苑·谈丛》："小快害义，小慧害道，小辨害治，苟心伤德。"意思说，小小的称心得意会损害大义，小聪明会损害大道理，小小的花言巧语会损害对事情的治理，不能因小失大。那些自以为聪明的人贪图"小快"，玩弄"小慧"，长于"小辨"，终将损害事业、前途。说明为人处事应该脚踏实地，老老实实，不可要小聪明，做小动作，以小害大。

智慧胜于知识。

——法国物理学家巴斯卡

解读

知识是智慧的基础，是一种滋养人生的原料，而智慧却是陶冶原料的熔炉。知识是反映客观事物的系统见解，智慧是辨析判断、发明创造的能力。知识是人生的工具，智慧可以烛照人生的前途。

没有智慧的人，从事研究工作，找不到问题的中心，得不到任何结果，纵有结果，亦复无关宏旨。有智慧的人，纵然研究一个极小的问题，也能找到核心所在，研究的问题虽小，而其映射的范围，却往往甚大。我们不但需要知识，而且更需要智慧——需要以智慧去集聚知识、透视知识、运用知识。

衰世好信鬼
愚人好求福

YU

愚

　　有一个大家都熟知的寓言，叫"愚公移山"。愚公家门前有太行、王屋两座大山挡路，他决心把山挖平，另一个"聪明"的智叟笑他太傻，认为不能。愚公说："我死了有儿子，儿子死了还有孙子，子子孙孙无穷无尽的，又何必担心挖不平呢？"后因感动天帝，命夸娥氏的两个儿子搬走两座山。

　　《愚公移山》是一篇具有朴素唯物主义和辩证法思想的寓言故事，它借愚公形象的塑造，表现了我国古代劳动人民有移山填海的坚定信心和顽强毅力，说明了"愚公不愚，智叟不智"，只要不怕困难，坚持不懈，定能获得事业上的成功。

　　"愚"字揭示了愚昧的根源，对于培育科学的思维方法有深刻的意义。

汉字小词典

愚，形声字，从心，禺声。

《说文·心部》："愚，戆也。""愚"的本义为愚笨，如《贾子道术》："深知祸福谓之知，反知为愚。"又引申为欺骗，如《左传·襄公四年》："愚弄其民而虞羿于田。"也用作自称之谦辞，如三国诸葛亮《出师表》："愚以为宫中之事……"

"愚"字的成语有：愚不可及、大智若愚、愚夫俗子、愚者千虑，必有一得、上智下愚等。

愚源于心智未开

"禺"，属猴类，金文为蠢笨的大猩猩。不善于思考、灵活、变通，是人处于蒙昧的状态。

晋惠帝司马衷是中国历史上典型的愚昧昏庸的皇帝，他从小就不爱读书，整天只懂吃喝玩乐，不务正业。有一年夏天，惠帝与随从到华林园去玩。他们走到一个池塘边，听见里面传出咕咕的青蛙叫声。惠帝觉得很奇怪，于是便问随从这些咕呱乱叫的东西，是为官或是为私的？随从感到皇帝的问题很可笑，但又不好不回答，就说："在官家里叫的，就是官家的；若在私家里叫的，就是私人的。"又有一年闹灾荒，老百姓没饭吃，到处都有饿死的人。有人把情况报告给晋惠帝，但惠帝却对报告人说："没有饭吃，为什么不吃肉粥呢？"报告的人听了，哭笑不得，灾民们连饭都吃不上，哪里来肉粥呢？由此可见晋惠帝是如何的愚蠢糊涂，无怪乎在"八王之乱"中，被赵王司马伦夺了帝位。

除了天生智障，几乎所有的愚昧都是甘于愚昧，这不是理智问题，而是道德问题：怯懦、势利、蛮横、自欺，知善而不善善、知恶而不恶恶。所以，罗莎·卢森堡《狱中书简》里有著名的两句话："愚蠢是一种道德上的缺陷，而不是一种理智上的缺陷；愚蠢是一个社会学问题，而不是一个心理学问题。"

愚是一种古板的思维方式

愚，从心，在这里指思维定向、古板的思维方式，往往导致为愚蠢之举。西汉时，有一个叫刘歆的人，字子骏，是著名学者刘向的儿子，曾拜为黄门郎（内廷侍从官）。后来与刘向共同掌管校勘和整理典籍，进行学术研究。在校勘工作中，他阅读了不少秘藏的古籍，发现了一本古文《春秋左氏传》，爱不释手。经过研究，刘歆认为，《左传》是一本珍贵的文献资料，便建议为《左传》等古籍建立学官。汉哀帝（刘欣）知道此事后，就命刘歆与五经博士讲论《左传》等一批古书的义理。但诸博士既不同意为《左传》等建立学官，又不肯讨论研究此事。刘歆对众博士的这种态度很气愤，给管博士的太常写了一封信，对此提出了批评和抗议。刘歆的信中写到：这些博士不学无术，孤陋寡闻，怀着害怕别人识破他们的私意，没有服从真理的公心，所以抱残守缺，因循守旧，故步自封，而不肯探求新的学问。由于刘歆的信言词痛切，引起了博士们的怨恨并因此遭受到了诽谤。后来，刘歆自请到地方做个小官。这些所谓的"博士"，思想保守，思维古板，不肯接受新事物，可谓"愚"。

愚也是投机取巧的小聪明

"禺"为"偶"，表示一心两用或多用，往往会弄巧成拙，聪明反被聪明误。古时候，一位帝王想选一位使者出使别国，可出使之路困难重重。帝王为了找一个可担此任的使者，在全国范围内层层选拔、筛选，最终确定了两位候选人。可帝王无法从中选出一个最好的。于是，他便去寺里找方丈帮忙。方丈听完了帝王的来意，沉思了一会儿，带着帝王和两位候选人来到斋房。斋房里堆放着好几种水桶，方丈对两位候选人说："你们一人选一对桶，从山底挑一担水上山，看谁先上来。"两人各有所思，打量了许久，便过去选桶。第一个人将水桶反过来倒过去地比较，最后选择了其中两个最小的桶，第二个人则从中选择了两个尖底的水桶。然后，这两人便下山挑水去了。两位候选人走后，方丈笑着问帝王："陛下认为哪一位可先到达山顶？"帝王一笑，对方丈说："当然是选小桶者先到。"方丈一笑，摇了摇头说："老衲认为，选尖底桶者应先到。"帝王不信，便和方丈打赌，等候在山顶上。一个时辰后，有人到达了山顶，还真应了方丈所言，果然是挑尖底桶者。帝王不解，忙问为什么。方丈则叫来那位候选人，问道："施主为何选尖底桶？"那位候选人一笑，对方丈说："挑起尖底桶，可以催促我上山啊！因为我挑起它们便不能让它们着地，一旦着地，水便会泼掉，我就完成不了任务。所以，为了不让水泼掉，我必须持之以恒地走下去，直到完成任务。所以，我选了尖底桶。"帝王听后，豁然开朗，心中便有了出使的人选。不一会儿，挑着两只小桶的人也到达了山顶。当他发现自己不是先到达山顶的人时，一脸的羞愧。方丈把他叫了过去，问道："施主知道自己为什么没有先到达山顶吗？"那人面露愧色，对方丈说："我原以为我的桶小，挑起来省力，肯定会比他先到，所以在路上没有太急。"

　　每个人心中都有梦，可梦想成真的时间却相差很多，究其原因，无非四个字：负重前行。敢给自己压担子，你就有前进的动力，这副担子甚至会促使你用奔跑代替慢步。给自己减负，投机取巧，会在无形中松懈你那进取的意志，它可能会使你享受一时的轻松，却让你离一生的目标越来越远，真是"愚不可及"。

1. 推诿责任

2. 观察者思维

3. 目光短浅

4. 过度自信

5. 沉没成本

6. 马后炮

7. 注重结果

知询于愚，或有得也。

——唐·杨炯《公狱辩》

解读

　　聪明的人求问于愚昧的人，有时也会有所收获。常言说"聪明一世，糊涂一时"，因而聪明人也应向人请教，不耻下问。即使是求教于愚昧蠢笨之人，也会有所收获，正如司马迁所说"愚者千虑，必有一得"，只有多向人们请教，才能增长学问，少犯错误。"知询于愚，或有得也"体现了古人谦逊好学的风尚，说明凡事应多请教于人，不可刚愎自用。

慎

慎重则必成
轻发则多败

《三国志》记载：李秉尝答司马文王问，因以为《家诫》曰：昔侍坐于先帝，时有三长吏俱见。临辞出，上曰："为官长当清，当慎，当勤，修此三者，何患不治乎？"后用以为官箴。衙署公堂多书"清慎勤"三字作匾额。梁启超先生说："近世官箴，最脍炙人口者三字，曰：清、慎、勤。"

"慎"是道家强调的处世原则、修养方法和精神境界。学会慎，做到慎，在今天仍然有意义。那么，如何做到"慎"呢？大致有如下的几个方面：

汉字小词典

慎，形声字，从忄，真声。

《说文·心部》："慎，谨也。"慎的本义为小心在意，如三国诸葛亮《出师表》："先帝知臣谨慎，故临崩寄臣以大事。"又表示千万、务必，如《玉台新咏·古诗为焦仲卿妻作》："多谢后世人，戒之慎勿忘！"

有"慎"字的成语较少，只有"慎终追远""慎防杜渐""谨小慎微""慎终如始"等。

一是诚敬认真，真心为慎

慎，从心，从真，这就是说，心地真诚、认真，行动自然就慎言、慎行。《尔雅》说："慎，诚也。"心真，就是用赤诚的心去待人处世。

人称"布衣宰相"的范纯仁，是北宋名臣范仲淹的儿子。虽然有位当大官的爹，但范家子弟们从不以官二代自居，为人处世谦虚谨慎，生活中更是勤俭节约。

范纯仁在洛阳为官，与司马光是好朋友。一日，范纯仁来到司马光府中做客，司马光并没有刻意准备，只是粗茶淡饭待客，酒也只喝一两杯而已。

范纯仁感慨地说："像你这样用俭朴的方式招待朋友，我很喜欢，这样多好啊。"范纯仁最后说："朋友贵在交心，不是用在吃喝上，为人真诚坦率不是更好吗？"司马光深有同感地

范纯仁（1027-1101）

说："是呀，朋友相处就应像你我这般真诚坦率，没有功利心才好。"后来，范纯仁倡议成立"真率会"，崇尚节俭，杜绝铺张浪费，真诚为人坦率做事，一度成为美谈。

二是防微杜渐，细心为慎

慎，从心，这个心是细心、小心，即注重细微事端之意。古今凡有作为、铸大业者，无不始于慎微，成于慎微。韩非子说："千丈之堤，以蝼蚁之穴溃。"一个小小的漏洞，会导致长堤的崩溃。

因此，一个明智的人一定要谨慎地防微杜渐，慎微，慎小。慎微，要正确识"小"。"大节"与"小节"，从来都是相互统一、互为依存的。古人云："不矜细行，终累大德"；"道自微而生，祸是微而成"。一个人小处不可随便，坚持从小事做起，并在持之以恒的积累中，日臻完善。慎微，要管得住"小"。"小"表现在很多方面，比如个人的爱好是人的天性，或好琴棋书画，或好花鸟鱼虫，或好游山玩水等。这样的"小事"管好了，可以锤炼操守品行。但如果一旦与权力相结合，恣行无忌，不加控制，便容易出问题。

慎微，要自纠"恶小"。"恶小"即小缺点、小错误。防止犯大错误，就要从自觉纠正小缺点、小错误做起。比如：喝点小酒，打点小牌，洗个小澡，钓点小鱼，贪点小利等。对类似这样的小节，有些官员缺乏应有的重视、足够的警惕，认为区区小事，无伤大雅，不足挂齿。其实并不然。错误不论大小，都是错，倘若马虎草率，放纵细枝末节，往往会酿成大错，小问题变成大问题，这样的例子不胜枚举。

慎微，要勤为善"小"。勿以善小而不为。"小事"不小，小事连着大事，尤其是"群众利益无小事"。小事连着民心，解决好了百姓的"小事"，才能赢得民心，密切党群、干群关系。

三是慎终如始，恒心为慎

慎，从心，这颗心是恒心。许多人一开始是谨慎的，不敢放纵自己，但要做到慎终如始，往往有点困难。老子在《道德经》中讲："民之从事，常于几成而败之。慎终如始，则无败事。"老子在这里强调，在做事的过程中，自始至终都要保持谨慎，做到善始善终。历史上，秦始皇、汉武帝、唐玄宗，这些古代帝王，早年文治武功，造就了丰功伟绩，但到了晚年，无一不糊涂昏聩，犯下了严重的错误。

郭沫若在《甲申三百年祭》中讲到明末农民起义失败的教训时，强调了慎终如初的观点。李自成最初发难的十几年间，身先士卒，连《明史》都称赞他"不好酒色、脱粟粗粝，与其下共甘苦"，以致"饥民从自成者数万"。三年间，李自成率军以摧枯拉朽之势，破洛阳、克襄阳、夺西安、入北京，推翻了明王朝。但令人遗憾的是，紫禁城"新主人"只知"慎初"而忘却"慎终"，"进了北京以后，自成便进了皇宫。丞相牛金星所忙的是筹备登基大典，招揽门生，开科选举。将军刘宗敏所忙的是搜刮赃款，严刑杀人。近在肘腋的关外大敌，他们全不在意"，"似乎都沉沦进过分的陶醉里去了"，"居安不思危"，把当初为民造福的宗旨忘得一干二净，又岂有不败之理？在中国历史上，岂止是李自成农民起义军未能"慎终如初"？远者，被司马迁誉为亡秦有"首事"之功的陈胜，在建立农民政权后，"为王沉沉者"，骄傲信谗，诛杀故人，与起义群众的关系日益疏远，最终落个被人杀害的悲剧。所谓"一日得失看黄昏，一生成败看晚节"，很多时候，从功臣到罪人往往只有一步之遥，正因为慎初而未能慎终，才导致一失足成千古恨。

四是警惕"第一"，初心为慎

千里之行，始于足下。凡事开头难，开局良好，成功一半，在人生的道路上要把握好第一次。"慎始"早已成为古人修身养性的重要方式。《礼记·经解》："君子慎始，差之毫厘，谬以千里。"《左传》："慎而敬终，终以不困。"荀子说："君子敬始而慎终，始终如一，是君子之道，礼仪之文也。"程颐说："万事皆有初，欲善终，当慎始。""一念之欲不能制，而祸流于滔天。"苏轼说："其始不立，其卒不成。"如此等等，说的就是初之不慎，后患无穷；既能慎始，必能全终。

有这样一个故事：古时一位官员坐轿进城，天刚下过大雨，一个穿了新鞋的轿夫怕把鞋弄脏了，开始时总是小心翼翼，择地而行。后来，一不小心踏进泥水里，把鞋弄脏了。此后，他便不再顾惜新鞋，迈开大步走开了。这名官员悟出一个道理，说："倘一失足，将无所不至"。

这个故事告诉我们，人一旦"踩进泥水坑"，心里往往就放松了戒备。反正"鞋已经脏了"，一次是脏，两次也是脏，于是便有了惯性，从此便"不复顾惜"了。罐子碎了第一次，就不怕再碎第二次。反复多次，必然千疮百孔，一堆瓦片。人若一念之差，有了第一次，再跑偏就有可能轻车熟路。把好第一关，防微杜渐，守住第一道防线，防一念之差而误入歧途，防一时冲动而失去理智，防一步不稳而跌落泥坑，防一蚁之穴而毁掉长堤；要自觉做到环境再变，心灵不能浮躁；诱惑再多，步子不能乱套。当一些"投其所好"和"可乘之机"纷至沓来时，切记要把住"慎初"关口；当不期而至的歪风浊浪迎面袭来之时，切记要"浪击身不斜，沙打眼不迷"；当自己刚刚萌发非分之想的念头时，切记要理智地思考，瞻前顾后，左掂右量，三思后行。

君子必慎其独也。

——《礼记·大学》

君子在一个人独处的情况下，行为也要谨慎不苟。"慎独"一词即从此来。一个人要保持美好的品德，不需要别人监督，也不是为了做给别人看的。那些表里不一，阳奉阴违，具有双重人格的两面派人物，当引此名句为戒。慎独是儒家修行的最高境界，仁义礼智圣，诚于中，形于外，乃内外道德品行兼修慎独之辈。

态

幽姿淑态弄春晴

孔子曾经在蔡国被乱兵围住，带的粮食也吃光了。跟从的弟子们又饿又累，有些人还病倒了，但是孔子照常给弟子们讲学，照常弹琴、唱歌。有人问子路："孔子到底是怎样的人呢？"子路不晓得从何说起。孔子听了，便告诉子路说："由啊，你怎么不这样回答他：孔丘为人，总是那么乐观，有人说他快要老了，但他一点儿也还没觉得呢。"孔子在任何环境下，都保持乐观向上的生活态度，因此，成为万世师表。这说明心态、态度在生活中是多么重要啊。

心态、态度可以说是一个人情商高低的标志。心态决定一个人的命运。那么，"态"字告诉我们一个人在生活中应该具有什么样的心态呢？大致有如下几个方面。

心理
状态

133

态，形声字，从心，太声。繁体为"態"，会意字，从能，从心。造字本意不明。徐锴曰："心能其事，然后有态度也。"

《说文·心部》："態，意态也。""态"的本义为状态、姿态，如战国屈原《离骚》："宁溘死以流亡兮，吾不忍为此态也。"又引申为情状，如汉司马相如《上林赋》："睨部曲之进退，览将帅之变态。"

有"态"字的成语有"千姿百态""丑态百出""故态复萌""逸态横生""装腔作态""惺惺作态"等。

第一是平常心态

从态的字形上分析，态字，有一个人字，一个心字，其意思是人心决定了态度，人心正，就会有正确的态度，积极进取的心态往往决定了人一生的命运；人心不正，必然心神不定，事未败，心先败，陷入人生的困境。人心，还指人应该具有的平常心，如善良的心、同情心，也就是一颗柔软的心。一个人如果没有同情心，他就会变得冷漠，对一切都无所谓，不在乎美好和丑恶，不在乎高尚和卑下。古人说：哀莫大于心死。一个没有同情心的人，他的心必定是死的，还有什么比心灵死亡更可悲的呢？同情心可以让一个人的心地美好善良，使人产生帮助别人的愿望，这是心中有爱的表现。还有，同情心也让一个人变得尊贵。一个贫穷的人，有了同情心会成为心灵的施舍者，成为富翁；一个富翁，纵有万贯家财，没有同情与怜爱之心，他的心灵世界必然一贫如洗，就是穷得只有钱。看到别人伤心，你为之动容；看到别人苦难，你心有不忍；看到别人的不幸，你为之动情……

然后再施以援手，加以关怀。所以这些就是人的平常心态。

第二是阳光心态

"态"字上"太"，下"心"，太是太阳，太阳的心，就是一种阳光的心态。要保持一种阳光心态，关键是要有一个乐观、积极的思维方式，事物往往都是有两面性的。中国有句古话：失败乃成功之母。这就是在问题中发现机遇，要在微不足道的困境中，发掘蕴含在其中的一线希望。"塞翁失马，焉知祸福"的典故，说明祸福是相倚互转的。我们眼前有半杯水，乐观的人很高兴："真好啊，还有半杯水可喝。"悲观的人则情绪低落："唉，只剩下半杯水了，接下来怎么办啊？"有这样的一个故事说明心态决定一个人的情绪和生命质量。

古时有一位国王，梦见山倒了，水枯了，花谢了，便叫王后给他解梦。王后说："大势不好。山倒了指山河要倒；水枯了指民众离心，君是船，民是水，水枯了，船也不能行了；花谢了指好景不长了。"国王惊出一身冷汗，从此患病，且愈来愈重。一位大臣参见国王，国王在病榻上说出了他的心事，哪知大臣一听，大笑说："太好了，山倒了指从此天下太平；水枯指真龙现身，国王，你是真龙天子；花谢了，花谢见果子呀！"国王全身轻松，很快痊愈。

人生原本就是一场竞赛，有人赢必定就有人输。赢了，不可得意忘形；输了，更不必心灰意冷。英国作家萨克雷说过："人生就是一面镜子，你笑他也笑，你哭他也哭。"还有一位哲人说过："上天给了我们一千个理由让我们哭，我们要找出一万个理由让自己笑。"一个心灵黑暗的人不能走到未来，也不会幸福，只有心变得阳光灿烂，我们才会发现这个世界五彩缤纷，幸福快乐。

第三是宽容心态

态字，有一个"大"字和"心"字，大是一种宽大、宽广，大心就是有一种宽容之心。宽人的心，首先要容人之长。有一句话叫"文人相轻"，对他人的长处，有些人不是欣赏，而是嫉妒、打击，这是一种狭隘的胸怀，是一种病态。汉高祖刘邦，出身低微，文才武略平平，却能一统天下，得益于其能容人之长，善于用人之才。用人之才是一种胸怀，一种智慧，一种境界。萧何月下追韩信，徐庶走马荐诸葛；徐特立让教育部长之职给瞿秋白，李斯特力荐名不见经传的肖邦。这些都是古今中外容人之长的典范。只有能够容人之长，善于用人之长，取人之长补己之短，相互促进，不但能帮助别人，也能提高自己。

容人之长，做起来还比较容易，容人之短，相对来说要难一些。三国演义中，谋士张松能言善辩，有过目不忘之本领，深知刘璋懦弱，一心归附曹操，却被曹操以面容丑陋、说话冲撞为由拒之不见，而刘备却以礼待之，最终张松为刘备入川立下汗马功劳。"金无足赤，人无完人"，每个人的短处都是客观存在的。"良匠无弃材，明君无弃士"，一个有作为的团队，应该是取长补短，互相弥补的。若只一味盯着他人的短处，以苛求眼光选人，以狭隘心态度待人，以固化模式用人，必然会导致人才的流失和浪费。当学"西邻五子"中的西邻，容人之短，知人善任，善用各类人才，合理配置，达到人岗相适，这样才能发挥人才的巨大效能，才能形成人尽其用，人人皆可成才的局面。

容人之心，还要能容人之过。"人非圣贤，孰能无过"，对待他人的过错一定要公正看待。一个人由于经验不足，犯错在所难免。同时，也由于性格、个性的不同，处事方式迥异，即使犯了小错，也不以偏概全。不苛责求全，并能够宽其过、恕其失、抚其痛、安其心，才能让那些有发展潜质的人才不至于被一个缺点影响、被一个错误困住、被一个污点束缚。"山不辞土，故能成其高；海不辞水，故能成其大"，一个有为的领导只有具备一颗容人之心，能容人之长、容人之短、容人之过，各类人才都拥有广阔的创业平台和发展空间，才能促进智慧和才能竞相迸发。

第四是贤能心态

态的繁体字"態"为"能"加"心"。能，是一种能力、贤明，能心是心能达到的地方。意思是"心"中才"能"的彰显。人的能力会自然地显现于外，观察人的外在语言举止就可以推知内在的能力。

管鲍之交成就齐桓霸业是一个关于贤能的故事。管仲与鲍叔牙从少年时代即为至交，形影相随，亲密异常。两人曾经一起做生意，管仲因为家里经济困难，分利时难免有些计较，但鲍叔牙却毫不介意。在鲍叔牙心目中，管仲虽有缺点，却有雄才大略，是治国奇才。后来，管仲和鲍叔牙分别做了齐襄公大公子纠和小公子小白的师傅。襄公淫乱暴虐，为公孙无知所杀，一时齐国大乱。管仲护着公子纠逃亡到鲁国，鲍叔牙则随公子小白避难于莒国。不久后，公孙无知也被人所杀，齐国一时无君，局势愈乱。流亡在外的公子纠和公子小白一看时机成熟，都急忙忙设法尽快回齐，以夺取国君宝座。行动迅速的公子小白先出发了。管仲得

此消息后，带着一队轻骑赶到前面，当公子小白一行来到时，潜伏于前的管仲弯弓搭箭，公子小白应声而倒，管仲以为他被射死了。殊不知这一箭只射中了他的衣带钩。随后，公子小白在鲍叔牙的护送下加速前进，终于抢先一步回到齐国，登上了宝座，他就是后来名震诸侯的齐桓公。齐桓公即位后，便诚恳地请鲍叔牙为相，不想鲍叔牙却一再推辞说："我只是个平常之辈，不能帮助您成就霸业啊！"更令桓公惊讶的是，鲍叔牙竟向他力陈管仲之才。"这家伙可是我的仇人啊，他那一箭之仇，我还没来得及报呢！"面对桓公的忿恨之情，鲍叔牙娓娓劝道："管仲原来是纠的师傅，自然要效忠他的主人啊，现在您要是真诚地重用他，他也一定会效忠您的。大王总不能为那一箭之仇而忘了国家大事吧？"齐桓公终于接受鲍叔牙的建议。当管仲到达齐国时，齐桓公早已在郊外亲自迎候。一番长谈之后，他对管仲的才识深深折服，便毫不犹豫地拜他为相。管仲辅佐齐桓公力行改革，减役兴耕，发展盐铁业，铸造货币，建立人才选拔制度，使齐国国力大增，成为春秋五霸中的第一霸。齐桓公有言："吾得管仲，犹飞鸿之有羽翼也。"管仲则一直牢记鲍叔牙的无私推荐，他感慨道："生我者父母，知我者鲍子也！"

第五是泰然心态

态是常变和无常的。在中国上古的宇宙观中，"太"本来代表的就是一个运动变化的实体宇宙。太极图的那个圆圈，代表一，代表宇宙，代表无极。道生一，就是无极生太极，一生二就是太极生二仪，二生三，就是阴阳交感化合，三生万物。宇宙无限大，所以称为太极，有形的太极生阴阳两仪，阴阳交感变化才生出了万物，因此有实质内容的太极代表着宇宙的健运不息，宇宙在不停运动。由此，我们可知，世态常变本来是一种恒常，宇宙之中，唯一不变的事情只有变化和运动。《菜根谭》说：世态变化，万事达观。

态的谐音字是泰，意思是以泰然之心处事，安泰、坦然。从古至今，嫌贫爱富的故事太多，趋炎附势的例子无数。"世态有冷暖，人面逐高低"，宇宙是永恒的，但是世间万物却是变化的，在世事的变化无常面前，人更应保持纯真无瑕的心性，抛弃追名逐利的杂念，以真待人，以情暖人，使人间充满欢乐与美好。

陶渊明可以说是一个处世泰然的人，他对于功名利禄，功过是非，处之泰然。有首诗写道："智者乐山山如画，仁者乐水水无涯。从从容容一杯酒，平平淡淡一杯茶。"从这里，我们可以看到他陶醉于大自然的心态。我们要记住：你改变不了环境，但可以改变自己；你改变不了事实，但可以改变态度；你左右不了天气，但可以改变心情。改变心态，换位思考，就能快乐地生活。

陶渊明像（局部）　（明）王仲玉
北京故宫博物院藏

此图绘东晋名士陶渊明，神情淡逸，手持空白诗卷，似在构思。笔法秀逸，主以白描勾画，只在发罩、肩牦、袖口处略加淡墨渲染。衣纹的线条舒畅、潇洒、飘逸，有助于人物性格的刻画。画风继承了元代赵孟頫的白描手法，并更加细腻隽永。

一死一生，乃知交情；
一贫一富，乃知交态；
一贵一贱，交情乃见。

——西汉·司马迁《史记·汲郑列传赞》

这几句大意是：当人们处在生死关头，才能看出友情的忠贞与否，当人们一会儿贫穷，一会儿又富有起来，才能看出友情的深浅；当人们一会儿得势升迁，一会儿又失势贬谪，才能考验出友情的真假。汉代的翟公曾经当过廷尉。他在任上的时候，登他家门拜访的宾客十分拥挤，站满了门庭。后来他被罢了官，就没有宾客再登门了。结果门口冷落得可以张起网来捕捉鸟雀了。官场多变，没过多久，翟公官复原职。于是，那帮宾客又想登门拜访他。翟公感慨万千，在门上写下了以上几句话。

司马迁有感于汲黯、郑庄显赫时宾客趋之若鹜，因罪贬官时宾客纷纷离去，就引了翟公之话抒慨。

聪明则视听不惑

惑

　　"四十而不惑"，出自《论语·为政》，这是孔子的自我报告。他说十五岁的时候，立志做学问，经过15年的磨炼，到了"三十而立"。"立"就是做事合于礼，做事能够考虑周到了，但是这时候还有迷惑，还有摇摆的现象，到了四十岁，才不困惑，有自己的判断力。"四十而不惑"，指人到中年，能够看清自己真正的欲求而变得明智。人到了四十岁，咀嚼了事态的冷暖，感怀了岁月的无情，往事悠悠。四十年弹指一挥间，在经历了许多疑惑、彷徨、振奋、欣喜之后，是沉思，是恍然大悟。少了激情，多了沉稳；少了冲动，多了冷静；少了烦恼，多了理智；少了放任，多了责任；少了盲从，多了自我。

　　不惑之年，安然若素。岁月流转，物是人非，尘封美好，追忆流年，生命中的风景灿烂依然。不惑之年，渐渐懂得放手便是幸福，宽容便会快乐，学会热爱自己、热爱生活；不惑之年，开始怀念逝去的青春，却怎么也回不去，只有心怀感恩，拂去浮躁，多了一份从容与豁达。

　　"惑"字解释了人生困惑的来由和影响。

己惑生于心中的迷乱

惑从或，或为或许，心疑不定，心神不宁，迷乱。所谓"知者不惑，仁者不忧，勇者不惧"。

心中会迷乱，大多内心不定。惑多因酒、色、财而起。韩愈在《释言》写道："聪明则视听不惑，公正则不迩谗邪"，耳聪目明，则所见所闻不受迷惑；公正无私，则不会接近邪恶谗言。佛教认为，人有种种不道德的外在行为，是因为内心多种错误的观念造成种种迷惑，因惑造业，由业受苦。举个简单的例子，贪婪是一种错误观念，它会导致很多不道德的行为，比如贪财导致偷盗，因贪色导致奸淫。在中国有一种说法叫做"人生四惑——酒、色、财、气"，这里的"惑"，是指迷惑、误区，指使人容易犯错的因素。

北宋大文豪苏东坡，有一次到大相国寺探望好友林了元（即佛印和尚），不巧，了元外出，住持和尚就请苏东坡在禅房休息，并特意端上了香茗美酒素肴款待。东坡就独自斟酌，不觉有些微醉，偶然一抬头，见粉墙上新题有了元的诗一首。其诗云："酒色财气四堵墙，人人都在里边藏；谁能跳出圈外头，不活百岁寿也长。"苏东坡见诗写得颇有哲理，但觉得四大皆空，禅味太浓，既然人世间离不开酒色财气，是躲也躲不开的事，那为何不能来个因势利导，化害为利呢？问题的关键不是掌握一个"度"吗？于是，就在了元题诗右侧题上《和佛印禅师诗》一首："饮酒不醉是英豪，恋色不迷最为高；不义之财不可取，有气不生气自消。"

他惑起于不良用心

惑从心，蛊惑他人大多心怀诡计，以欺骗的手段达到自己不可告人的目的。《诸稽郢行成于吴》出自《国语》，讲述的是越王派诸稽郢向吴求和的历史事件。公元前494年，吴王夫差大败越军于夫椒，但却允许越王勾践议和，保留了越国。此后，夫差再度兴兵攻讨越国。越国起而对抗，但又虑实力不敌，为了取得喘息的机会，培养国力，越王采用文种所献计谋，再次派诸稽郢备足厚礼向吴国求和。诸稽郢不辱使命，利用吴王夫差目光短浅和爱好虚名的弱点，最终说动吴王，为越国争取休养生息的时间。因而，作为缓兵之计，诸稽郢的求和策略，主要是利用和助长吴王骄傲自大的心理，极尽狡猾蛊惑之能事，包藏祸心。

邪教是指冒用宗教、气功或者其他名义建立，神化首要分子，利用制造、散布歪理邪说等手段蛊惑、蒙骗他人，发展、控制成员，危害社会的非法组织。各种邪教组织利用了人们对身体健康、家庭幸福、事业顺利等心理需求，吹嘘自己具有消灾避难、保平安等功能，蒙蔽和欺骗大众，诱人入教，他们迷惑人心的能力是无可置疑的。

己惑、他惑最终的结果是遇祸

"惑"音通"祸",人心迷惑,对人对事失去了判断力,容易惹祸。西汉江充,是小人中最有"魄力"的一个。他先是搅得赵王父子不得安宁,为报复私怨,诬告赵太子秽乱后宫,导致赵太子险些被汉武帝判了死刑,虽赦其死罪,太子地位却被废。后又蛊惑汉武帝,挑唆其父子关系,制造大量冤假错案,最后逼得太子造反被杀。这场大乱,史称"巫蛊之祸",不仅白白死了好几万人,就连汉武帝自己也弄得骨肉相残,国家险些覆亡。江充蛊惑他人,赵王、汉武帝深受迷惑,"惑"则生"祸"。

一百多年前,一个叫林纾的学者观察鱼群抢食诱饵的过程,发出"凡下食者皆将有钩矣,然则名利之薮独无钩乎"的感慨。天下没有免费的午餐,诱人的利好背后往往是要命的钓钩。林纾先生早已点破的玄机,一些官员至今却还没有看明白。聪明,糊涂,或是揣着聪明装糊涂?时下,少数官员为了满足私欲,全然不顾触电、上钩的危险,争权夺利,贪污腐化,以权谋私,声色

犬马……凡此种种，触目惊心，堪为当世者鉴。先贤的告诫、现实的教训说明，诱惑无处不在，风险与"升"俱来，越是身居权力集中的岗位，越是不能耍小聪明，不能做糊涂人。当不为名利所惑，不为物欲所诱，不为浮华所动，不为私情所扰，做明白人、做清白人、做正派人。"诱惑"二字拆开，"诱"乃"秀""言"，即好听的话，阿谀奉承的话，这种话绝不能当真；"惑"乃"心""或"，即心存侥幸，这种思想断不可有。万恶莫不有其始，江湖义气、小恩小惠、打擦边球往往都是腐败的开始。既往的教训告诉我们，一旦思想上开了口子，消极腐败的恶流就极可能汹涌而来，冲垮防腐拒变的思想大堤，后果几无悬念。

不思，故有惑；
不求，故无得；
不问，故不知。

——北宋·晁说之《晁氏客语》

　　宋人晁说之清楚地阐明了思考、求索、好问的意义：不用心思考，就会有疑惑；不努力探求，就不会有所得；不虚心好问，就会变得无知。思考、求索、好问，正是我们不断认知世界、理解世界的过程。

　　思考赋予我们理性、思想和智慧，我们在思考中变得明智，变得成熟，"惑"变得不"惑"。人生诸多诱惑、诸多迷惑、诸多抉择，思考赋予我们理性、思想和智慧，我们在思考中变得明智，变得成熟。有了冷静清晰的思考，我们才能针对思考之后留下的疑问去求知，去探索，遇到问题时向有经验的人询问，进一步提高我们的求索能力。因此，求索、好问都是强调思考之后的行动能力、动手能力，有所"知"则有所"得"，从而解"惑"也。

红酥肯放琼苞碎，探著南枝开遍未。不知酝藉几多香，但见包藏无限意。

道人憔悴春窗底，闷损阑干愁不倚。要来小酌便来休，未必明朝风不起。

——宋·李清照《玉楼春·红酥肯放琼苞碎》

李清照的这首《玉楼春》是咏梅词中的上乘之作。作者不仅写活了梅花，而且表露出赏梅者虽愁闷却仍禁不住要及时赏梅的矛盾心态。"道人憔悴春窗底，闷损阑干愁不倚"两句用"春窗"和"阑干"交代客观环境，表明她当时困顿窗下，愁闷煞人，连阑干都懒得去倚。可见，心情是多么的愁闷。

摆脱闷闷不乐的最佳方式是向前看、向外走，让心灵走出封闭的大门。"闷"字告诉我们怎么获得一种阳光心态和乐观心情。

紧闭心门必然心情郁闷

"闷"是心在门里，心被关在门里，情绪无法宣泄，必然烦闷、郁闷。人生不如意，很多人就会封闭自己的心扉，复杂的情绪没有出口，就会造成烦闷。心情郁闷的人，连说话都懒，往往不愿意走出家门，与他人交流。

宋代词坛，柳永可谓是才高八斗、风流不羁的狂生，是婉约派的代表词人。柳永出生在一个书香门第的官宦之家，父亲叔叔还有两个哥哥都是进士。在这样家庭背景下成长起来的柳永，特别热衷科举，年少轻狂的他对自己充满信心。柳永的词富有真情实感，通俗易唱，所以上到达官贵人下到市井平民，都喜欢柳永的词。但就是因为他的词听众太多流传太广，导致了一个人的不满，这个人就是宋仁宗。一次宋仁宗在宫内听到了宫女们在偷偷地唱柳永的《倾杯乐》，仁宗特别生气，认为柳永"薄于操行"，因此，柳永第一次科举考试败北，柳永十分郁闷，紧闭心门，很长一段时间不再与朋友交往，才华也减退了许多。因为心情郁闷，柳永在第二次考试时依然名落孙山。接连两次落榜，柳永烦闷至极，为了消解内心的抑郁，他大笔一挥，写下了一首《鹤冲天》，其中有这样两句"忍把浮名，换了浅斟低唱"，这样的词句又被仁宗读到。当柳永第三次出现在考场上并考中了进士时，宋仁宗看着放榜的名单，指着柳永（当时叫柳三变）的名字说："此人好去'浅斟低唱'，何要浮名，且去填词。"于是，柳永自此"奉旨填词"，这一填就是几十年。后来柳永把名字柳三变改成了柳永，继续参加科举考试，在50岁的时候，才中了进士，一生的科举之途可谓郁闷之极。

忧闷必然伤心

心在五行中属火，"闷"是"心"在"门"内，心中有火，火在门内燃烧，必然有伤身心。世间一大悲苦事，便是生死相隔。睹物思人之时，更觉忧闷。即使是与己无甚关联之人逝去，也令人伤心，更何况是血浓于水、朝夕相处的亲人呢。忧闷来自于心，而又伤心。

东晋大书法家王羲之有七子一女，其子女在书法上几乎都有成就。其中五子王徽之的书法成就，在王氏兄弟中仅次于七子王献之。在七个兄弟之中，王徽之与七弟王献之的感情也是最深的。

到了晚年，兄弟俩都生了重病。过了不久，王献之去世了。家人怕王徽之悲伤，不把消息告诉他。王徽之有很长一段时间没听到弟弟的消息，十分担心。有一天，他问家中的人说："献之病情怎么样？为什么一直听不到他的消息？"

家人支支吾吾，不肯直说。王徽之明白了，说："看来，弟弟已比我先走一步了。"于是，王徽之强忍悲恸，从病榻上下来，叫人准备了车辆，前往献之家奔丧。

王徽之来到献之家中，拜祭毕，他想到献之生前最爱弹琴，便吩咐把献之生前所弹之琴取来。焚了香，便在灵前弹了起来。他一面弹，一面想着过去兄弟俩的情谊，他越想越悲伤，怎么也弹不成曲。

五内俱焚之下，他举起琴，砸向地上，把琴砸得粉碎，长叹一声，说："献之，献之，人琴并绝！"说罢，他昏了过去，很久才醒来，回到家中后仅过了一个月，便也去世了。

郁闷表现为憋气

闷，心在门里，表示不流通，憋气，不畅快，人有气而不能出言发泄，心中郁积，久之会酿成大病。人的身心是一体的，闷愁的心情，必然会导致人的气血不畅，不通则痛，不通则病。

司马睿，字景文，东晋开国皇帝。司马睿能当上皇帝，主要在于王导、王敦等人的包装和谋划。鉴于王导、王敦兄弟的鼎立支持，司马睿不仅给他们高官厚禄，还要和他们一起面南背北治理国家。

对于这份超乎寻常的宠遇，王导全力推辞，而王敦内心却蠢蠢欲动。大兴三年（公元320年），王敦上疏，为王导"顷见疏外"发表不满，并请司马睿回忆当年所说的"吾与卿及茂弘（王导）当管鲍之交"，言外之意就是指责司马睿言而无信，过河拆桥。这道奏疏到了朝廷，被王导退了回去，而王敦却再次派人送交司马睿。司马睿看到这份奏疏什么心情，史籍中没有记载；但一个臣子公开说自己的不是，司马睿心里的那份郁闷和窝火是免不了的，但忌惮王敦的实力，司马睿只能内心窝火，憋在心里。

永昌元年（公元322年）正月，王敦以诛杀刘隗为名再次上疏，并在武昌起兵叛乱，江南大族沈充也起兵响应。司马睿又开始笼络王导。永昌元年三月，司马睿以王导为前锋大都督，自己亲率军队迎战，急招戴渊、刘隗前来救援。然而，关键时刻，守城将周札开门投降，王敦兵不血刃就打进了石头城。司马睿忙命刁协、刘隗、戴渊等人夺回石头城，但均遭大败。戴渊、刁协被杀，刘隗投奔石勒，司马睿一败涂地，"官省奔散，惟有侍中二人侍帝"。无奈之下，司马睿"脱戎衣，着朝服"对王敦说：王敦你如果想当皇帝，早和我说啊，我把皇位让给你，还当我的琅邪王去。何苦让百姓跟着受苦呢？在历代开国皇帝中，能被臣子搞得这样狼狈，这么窝囊，这般没有尊严的，司马睿是第一个，也是唯一一个。永昌元年闰十一月，司马睿在极度郁闷和窝囊中去世，享年四十七岁。

乍雨乍晴花自落，
闲愁闲闷日偏长。
——宋·晏殊《浣溪沙》

忽而雨，忽而晴，春花自行凋落；莫名的愁思，莫名的闷气，白天的时间偏又那么长。这两句写春末夏初的景象及人们的心理感受。"日长"本是春末夏初的自然气象，加了一个"偏"字，就显出了主观色彩。抒情主人公由于愁闷，很希望把日子快些打发过去，可是白昼偏偏加长了，这种无法排遣的"闲愁闲闷"也随着日长难捱而加深了。"自""偏"二字，都有不为人们意志所左右的意思，不想花落而"花自落"，但求日短而"日偏长"。这句话说明一个道理，烦闷的时候人会觉得日子难熬难过，想摆脱这种状态，就要将生活充实起来，时间会过得飞快，也就没有所谓的"闲愁"和"闲闷"了。

恬

TIAN

恬淡无人见 年年长自清

有一个看似简单却颇为有趣的字谜：千张嘴，一颗心。

解谜直接用组字法就可以了，"嘴"为"口"，"千张嘴"就是"千"加"口"为"舌"；"心"为"忄"，加"舌"即是"恬"。

"恬"字告诉我们人生的诸多哲理。

汉字小词典

恬，形声字，从心，甜省声。

《说文·心部》："恬，安也。""恬"字本义为安静、安适，如《庄子·缮性》："古之治道者，以恬养知。"引申为安然、不在乎，如《荀子·富国》："轻非誉而恬失民。"

与"恬"字有关的成语很多：如"恬淡寡欲"指心境清静淡泊，没有世俗的欲望；"文恬武嬉"字面意思是文官安闲自得，武官游荡玩乐，意即官吏只知贪图安逸享受，吃喝玩乐，不关心国事；"恬不知耻"指做了坏事满不在乎，一点儿也不感到羞耻。

恬美是苦尽甘来

恬，左"心"右"舌"，而"舌"是"甜"的省略，"恬"指甜在心里。恬美意为甘美。心中的感受与外部环境往往有密切关系，但是内心豁达的人总能在艰苦的环境中，不让自己的内心充满挫败与忧伤，而始终怀有乐观积极的心态，以苦为乐，终于苦尽甘来。

苏轼45岁时因"乌台诗案"被贬黄州，每月只能领到一点生活费，全家人的吃住都依靠以前的积蓄。为了度日，每月初一，苏轼便取出四千五百个大钱，分成三十份，每份一百五十个钱，挂在屋梁上。每天早上用竹叉挑取一份后，即藏起叉子。苏轼将挑下的钱当作一天开销，如有盈余，则放置一大竹筒内存起来，以待来了宾客招待之用。处境如此恶劣苏轼却没有消沉，反而苦中作乐。在朋友的帮助下，苏轼向官府申请了一块城中的废地，开垦耕种，搭建房屋，以解生活之困。这块坡地被原主人命名为"东坡"，苏轼便自名为"东坡居士"。实际上，豁达的苏轼还真在困窘的生活中找到了乐子，那就是利用不入达官贵人之眼的普通食材烹制美食，还发明了被后世美食家赞叹的东坡肉。我们从苏轼的打油诗《猪肉颂》中也可以一窥他的"苦中乐"：

净洗铛，少著水，柴头罨烟焰不起。待他自熟莫催他，火候足时他自美。黄州好猪肉，价贱如泥土。贵人不肯吃，贫人不解煮。早晨起来打两碗，饱得自家君莫管。

如今，我们一品著名的东坡肉，自是有富足之感。可在这富足之时，我们是否也能品出当年苏轼苦中作乐的滋味呢？人生不免有困苦的时候，要善于苦中作乐，自然甜在心头。

恬静是慎言守中

恬，"舌"在"心"旁，表明古人很早就明白话在出口前，必须在心里思量一番：此话当讲不当讲，该如何讲。在慎言这方面，老子有过论述："多言数穷，不如守中"，意思是人说的话多，往往会使自己陷入困境，还不如保持虚静沉默，把话留在心里。北周大将贺若敦、贺若弼父子的悲剧都是因为祸从口出。

贺若敦以威猛出名，在参加平定湘州之战中立有大功。立功之后，贺若敦自以为能受朝廷封赏，但没想到被奸人所诬，不赏反降，心中愤愤不平，当着使者的面发大火。当时北周权臣宇文护早就对他不满，有除之而后快之意。这次听到使者回来一说，马上把贺若敦调回，逼迫其自杀。临死之前贺若敦对儿子贺若弼说："吾必欲平江南，然此心不果。汝当成吾志，且吾以舌死，汝不可不思。"说完拿锥子狠狠地刺破儿子贺若弼的舌头，想以痛感让儿子记住他的临终遗言和血的教训。可惜，这舌头之痛并没有让贺若弼避开口祸。贺若敦死后十几年，已是大隋天下，贺若弼也成了隋的右领军大将军，战功累累。灭陈后，贺若弼和韩擒虎争功，使文帝杨坚心有不快，认为他贪功邀宠。但贺若弼并没有因杨坚的不满而有所改变，他对杨素的官位比自己高而心怀不满，口出怨言。一些好事之人便把他说的气话告之杨坚。杨坚把他下狱，责备一番，念他有功就放了。谁知他不但不能警觉和收敛，反而夸耀他和太子杨勇的关系密切。后来杨勇失宠被废，他又为杨勇鸣不平。文帝又把他招来质问："我用高颎、杨素为宰相，你在众人面前多次大放厥词，说他们什么也不能干，只会吃饭，这什么意思？难道我这个皇帝也是废物不成？"贺若弼只能伏地求宽恕，文帝把他贬为平民，一年后才复其爵位，但不再重用。杨广篡位后，贺若弼还是没有吸取教训谨言慎行，因妄议杨广奢侈而被杀。

这就是祸从口出的故事，言语虽然并无实体，但俗话说"说出去的话，泼出去的水"，一旦出口的话是无法收回来的，因此往往会招致各种误解和祸端，谨言慎行则能保平安。与贺若敦、贺若弼父子不同，郭泰因能慎言而避开了杀身之祸。舌在心上，为人处世需谨言慎行，不要随便发表议论，以免祸从口出。

恬旷是淡泊名利

恬，从心，从舌，合起来的意思是把心思放在舌头上去感受甜美的滋味。一般人平时的心思早就跑到外面有意思或重要的事情上了，哪里还有心思把注意力放在舌头上啊？而什么事情会夺去我们的注意力，让我们终日忙忙碌碌，无法感受亲情的甜美、爱情的甜蜜、生活的美好？那当然就是名利了。因此"恬"这个字所指的关键是"把一切事情都放下"，告诫人们放下名利，将目光放在伟大的、切实的目标上，放在身边的微细事情上，感受生命本源的美好。这就要旷达、恬淡名利。

庄子认为，为"名"奔波，为"利"辛苦，丧失了自由与快乐，"心为形役"实在得不偿失。悟透是一种恬静，大爱是隐于心的豁达。大悲无泪，大悟无言；心中欲少，自然忧少。让生命立于一道静美的风景，于花落流水纷芜处静心养性，静悟生之境界。生命若水，石过处惊涛骇浪；生命若梦，回首处梦过嫣然；生命无常，聚起温暖的时光，心无忧也坦然。

"恬"与"天""填""甜"音相近。天，无比广阔，欲望如天是永远也无法填满的。与其穷一生去追逐如天的欲望，不如减少欲念，泰然面对生活的种种，得人生的大甜。

小测试：你是否很容易被激怒？

你是否对慌张的生活节奏厌恶至极？

你是否总是在别人的咆哮中手足无措？

你是否总是因为周遭环境的嘈杂而抓狂？

你是否在独处的时候总是感到莫名的恐惧？

你是否在与人相处时，常有心力交瘁的感觉？

你是否总觉得在社交场合嗅到不友好的气息？

你是否在第一次见某人时，就觉得和他气场不和？

你是否会在周围有人吵架时，变得紧张、烦躁？

你是否在很多人面前发言的时候，感到紧张？

你是否在住进一间旧房子时，会对里面的气息相当敏感？

你是否遇到个性激烈的人时，无法保持原有的自信态度？

如果你的答案三条以上都是"yes"，那么你是一个对外部环境敏感的人。

恬淡虚无，真气从之。
精神内守，病安从来？

——《黄帝内经》

什么是恬淡？什么是虚无？一般狭义讲是指人的性格闲静、个性修养清素、欲望淡雅、胸怀宽广。从广义讲是对不切实际的与自身不相匹配的名利的适时淡泊，同时它又是一种信仰、一种追求：一种对天地间美好事物的坚信，一种对人世间美满精神生活境界的企盼。恬淡虚无更是为人处世豁达开明而又不失原则、不弃底线，是漫长生活阅历的积累而形成的冷静、沉稳和细致，是对人世间美丑善恶的爱憎分明。所谓"至虚极，守静笃"，这是《老子》的一种思维，是自古圣贤们的信仰。为什么现代的人那么浮躁？遇事那么急于求成？并非现代人竞争大压力大，而是因为自身心神不静、灵魂不恬淡，是因为躁动与不安，是一种缺乏预见性、规律性、本始性的盲从心态，是对天地人、对万事万物早期发展态势、时空演变规律的无知或忽视。因此，简单的十六个字，给浮躁的现代人一杯清凉剂，为人们指明了摆脱疾病的办法。

懒

懒起画蛾眉
弄妆梳洗迟

南宋辛弃疾写了一首词：

鹧鸪天·鹅湖归病起作

枕簟溪堂冷欲秋，断云依水晚来收。

红莲相倚浑如醉，白鸟无言定自愁。

书咄咄，且休休，一丘一壑也风流。

不知筋力衰多少，但觉新来懒上楼。

　　此词是作者罢官闲居江西上饶期间所作，当时作者游罢鹅湖归来后，曾患过一场疾病，病愈后登楼观赏江村的景色，忽然惊叹时光的流逝，用"枕簟"初凉，溪堂怎冷，描写了秋意，用"断云""依山"描写水远天长，苍茫无际的画面，用"红莲相依""白鸟无言"表达内心的愁闷。"且休休"，表现了闲暇、安逸的心境。最后两句变坦率为委婉，旷达为悲凉，"不知筋力衰多少，但觉新来懒上楼"，表面上说病后体力衰弱的感觉，实际含有"英雄江左老"的悲愤。一个"懒"字表达了此人悲愤和自适两种情绪的交织,"懒"是惊叹衰老的悲伤,是功业难成的忧怨,也是一种貌似旷达的愤懑。

"懒"的音、形、义指出了懒的缘由、表现以及危害。

汉字小词典

懒,形声字,从忄,赖声。篆文为𤕟,形声字,从女,赖声,是懒的异体。

《说文·心部》:"𤕟,懈也,怠也,一曰卧也。"懒的本义为懒惰、懈怠,如《南史·范晔传》:"吾少懒学问,晚成人。"

有许多成语基本上把懒作为不良行为,如:"帮闲钻懒",指说话做事迎合别人的心意和兴趣;"意懒心慵"指心情倦怠消沉;"心灰意懒"指灰心失望,意志消沉;"好吃懒做"指贪于吃喝,懒于做事。

懒起于心

懒字由"心""束""负"组成。意思是说:心里的束缚是懒的根本原因,由于心里的束缚故而不做事,因此辜负了自己的心。也由于不做事,欠下的事务也越来越多,负担也越来越重。懒,从心,指一种依赖人的心态,总指望别人,自己不动手、不动脑,遇到麻烦就抵赖,出了问题就推卸。懒起之于心,发乎于外。懒,从表面上看,是行为不勤快。其根源在于心,因为人的行为是听从大脑指挥的。"佛祖拈花,迦叶一笑"中说:"一念成佛,一念成魔",可以说一个人的好与坏,善与恶,皆由心生,皆由一念而成。人的懒与勤也是由于心念的差别引起的。因此，懒，是精神的懈怠，正所谓"百无聊赖"，一个人如果处于这种状况，生活将没有任何意义。

唐代诗人温庭筠写了一首词《菩萨蛮》，生动形象地描写"懒"的心态：

小山重叠金明灭，鬓云欲度香腮雪。懒起画蛾眉，弄妆梳洗迟。　照花前后镜，花面交相映。新帖绣罗襦，双双金鹧鸪。

这首词描写了闺房寂寞的少妇，想念她远方丈夫的心情。"新帖绣罗襦，双双金鹧鸪"写的是两个人快乐的日子。如今，相爱的丈夫不在身边，连眉毛也懒得画了。所谓"女为悦己者容"，丈夫不在身边，没心情画了。这里描写了少妇早晨睡醒时娇慵懒散的神态，表现了她空虚孤寂的心境。

懒在日常生活中表现出来的是松散、缓慢，其实是进取心、责任心、事业心的缺失，因为没有了"心"，就失去了热情，就不会投入，就不会有积极主动、创造性地工作。可见，治"懒"首先要治"心"，这才是问题的关键所在。

一个普通人"懒"，会误己害家。但假如一个官员或帝王懒则会误国殃民。万历"懒政亡明"就是一个明证。明神宗朱翊钧（1563—1620年）是明朝第十三个皇帝，在亲政初期，还较勤政。但张居正死后，朱翊钧开始沉湎于酒色之中。后因立太子之事与内阁争执长达十余年，最后索性三十年不出宫门，不理朝政，大臣的奏章和他的谕旨，全靠内侍传达，内阁出现"人滞于官""曹署多空"的现象，以至于朱翊钧在位中期以后方入中枢的廷臣不知皇帝长相如何。册立太子的大事久拖不决，导致官僚集团各派之间互相火并，党争也愈演愈烈。万历四十八年（1620年），朱翊钧在内外交困、风雨飘摇中死去，终年58岁。一个人在创业的初期，往往是不敢偷懒的，但是，发迹以后往往就会懈怠、慢慢地变懒，而走向衰败，这就是创业容易守业难的缘故。

懒源于惧怕失败

懒字，含"悚"，悚，惧也，即害怕的意思。懒惰的人，不敢去试，不想去做，是因为害怕失败，输不起。世上的许多事，不去试、不去做，是不知能否成功的。懒惰的人总怕承担风险，承担责任，因此，其成功的概率等于零。

有这样一个故事：主人外出，召来两个仆人，分别给他们五千两银子。主人走后，甲仆人用银子做生意，赚了五千两，乙仆人谨小慎微，担心亏损，将银子埋了起来。主人回来后，对甲赞赏有加，说："好，我要把许多事派你管理，让你享受主人的欢乐。"对乙仆人，斥其懒惰与胆怯，不予重用。

懒还源于依赖心理

懒字头是心，身是赖，赖就是依赖，干什么事，不是靠自己，而是依赖别人。

赖，还有赖皮、赖脸和怪罪别人之意。事情没有办好，把责任推给他人，这就变成了无赖。赖者，抵赖，耍赖皮，不去做事，并推卸自己的责任。懒发展到"赖"的程度，已无"心"。"人之衰，莫大于心死"，到这时，此人已无可救药了，赖皮和无赖就是这样产生的。"懒"是家庭和社会矛盾产生的重要因素，一个家庭由于一个人懒或者是彼此都懒了，就会产生矛盾；社会由于政府官员不作为，或推卸自己的责任，变成了庸官，结果就会诱发或激化社会矛盾。"懒"不仅是一个状态，而且是一个警钟，警钟长鸣，一直在提醒我们不要"懒"。

懒不但辜负了别人也辜负了自己

懒字的最后部分是一个"负"字。首先，懒的人往往是自负的人，懒人不做事是因为不屑一顾，认为自己大材小用，或者降低了自己，不必自己亲力亲为。其次，懒的人结果不但辜负了他人，也辜负了自己，辜负了家国。不做事，必然得不到他人的信任，自己也无所作为。

懒是通向成功的拦路虎。"懒"音近"栏"，"栏"是用木头或钢管做成的遮拦物。懒惰，什么事都不想做，不去做，其实是给自己的人生道路设置障碍，使自己无法前进。许多人穷在于懒。有些人不能成功在于没有搬开"懒"这只拦路虎。所以，高尔基说：时间是最公平合理的，它从不多给谁一分，勤劳者能叫时间留给他串串果实，懒惰者时间只留给他一头白发，两手空空。成功的人和平庸的人，一个勤奋，一个懒惰，这就是两者的差别。

那么，如何戒懒呢？首先是"不赖"。这是人民百姓都流传的口语，评论一个好人最起码的条件就是"不赖"。其次是"不悚"。不悚就是没有什么可怕的事，沉着冷静。勇于接受挑战，敢闯、敢试、敢冒险。再次是"不懒"。心里没有束缚，没有负疚，没有畏惧，敢于担当。这是一个勤奋之人，成功之人。

心学之窗　如何克服惰性

1. 认清惰性的危害，核对自己的行为，每天晚上反省自己。

2. 下定决心，坚定信念，一定要改掉惰性。

3. 制定合理可行的计划，循序渐进。

4. 培养果断的态度，不要犹豫不决；不要拖延，今日事今日毕。

5. 学会跟人交流，融入大家生活，勇于表现，肯定自己，增长自信。

6. 坚定自己想法，不要人云亦云。

7. 养成时间观念，不浪费时间。

三长难救一短，
三勤难补一懒。

——清·牛树梅《天谷老人小儿语补》

解读

　　三个人的长处难以补救一个人的短处，三个人的勤快难以补救一个人的懒惰。这两句告诉我们，凡事不能光靠别人的帮助，还得靠自己去做；别人的长处，不能弥补自己的短处；自己的短处，只有靠自己来克服、纠正。同样，别人再勤快，也不能替代自己的工作。这几句告诫年轻人要正视自己的缺点，勇于克服自己的缺点，才能有较快的进步。

恒

HENG

言有物而行有恒

　　毛泽东在湖南第一师范读书期间，曾将明代学者胡居仁的一副对联改为"贵有恒，何必三更眠五更起；最无益，只怕一日曝十日寒"，作为座右铭，放在案头以自勉。

　　这副对联的主要意思就是说，无论做什么事贵在能持之以恒，如果能坚持的话，也不需要每天都起早贪黑忙忙碌碌，只要能持之以恒，也能有很大的收获，但最忌讳的就是三天打鱼两天晒网，无论多费心血，终究还是一事无成。

　　恒心，就是一种持久力，也包括耐挫力和抗干扰能力，这是一种不达目标誓不罢休的心理素质。

汉字小词典

　　恒，形声字，从心，亘声。亘异体作亙，甲骨文作，会意字，代表天地两极，为"月"，借代天体星辰，表示天地宇宙，日月星辰，千古如斯，永续恒久。

《说文·心部》：“恒，常也。”“恒”字本义是长久不变的，如《孟子·梁惠王上》：“无恒产而有恒心者，惟士为能。”引申为恒心，如《论语·子路》：“人而无恒，不可以作巫医。”又引申为经常，如《晋书·陶潜传》：“性嗜酒，家贫而不能恒得。”又引申为平常，如《庄子·大宗师》：“是恒物之大情也。”

与“恒”有关的成语大多与坚持、持久有关，“持之以恒”是指有恒心，长期坚持下去；“日升月恒”比喻事物正当兴旺的时候，旧时常用作祝颂语；“恒河一沙”比喻极其渺小。

恒为天地万物永续恒久之运行

“亘”为天地日月按一定规律永恒地运行，恒揭示了大自然运行的一个规律。

关于地球和人类在宇宙中的位置，最早的起源为地心说，最初由古希腊学者欧多克斯提出，经亚里士多德完善，又为托勒密进一步发展，在16世纪“日心说”创立之前的1000多年中，“地心说”一直占统治地位。

1543年，波兰天文学家哥白尼发表了经40年潜心观测与研究的成果——《天体运行论》，在书中首次系统地提出了日心体系。哥白尼认为，地球不是宇宙中心，而是一颗普通的行星，太阳才是宇宙中心，行星运动的一年周期是地球每年绕太阳公转一周的反映。日心说被天主教庭视为异端邪说。意大利思想家布鲁诺发展了哥白尼的理论，并更大胆地提出宇宙无中心的观点，结果被宗教法庭烧死在罗马繁花广场上。1609年，意大利天文学家伽利略发现木星的卫星，德国天文学开普勒发现行星运动三定律，都有力地支持了日心说。但直到17世纪后期牛顿力学体系诞生之后，日心说才真正战胜了地心说。日心说是人类认识宇宙的重要里程碑，推动了天文学的革命。它是人类宇宙观上的重大进步，认识到了地球不是宇宙中心，而是一颗普通的行星，人类不过是浩瀚宇宙中的渺小的生物而已。

恒为坚毅顽强有耐心

恒指久、常，有耐心。这是做好一件事情的先决条件。奔驰的骏马尽管在开始的时候总是呼啸在前，但在漫漫长路上，最终抵达目的地的，却往往是充满耐心和毅力的骆驼。耐心是一切聪明才智的基础，耐心对人生很重要，我们需要用耐心和毅力去面对无人喝彩，去面对社会对我们的熏陶和锤炼，成为一个对凡事都充满耐心的人，终将取得成功。

有个销售员是卖别墅的，每年要打36000个电话。打这么多电话，并非每一次都有人接，大致有28800个会接听。这么多人接电话，不是每一个人都愿意听他说下去，在这里，约有11500个人会听他讲。在听他讲的人中间，大多数人是敷衍着，不一定是真正有兴趣，在这里，约有4500个人是真正有兴趣的。4500个人尽管有兴趣，大部分人是不愿意付诸行动的，约有1700个人会答应，有时间来看看别墅。答应并不等于去做，真正来看别墅的，只有800人左右。看完别墅，约有400人答应考虑一下。考虑了一段时间，又有200人会失去联系、不接电话或干脆将来电拉进黑名单。进行第二轮面谈的人，不到100个，谈完后，大约有30个人表现出购买意向。难道这就是结果吗？不。最后成交的也就15个人左右。

最后，他说："我每年赚到两百多万元，这些钱是我坚持的结果。面对大量的失败和拒绝，坚持就是胜利。如果没有坚持的精神，趁早别干销售这行。坚持，不是白白地坚持。难道我打的每一个电话，都没有收益吗？按照每年收入200万元计算，我一年打36000个陌生电话，相当于平均每次赚了55.55元。"

俗话说："天下无难事，只怕有心人。"意思是说只要下定决心，有恒心、有毅力，那么天底下再难的事也会变得容易了。

恒要像太阳一样自强不息

恒，从亘，枕戈待旦。太阳之所以伟大，是因为它燃烧自我，恒久地发光发热，永不停息。人生之路充满了荆棘坎坷，遭遇挫折时，要像太阳一样，持之以恒，顽强不息，战胜自我，才能够成就伟大。

1967年夏天，美国跳水运动员乔妮·埃里克森在一次跳水事故中，身负重伤，除脖子之外，全身瘫痪。她曾经绝望过一段时间后，她开始冷静思索人生的意义和生命的价值。她借来许多介绍前人如何成才的书籍，一本一本认真地读了起来。她虽然双目健全，但读书也是很艰难的，只能靠嘴衔根小竹片去翻书，劳累、伤痛常常迫使她停下来。休息片刻后，她又坚持读下去。大量的阅读，使她终于领悟到：我是残疾了，但许多人残疾之后，却在另外一条道路上获得了成功。他们有的成了作家，有的创造了盲文，有的谱写出美妙的音乐，我为什么不能？于是，她想到了自己中学时代曾喜欢画画，这位纤弱的姑娘变得坚强起来了，

变得自信起来了。她捡起了中学时代曾经用过的画笔，用嘴衔着，练习画画。

这是一个多么艰辛的过程啊。用嘴画画，她的家人连听也未曾听说过。他们纷纷劝阻："乔妮，别那么死心眼了，哪有用嘴画画的？我们会养活你的。"可是，家人的话反而激起了她学画的决心，"我怎么能让家人一辈子养活我呢？"她更加刻苦地练习，常常累得头晕目眩，甚至有时委屈的泪水把画纸也淋湿了。为了积累素材，她还常常乘车外出，拜访艺术大师。好些年头过去了，乔妮的辛勤劳动没有白费，她的一幅风景油画在一次画展上展出后，得到了美术界的好评。

后来，乔妮又想到要学文学。她的家人及朋友们又劝她了："乔妮，你绘画已经很不错了，还学什么文学，那会更苦了你自己的。"她想起一家刊物曾向她约稿，要她谈谈自己学绘画的经过和感受。她下了很大力气去写作，可稿子还是没有写成。这件事对她刺激太大了，她深感自己写作水平差，必须一步一个脚印地去学习。

这是一条满是荆棘的路，可是她仿佛看到艺术的桂冠在前面熠熠闪光，等待她去摘取。终于，又经过许多艰辛的岁月，乔妮这个美丽的梦终于成了现实。1976年，她的自传《乔妮》出版了，轰动了文坛，她收到了数以万计的热情洋溢的信。两三年后，她的《再前进一步》一书又问世了，该书以作者的亲身经历，教育残疾人应该怎样战胜病痛，立志成才。后来，这本书被改编成剧本搬上了银幕，影片的主角就是由她自己扮演，她成了青年们的偶像，成了千千万万青年自强不息、奋进不止的榜样。

心学之窗　持之以恒的方法

1. 心态端正，不骄不躁。
2. 制定一个计划。
3. 目标明确。
4. 不要轻言放弃。
5. 找朋友监督自己。
6. 遇到困难不轻易退缩。
7. 埋头苦干，只管向前。
8. 适当地给自己奖励。

君子以言有物而行有恒。

——《易经》

解读

《象辞》说：《家人卦》的卦象是离（火）下巽（风）上，为风从火出之表象，象征着外部的风来自于本身的火，就像家庭的影响和作用都产生于自己内部一样。此句的意思是君子应该特别注意自己的一言一行，说话要有根据和内容，行动要有准则和规矩，不能朝三暮四和半途而废，这是古人对为人处事定下的标准。

古人讲究修心，目的是正心，校正自己的心态是不是符合天意、事理、人伦。心正则身正，身正则行正；心不正看什么都是斜的，行什么都是歪的。"居上不骄，为下不倍（背弃）"，在上当有仁爱之心，在下当有忠孝之心；恕人应当宽心，律己必先责心；说话出于真心，交友应以诚心；安居先安心，乐业先乐心；见贤应有慕心，遇恶得有戒心；逢弱当有善心，临危须加小心。正行要先正心，要有恭敬之心、恪守之心、敬畏之心，慎独、慎微、慎初、慎权、慎好、慎言、慎行，才能真正达到行有恒的境界。

卷
三

思想情感

HEN

恨

多少恨，昨夜梦魂中。还似旧时游上苑，车如流水马如龙，花月正春风。

——五代·李煜《忆江南·多少恨》

这首词作于李煜亡国入宋之后。李煜被曹雪芹称为"古之伤心人"，他降宋后，由凌驾万人之上的九五之尊沦为阶下囚，经历了人生的大喜大悲，追忆不断，悔恨长伴。这首词就是他为表达现实处境的无限凄凉之情而创作的。

从表面看，似乎这首词所写的就是对往昔繁华的眷恋，实际上作者要着重表达的倒是另外一面——处境的无限凄凉。但作者却只在开头用"多少恨"三字虚点，通过繁华生活的梦境进行有力的反托。作者以反写正，以乐写悲，以欢情写凄苦，昔与今的对比形成了极大的反差，蕴寓了极深的"恨"意。

"恨"字指出了"恨"产生的根源和表现。

恨，形声字，从忄，艮声。

《说文·心部》："恨，怨也。""恨"的本义为怨恨，如《国语·周语下》："今财亡民罢，莫不怨恨。"引申为后悔、遗憾，如《荀子·成相》："不知戒，必有恨。"

与"恨"有关的成语大多与"怨愤"有关，"报仇雪恨"指报冤仇，除仇恨；"抱恨黄泉"形容心怀遗憾离开人世，死有遗憾；"此恨绵绵"是指这种遗恨缠绕心头，永远不能逝去；"国仇家恨"是指国家被侵略之仇，家园被破坏之恨；"恨之入骨"形容痛恨到极点；"悔恨交加"指既后悔又怨恨，形容非常懊悔痛心；"切齿痛恨"形容愤恨到极点；"相见恨晚"指只恨相见得太晚，形容一见如故，意气极其相投。

仇恨为长时间的怨气郁积所致

恨从心，从艮，艮有坚固、坚硬之意。对敌人恨是一种仇恨之心，是愤怒而生的。对亲人，恨是因爱而生的。即因爱生恨，爱之越深，恨之越切。要化解恨的坚硬，使怨气不再郁积，只有用爱和宽容。

前苏联著名作家叶夫图申科在《提前撰写的自传》中，讲到过这样一则十分感人的故事：

1944年的冬天，饱受战争创伤的莫斯科异常寒冷，两万德国战俘排成纵队，从莫斯科大街上依次穿过。尽管天空中飘着大团大团的雪花，但所有的马路两边，依然挤满了围观的人群。这些老少不等的围观者大部分是来自莫斯科及其周围乡村的妇女。她们都是战争最直接的受害者，都对悍然入侵的德寇怀着满腔的仇恨。当大队的德军俘虏出现在妇女们的眼前时，她们全都将双手攥成了愤怒的拳头。要不是有苏军士兵和警察在前面竭力阻拦，她们一定会不顾一切地冲上前去，把这些杀害自己亲人的刽子手撕成碎片。突然，一位上了年纪、穿着破旧的妇女走出了围观的人群。她平静地来到一位警察面前，请求警察允许她走进警戒线去好好看看这些俘虏。警察看她满脸慈祥，没有什么恶意，便答应了她的请求。于是，她来到了俘虏身边，颤巍巍地从怀里掏出了一个印花布包。打开，里面是一块黝黑的面包。她不好意思地将这块黝黑的面包，硬塞到了一个疲惫不堪、拄着双拐艰难挪动的年轻俘虏的衣袋里。年轻俘虏怔怔地看着面前的这位妇女，刹那间已泪流满面。他扔掉了双拐，"扑通"一声跪倒在地上，给面前这位善良的妇女，重重地磕了几个响头。其他战俘受到感染，也接二连三地跪了下来，拼命地向围观的妇女磕头。于是，整个人群中愤怒的气氛一下子改变了。妇女们都被眼前的一幕所深深感动，纷纷从四面八方涌向俘虏，把面包、香烟等东西塞给了这些曾经是敌人的战俘。

叶夫图申科在故事的结尾写了这样一句令人深思的话："这位善良的妇女，刹那之间便用宽容化解了众人心中的仇恨，并把爱与和平播种进了所有人的心田。"

敌人是无法用武力彻底消灭的。彻底消灭敌人的最好方法，就是用爱把他们变成朋友。

佛家曾有慧语：仇恨永远不能化解仇恨，只有慈悲才能够彻底化解仇恨。

怨恨有如一座山压在心头，令人窒息

艮代表山，寓意沉重。要想心中不如此沉重，只有绕开仇恨、躲开仇恨，不要耿耿于怀，才能放下心中的石头，得到身心的轻松畅快。

古希腊神话里一则"仇恨袋"的故事，说的是一个威风凛凛的大力士名叫赫格利斯，从来都所向披靡，无人能敌。有一天，他行走在一条狭窄的山路上，突然一个趔趄，险些摔倒。定睛一看，原来脚下躺着一只袋囊。他猛踢一脚，那只袋囊非但纹丝不动，反而气鼓鼓地膨胀起来。赫格利斯恼怒了，挥起拳头又朝它狠狠地一击，但它依然如故，还迅速地胀大着。

赫格利斯暴跳如雷，拾起一根木棒朝它砸个不停，但袋囊却越来越大，最后将整个山道都堵的严严实实。赫格利斯累得气喘吁吁躺在地上，气急败坏却又无可奈何。

一会儿，走来一位智者，见此情景，暗自发笑。赫格利斯懊恼地说：这东西真可恶，存心跟我过不去，把我的路都给堵死了。智者淡然一笑，说："朋友，它叫'仇恨袋'。当初，如果你不踩它，或者干脆绕开它，它就不会跟你过不去，也不至于把你的路给堵死了。"

这个给我们的启示，生活中，其实也会遇见这样的"仇恨袋"。对待工作我们难免会不顺心，对待周边的人和事，也难免会有误会，如果因此而耿耿于怀，甚至因误会而生"仇恨"，心中那个"仇恨袋"也会越来越膨胀，最后挡住自己前进的去路，压住你的心灵。人的一生有太多东西值得追求，干吗要让仇恨袋给挡去前进的路了呢？卡内基说："生气或仇恨是拿别人的错误来惩罚你自己"。绕开它，躲开它，自然心中另有一片天地。

愤恨对己对人会留下深深的伤痕

"恨"音通"痕"，恨对自己和他人的伤害会留下伤痕。伤痕往往难于愈合，消逝需要很长时间，甚至有可能花上几代人的时间。

有一种生活在热带海洋里的鱼，叫紫斑鱼，其全身长满了针尖似的毒刺。紫斑鱼在攻击其他鱼类时，它越是"愤怒"，越是满怀"仇恨"，它身上的毒刺就越坚硬，毒性就越大，对受攻击的鱼类伤害也就越深，但同时也会伤害自己。从紫斑鱼的生理机能来看，它可以活到七八岁，而时常愤怒的紫斑鱼，寿命却大大减少。世间万物，被自己所伤的，自己败给自己的，又岂止紫斑鱼呢？

对人性而言，人作为群体动物，群体的仇恨同样有毒，仇恨也会毁掉一个民族。希特勒就是这么干的，希特勒的演讲里把自己的民族扮演成不公的受害者，要生存空间要面包，就要杀掉敌人。仇恨使人类互相残杀，希特勒也在这场仇恨的战争中葬送了自己。

心学之窗　如何克服因爱生恨的心理？

因爱生恨是心理摆效应的一种反映。心理摆效应是指在特定背景的心理活动过程中，感情的等级越高，呈现的"心理斜坡"就越大，因此也就很容易向相反的情绪状态进行转化。克服这种心理摆效应的方法有如下几种：

1. 消除一些思想上的偏差。
2. 学会体验各种生活状态的不同乐趣。
3. 要加强理智对情绪的调控作用。

欢娱嫌夜短，寂寞恨更长。

——明·施耐庵《水浒传》

　　人当处于欢乐的时候，总是嫌夜晚太短；处于寂寞的时候，又恼恨五更太长。这是人常有的心理感觉。欢乐时情绪激动，兴奋不已，在不知不觉中时间已经飞快地过去了，出于对欢乐的留恋，就总觉得时间太短。寂寞时痛苦难熬，只盼着夜晚快点过去，好在天亮时使情绪有所调节，就只恼恨夜太长了。一说"苦日难熬，欢时易过"（冯梦龙《古今小说·蒋兴哥重会珍珠衫》），与此意同，描写欢乐时或愁苦时人们内心对时间的感觉。人们总是希望欢乐的时间过得更慢些，而寂寞痛苦的时光过得更快些。

恶

恶语伤人六月寒

《尚书·秦誓》有一个关于"恶贯满盈"的故事：

商纣王是上古三代的一个暴君。周武王讨伐商纣王时，在他的军队渡过黄河直逼京城朝歌的时候，发布了一个《秦誓》的誓师宣言："商罪贯盈；天命诛之。"意思说：商纣王不断作恶，罪恶越积越多，就像穿线一样，已经穿满一贯了。"恶贯满盈"形容罪大恶极已到该受惩罚的时候。

🔖 汉字小词典

恶，形声字，从心，亚声。

《说文·心部》："恶，过也。""恶"的本义为罪过，如《易·大有》："君子遏恶以扬善，顺天休命。"又引申指不好、恶劣，如《论语·乡党》："色恶不食，臭恶不食。"又引申为凶狠，如《史记·齐悼惠王世家》："齐王母家驷钧，恶戾，虎而冠者也。"又引申为憎恨，《广韵·暮韵》："恶，憎恶也。"如《论语·里仁》："唯仁者，能好人，能恶人。"

"恶"字的成语有："爱生恶死"指喜爱生存，厌恶死亡；"从恶如崩"指为恶如山崩那样容易；"极恶穷凶"指极端凶恶；"嫉恶如仇"指对坏人坏事如同对仇敌一样憎恨；"恶性循环"形容许多坏事互为因果，循环不已，越来越坏；"恶语伤人"指用恶毒的语言污蔑、伤害人。

恶源于歹毒之心

恶从心，这个心是指凶狠、不善之心。用心歹毒就会去做坏事，歹毒之心是恶的主观根源。古往今来，但凡行大恶之事，必然源于歹毒之心。

汉高祖十二年春天，刘邦去世了。吕后封锁后宫，布置调度，四天秘不发丧。吕后想杀掉辅佐刘邦的诸将。郦商、审食其反对，晓以利害，这才作罢。太子刘盈即位，年17岁，为汉惠帝。吕氏尊为皇太后，裁决政事。

吕后心肠歹毒，行事狠辣。临政的第一件大事是派人把刘邦生前宠妃戚夫人抓起来，囚在深巷。她派人把戚夫人的头发剪去，给她戴上脚镣手铐，穿上囚犯的衣服，命她每天在荒院中春米。戚夫人过惯了富贵荣华的生活，突然一落千丈，干起了这些苦活儿，心中便无限伤痛。她在干苦役的当儿，苦痛无法排遣，便悲戚地唱了起来："子为王，母为虏。终日春薄暮，常与死为伍。相离三千里，当使谁告汝！"

悲痛中的戚夫人思念先皇无奈，便思念起了仍做着赵王的儿子。儿子怎么不来救救自己？儿子又怎么才能知道？戚夫人的悲歌，很快传到吕后的耳里，吕后一声冷笑，立即派人去赵地接赵王如意。惠帝刘盈知道吕后的用意，听说如意将到长安，便亲自接到宫里，饮食起居和他一块。几个月的平安生活，倏忽而过。这一天，惠帝起床后到宫外练箭，没叫醒如意。结果，回宫以后如意已被强迫喝毒酒而死。惠帝毫无办法，只好安葬了他。

赵王如意死了，就轮到戚夫人。吕后将戚夫人抓来，砍其四肢，瞎其眼，聋其耳，割其舌，把她放在厕所中，称为"人彘"（即人猪，当时的厕所是与猪圈相连的），但这时，戚夫人还是活着的。这样吕后还不解恨，还叫汉惠帝刘盈来看。刘盈嚎啕大哭，病了一年多。后来，因为"人彘事件"的刺激，他从此沉迷于酒色之中，不理朝政，七年后，抑郁而亡。

恶表现为丑陋的行为

恶从亚，"亚"意为丑，引申为次等的。恶在外观上是丑陋的、不堪入目的行为，是为世人所不齿的。

商纣王，名叫帝辛，是商朝最后的一位君主。"纣"是"残义损善"之意，"纣王"是后人对他的贬损评价。史书上记载的纣王丑行有：沉溺酒色，奢靡腐化。他凿地为池，池中注酒，酒上行船。纣王同姬妾宫女在池上一面划船，一面饮酒作乐。他在宫内竖起像树林一样的木桩，上面挂满烤肉，然后光着身子在这

"肉林"里疯打疯闹。饿了就吃，吃了就玩，没昼没夜。他还大兴土木，花了七年时间，造了一座鹿台。地基三里见方，高超百丈。他把搜刮来的金银珠宝和美女们聚集在台上，宴饮狂欢，长达七日七夜，以至君臣姬妾都忘了日月时辰。他行炮烙之刑，就是用炭火把中空的铜柱子烧红，然后强迫犯人在上面爬行，犯人被烙得皮焦肉糊而死。他想知道冬天光脚过河的农夫为什么不怕冻，竟叫人砍掉他的双脚，砸骨验髓。还有宠信奸臣，重用小人，不敬祖先，不信忠良等种种罪行，罄竹难书，丑陋不堪。

后来，纣王因为丑陋的恶行失去士气和民心，终于被周武王打败。他一把火把自己烧死，他的宠妃妲己也被武王送上了断头台。

恶行是令人作呕的

恶，繁体字为"噁"，从口，表示令人恶心、呕吐。罪恶的事情是令人发指的，超出了人类道德的底线，有良知的人都会感到恶心。

侵华日军731部队是日本军国主义最高统治者下令组建的细菌战秘密部队，是人类历史上最大规模、最灭绝人性的细菌战研究中心。这支部队残忍地对各国抗日志士和中国平民用鼠疫、伤寒、霍乱、炭疽等细菌和毒气进行活人实验和惨无人道的活体解剖，先后有一万多名中、苏、朝、蒙战俘和平民惨死在这里。731部队的杀人者，曾把人叫做"木材"，把人当做研究细菌武器的实验动物加以杀害。1942年，为检定疫苗的抵抗力和实验鼠疫菌的毒性，他们曾给许多中国人注射鼠疫的各种疫苗，然后便在"测验免疫能"的名目下，抽取大量血液，最后注射鼠疫菌使之感染而丧命。经研究证实，这个部队当时已具有可将人类毁灭数次的细菌武器生产能力，他们的"研究成果"投放战场，致使20万人死伤，对中国人民犯下了令人作呕的恶行。

分析心理学中的善与恶 / 荣格

如果我们希望理解善与恶这样复杂的问题，我们一开始就必须采纳这样的建议：善恶本身是一些原则，我们必须随时记住，一种原则总是早在我们之前便已经存在，而且必然远远地延续到我们之后。

当我们谈论善与恶时，我们是在具体地谈论某种东西，而这种东西最深的性质事实上并不为我们所知。进一步讲，它是否被我们体验为恶、体验为罪，这完全取决于我们的主观判断。同样，罪与恶的程度和严重性也取决于我们的主观判断。

君子交绝，不出恶声。

——西汉·刘向《战国策》

　　君子在与人断绝交情时，不说难听的话。君子相交要善始善终，好合好散。有交情时，两情相好。即使在断交时，虽然心中会有所怨愤，但也不可恶语相向。问题自有问题在，要通过适当的途径来解决，恶语相向，只会徒增无谓的烦恼，或给人以笑柄，于实质问题无补。现在有些夫妇因感情不和而离异，通过协商的方法"和平解决"，好合好散，互不指责对方，可算是"君子交绝，不出恶声"在现代生活中的一种新的表现形式。

憎

爱憎分明是本色

唐代诗人杜甫写了一首怀念李白的诗：

天末怀李白

凉风起天末，君子意如何。

鸿雁几时到，江湖秋水多。

文章憎命达，魑魅喜人过。

应共冤魂语，投诗赠汨罗。

杜甫的怀人诗，写得最多最好的，除怀妻、怀兄弟的以外，就数怀李白的了。这首诗为诗人客居秦州（今甘肃天水）时所作。时李白坐永王李璘事流放夜郎，途中遇赦还至湖南，杜甫因赋诗怀念他。

起首两句为对友人深沉的怀念，进而表达对其身世的同情。"文章憎命达"，意谓文才出众者总是命途多舛，语极悲愤，有"怅望千秋一洒泪"之痛；"魑魅喜人过"，隐喻李白流放夜郎，是遭人诬陷。此二句议论中带情韵，饱含哲理，意味深长，有极为感人的艺术力量，是传诵千古的名句。高步瀛引邵长蘅评："一憎一喜，遂令文人无置身地。"这两句诗道出了自古以来才智之士的共同命运。

"憎"字揭示了憎恨是如何产生的以及憎恨的表现。

汉字小词典

憎，形声字，从忄，曾声。

《说文》："憎，恶也。""憎"字的意义是厌恶，如《礼记·礼运》："爱而知其恶，憎而知其善。"

"憎"字的成语有："爱憎分明"，形容爱和恨的立场和态度十分鲜明；"面目可憎"，形容人的容貌或事物的样子令人厌恶；"神憎鬼厌"，意指连鬼神都讨厌，形容十分让人憎恨讨厌；"鹰化为鸠，犹憎其眼"，意指即使老鹰变成了鸠鸟，众鸟仍然讨厌其眼睛，比喻外表虽然有所改变，但改变不了其凶恶本性。

爱憎分明来自于正义之心

憎从心，爱与憎是由心决定的。人若有正直、正义之心，便会刚正不阿，敢打抱不平。续范亭《延安五老》诗："爱憎分明是本色，疾恶如仇不宽恕。"

北宋时期，有一位著名的清官叫包拯。以前，来打官司的百姓只能在衙门外击鼓鸣冤。等到衙门里的公差转递给办案的官员，案子才能开堂审理。这样，一些公差们常找借口向告状人要钱。不给钱，就扣着状子不送。他们一刁难，穷苦的百姓可就遭了殃，拿不出钱，告状无门。这些都被新上任的开封知府包拯知道了。包拯命令衙门办公的日子，大门都开着。要告状的百姓可以直接上公堂，当面向他诉说是非曲直，当堂论断。从此以后，穷苦百姓告状有门了，不再为无处申冤发愁了。百姓对包拯都十分信任，愿意找他断案。

包拯断案公道，为很多人申了冤。他的名声越来越大，"包青天"的说法也在老百姓中间传开了。

清末的烈士秋瑾也是一个嫉恶如仇、爱憎分明的人。贫苦农民阮财富的田产被当地恶霸黄老虎霸占，阮财富告到县衙门，请求县官老爷为他申冤。县官害怕权势，庇护恶霸，非但不为受害者申冤，反而诬蔑阮财富，要拿他问罪。围观群众敢怒而不敢言。此时正好秋瑾路过衙门，她听完受害者的诉说以后，义正辞严地对县官说："阮财富的田产被别人霸占去了，怎么落得个没理，还要吃官司呢？你讲的是什么王法？他无罪，应该放了！"秋瑾在家乡有名声，县官有几分怕她，不得不把阮财富当场开镣放了。

憎恶来自嫉妒之心

憎从心，由于一个人的立场、好恶不同，爱与憎也会常有主观偏见。德国哲学家尼采说："憎恨之中也隐藏着一种忌妒，我们想胜过敌人。"戴尔·卡耐基说："憎恨比任何其他的事情，如勤奋工作、疾病或正当的忧虑，会烧毁更多的精力。"李斯因为嫉妒韩非的才能，谗言进谏，终害得一代法家惨死狱中。庞涓因为嫉妒孙膑的兵法才能，以毒计残害孙膑，使孙膑遭受髌脚之刑。周瑜因为嫉妒诸葛亮的才华，屡设计加以陷害，无奈智不过人，终于害己，发出了"既生瑜，何生亮"的悲叹！嫉妒心可以说人皆有之，关键在于管理好这种情绪，选择正确的发泄方法，一方面要以宽广的

胸怀去应对，学人之所长，补己之所短，另一方面不能以损害他人的手段去发泄嫉妒的心理，而应当以自己的努力去超越他人。

柳庄有王、李两户人家比邻而居，因为盖院墙争一砖的距离而心生仇恨。一日王家人因事外出，走得匆忙忘了熄灭灶里的火，火星窜来燃着了灶前的柴火，不一会屋子里噼里啪啦地着起了火。李家人最先发现，不但没救，更没想办法通知王家人，只在边上幸灾乐祸地看热闹。不久火借风势越烧越大，眼看着就要烧到李家的房子了，李家人这才着急，拿起水桶去救火，可李家人只救自己家，并不管王家的房子。这样救火根本没用，火乘风势很快就烧毁了李家的房子。李家人这才后悔莫及。有时，憎恨是一种致命的毒药。

憎恨是新仇旧恨的累积

憎从曾，"曾"的本义为"重复利用的"。"心"与"曾"合起来表示"旧恨续新仇""新仇加旧恨"。"憎"是"恨"的开始，"恨"则是"憎"的结果。"憎"的事情累积了，就会成为仇与恨。

憎和恨有很大区别。憎是厌恶，而恨，在传统文化中，却另有深义。这个恨字，最深层含义不是以人为目标，而是以命运为对象，恨的不是哪一个人，而是难以摆脱的宿命。"将军白发征夫泪"，是豪情盖天的英雄恨；"此恨绵绵无绝期"，是梦断情天的儿女恨；"去年春恨却来时，落花人独立，微雨燕双飞"，是在闺怨和青春激情之间暧昧的躁动，既不是憎，也不是爱，总之是一腔难以平抑的情绪。美人蹙眉，既恨男子薄情，也恨芳华凋零。

恨是一种存在于某些人心中的冥顽不化的憎恨情绪，并非一蹴而就，而是某些情绪无法发泄，在内心翻腾隐忍一段时间后才会最终形成。换句话说，真正的憎恨是由一些特殊的初级情绪形态转化而来，这些初级形式可以表现为报复感、嫉妒、厌恶、幸灾乐祸、恶意等。诸多烦恼事困于脑中着实纠缠人心，何况那烦事又为憎恨之情，痛苦便加倍袭来。若要释怀灵魂，何不忘却怨憎，泯掉愧恨？

最令女人憎厌的六种男人

1. 自以为是、看不起女人的男人

2. 打女人的男人

3. 心眼比针尖还小的男人

4. 善于伪装的男人

5. 缺乏责任感与同情心的男人

6. 不修边幅、肮脏邋遢的男人

最令男人憎厌的六种女人

1. 疑心病过度的女人

2. 消极悲观的女人

3. 没有时间观念的女人

4. 不自信的女人

5. 乱发大小姐脾气的女人

6. 不爱打扮包装自己的女人

人生七苦：生、老、病、死、怨憎会、爱别离、求不得

——佛家之语

解读

"怨憎会"，便是跟你无比讨厌的人处在同一屋檐下，抬头不见低头见，想不理他还不行，委实烦人，烦得久了，也便是苦难了。现代社会，朝夕相处的，无外亲人、爱人、同事。怨与憎本来就是人生最大敌人。人生数十年，时光有限，何必为了一点小事，而互相怨恨，搞得如同陌路。

"爱别离"苦从爱而生，如果没有爱，就可以破"爱别离"苦；有怨敌则有"怨憎会"苦。如果于一切众生中得住平等心现前，等视亲人怨敌，就可以破"怨憎会"苦；有求则有"求不得"苦。于诸法中不生贪著，就可以破"求不得"苦。

恋

LIAN

征夫怀远路
游子恋故乡

恋土，指留恋乡土、慕恋故里，这是中国人特有的根的意识的表现。《西游记》记载：唐僧离开大唐西去取经时，皇帝在离别时捏一把故土放入酒中，送给唐僧，意在别忘故土，故乡永相随。梁启超说："夫国家者何物也？有土地，有人民……"万物土中生。孟子也说："舜发于畎亩之中。"对于老一代胼手胝足的农民来说，对土地眷恋的情感，是真诚质朴的。人跟树一样，都会有一条根，这条根就是家乡。思乡恋土是人类共有的一种情感，自《诗经》《楚辞》开始，中国古典诗歌就形成了一个千古传唱的文学主题：恋乡。不同身份、不同个性的文人骚客反复咏叹着那简单而又深沉的生命曲调，在文学史上形成一道独特的风景。

"恋"字揭示了恋的原因、内容和表达方式。

汉字小词典

恋，繁体作戀，形声字，从心，䜌（luán）声。金文作𢟪，形声字，从女，䜌声。《说文》："孌，慕也。恋从心，不从女，为后起字。"

《玉篇·心部》："恋，慕也。""恋"的本义为爱慕。引申为亲爱而不忍分离，如岑参《送费子归武昌》："男儿何必恋妻子，莫向江村老却人。"又引申特指男女间的恋情。

含有"恋"字的成语有：蜂缠蝶恋、贪花恋酒、恋恋不舍、恋生恶死、北风之恋等。

眷恋是一种缠绵的难以解脱的情感

恋的繁体字"戀"，从丝，意为千丝万缕，相续不断。陶渊明在《归园田居·少无适俗韵》写道："羁鸟恋旧林，池鱼思故渊。"圈在笼中的鸟依恋出生的森林，养在池中的鱼思念出生的水渊，此名句采用比兴手法，引出下两句"开荒南野际，守拙归园田"。"斜阳映山落，敛余红，犹恋孤城栏角"，出自周邦彦的《瑞鹤仙》，斜阳映照在山头上缓缓下落，它对城楼上的一角栏杆恋恋不舍，迟迟不忍收去自己的余晖，词句运用拟人手法写夕阳西下的景象，使落日也同人一样具有主观感情，在于抒写作者送人时的依恋之情。

"花自飘零水自流。一种相思，两处闲愁。此情无计可消除，才下眉头，却上心头。"女词人李清照与丈夫赵明诚恩爱缠绵、至死不渝的爱情故事一直被后人传为佳话，虽然他们的爱恋总是游走在聚散离合之间。李清照18岁便与太学生赵明诚结为连理。婚后，两人感情融洽，志趣相投，互相切磋诗词文章，共同研砥钟鼎碑石，经常会有新奇感悟和发现。虽然当时夫妻两人家境都较宽裕，但是为了搜集名人书画和古董漆器，他们居然"食去重肉，衣去重彩，首无明珠翡翠之饰，室无涂金刺绣之具"。每逢初一和十五，夫妻两人总要到都城开封相国寺一带的市场上去寻访金石书画，然后倾囊买回家里。如此几年，积少成多，他们的书斋"归来堂"，单是钟鼎碑碣之文书就有两千卷之多。在恋情的感召下，李清照文思泉涌，一首首佳作纷至沓来，并形成了情景相生，形神俱似的独特风格。就这样，他们在互相激励与学习的日子里，共同度过了一段美好的时光。然而，在那个动荡的年代，长期的离别之苦使得李清照的后半生一直生活在对丈夫的思念之中。随着赵明诚离家日子的无限延伸，李清照眷恋之情日甚一日，由于情绪不好，睡眠不足，她的身体渐渐消瘦下来。李清照本就多愁善感，任何花开花落，秋风春雨的四季更迭都会激发她的创作灵感，用词来寄托和表达自己对爱人的绵绵相思之情成了李清照唯一排解苦闷的方式。李清照在得知赵明诚卧病不起的消息时，当天就乘船东下，日夜兼程，与相濡以沫的丈夫见了最后一面。他们夫妇诀别的情景，在李清照所做的《金石录后序》中有十分感人的描述："八月十八日，遂不起。取笔作诗，绝笔而终……"此后，直至客死他乡，李清照对爱人的追忆始终没有消退，此"恋"绵绵无绝期。

爱恋是发自内心的真情实意

"亦""心"为恋，恋以心为基，是心与心的沟通。人的聚合是一种缘分；人的情爱，是情投意合、心心相印；真正的爱恋，就是发自内心的真情实感。曹雪芹笔下的宝黛爱情故事之所以能够广为流传，历久不衰，其中一个重要原因就是，宝黛的爱恋是源于二人发自内心的倾慕，是灵魂与灵魂碰撞产生的火花。当今社会，尽管网络是虚拟的，但通过网络相互认识彼此成为知己的也大有人在，因为网络给人们搭建了一个相互沟通、彼此了解的桥梁。不经意的邂逅，就有可能让素昧平生的两人之间擦出爱的火花，产生最美的交集。

有些人在成长过程中，也许会因一件看似不经意的事情让心灵受到创伤，为了自我防护，一些人本能地关上心门，不再让人走进，只会用理性与人交流。不会用真心感受对方，又怎么可能会产生火花呢？其实，只有打开心扉，有了心与心的沟通，才有"爱"，才有"恋"。

思恋既表现在语言上，更体现在行为上

恋，从言，表明"恋"有一种倾诉的渴望，不但要靠语言的力量，也应付诸行动。什么样的恋情能称之为"惊天地，泣鬼神"？有人说那是："十年生死两茫茫，不思量，自难忘。千里孤坟，无处话凄凉。纵使相逢应不识，尘满面，鬓如霜。　夜来幽梦忽还乡，小轩窗，正梳妆。相顾无言，惟有泪千行。料得年年肠断处，明月夜，短松冈"（《江城子·乙卯正月二十日夜记梦》）。也有人说那是："苗而不秀岂其天，不使童乌与我玄。驻景恨无千岁药，赠行惟有小乘禅。伤心一念偿前债，弹指三生断后缘。归卧竹根无远近，夜灯勤礼塔中仙"（《悼朝云诗》）。前者是苏轼为亡妻王弗所写，句句含泪，字字泣血；后者是苏轼为妾王朝云所写，句句伤怀，字字不舍。如此饱含深情的诗词，作者内心的思恋之情可窥一斑。

文天祥是民族大英雄，被宋理宗称赞为"此天之祥，乃宋之瑞也"。他和妻子欧阳伊人感情极为深厚，几经国家乱世，颠沛流离，不离不弃。后来妻子和两个女儿在乱军中被元军掠去，文天祥写下了催人泪下的《乱离歌》，足见夫妻感情是多么的深厚："有妻有妻出糟糠，自少结发不下堂。乱离中道逢虎狼，凤飞翩翩失其凰。将雏二三去何方？岂料国破家亦亡，不忍舍君罗襦裳。天长地久终茫茫，牛女夜夜遥相望。呜呼一歌兮歌正长，悲风北来起彷徨！"夫妻之恋，西方人重视的是男女之爱，中国人重视的是夫妻之情，男女之爱会随着时间的流逝而逐渐消退，激情不再，夫妻之情却随着岁月的积累而日益深厚。后文天祥又有哭妻文，短短二十四字，然情至深，不由使人潸然泪下："烈女

不嫁二夫，忠臣不事二主。天地之间，惟我与汝。呜呼哀哉！"
爱恋，不仅仅是温存的恋语，更是一辈子不离不弃的陪伴！

心学之窗　什么是自恋型人格障碍？

　　自恋型人格障碍被收录在美国《精神疾病诊断与统计手册》
第五版中，也就是说，自恋到了一定程度，也是一种精神疾病。
自恋型人格障碍的症状包括：自我意识过高，无上限地幻想成
功、权力、爱情等，认为自己对其他人或者情况是独一无二的，
极度追求他人的崇拜，常利用他人，缺乏同情心，常嫉妒他人或
者认为他人嫉妒自己，行为傲慢粗鲁。

婚姻的基础是爱情，是依恋，是尊重。

——苏联·列昂尼多娃

依恋，婚姻中极致的情感。婚姻有婚姻的现实意义：婚姻制造了彼此相互依存所带来的"被需要感"和"依恋感"。这是人性的本质属性之一：人都害怕孤独与被抛弃。婚姻就好比桥梁，沟通了两个孤寂的世界。婚姻实质上是伦理关系，是具有法定意义的伦理性的爱恋。迷恋而又长久，产生了互相的趣味和欣赏，爱恋便是一种乐此不疲的长久的迷恋。迷恋越是长久，其中热烈痴迷的成分就越是转化和表现为深深的依恋，这依恋便是痴迷的天长地久的存在形式。

不是花中偏爱菊

AI

爱

印度诗人泰戈尔诗作《世界上最远的距离》：

世界上最远的距离，不是生与死的距离，而是我站在你面前，你不知道我爱你；

世界上最远的距离，不是我站在你面前，你不知道我爱你，而是爱到痴迷却不能说我爱你；

世界上最远的距离，不是我不能说我爱你，而是想你痛彻心脾，却只能深埋心底；

世界上最远的距离，不是我不能说我想你，而是彼此相爱，却不能够在一起；

世界上最远的距离，不是彼此相爱，却不能够在一起，而是明知道真爱无敌，却装作毫不在意。

这首诗非常深刻地表达了"求不得"之苦，堪称"爱情之悲剧"。

爱是人性最基本的一种情感，有情爱、友爱，有大爱、小爱，有亲子之爱、夫妻之爱、家庭之爱、国家之爱，有对人类之爱，也有对自然之爱等，是非常多样和复杂的。儒家讲"仁爱"，佛家讲"慈爱"，墨家讲"兼爱"，主要是讲人人有仁义观、慈悲心、兼爱念，则天下大爱，无攻伐，无不善，无恶业，故百姓安居。当我们回到祖先所造的"爱"字时，我们可以领悟到爱的本质、爱的内涵和爱的方式。

汉字小词典

爱，繁体为"愛"，篆文为𢤱，形声字，从夊（suī），㤅（ài）声。㤅即爱的本字。

《说文·心部》："㤅，惠也。从心，旡（jì）声。"《说文·夊部》："愛，行貌。""爱"字本义与"喜爱"的"爱"无关，但由于读音与"㤅"相同，被假借来表示"喜爱"的意思。《说文·文部》："㤅，惠也。"本义为仁爱，即对人和事物有很深的感情，如《战国策·赵策四》："父母之爱子，则为之计深远。"引申为吝惜，如《论语·八佾》："尔爱其羊，我爱其礼。"又引申为喜爱、喜好，如唐白居易《对火玩雪》："爱此江边好，留连至日斜。"

有"爱"字的成语大多有上述之义，如"爱毛反裘"，为了爱毛把裘衣反穿起来，比喻贪小失大，不惜根本；"爱屋及乌"，谓爱人而连带爱护停留在他屋上的乌鸦；"爱惜羽毛"，比喻像鸟兽爱惜羽毛一样，爱惜自己的声誉，行事十分谨慎。

爱是心心相通，心心相印

繁体的"爱"字，居中有一个"心"字，寓意"爱"是一种心灵的感受，"爱"需要发自内心，"爱"不仅是语言上的，更要用心去体验。当一个人产生爱以后，它总是悄悄地留在心里。爱是人类多重感情中最复杂、最微妙、多矛盾的统一。爱总是寻找和珍惜双方心理上的共鸣，美满的爱情在于精神上的和谐、心灵上的沟通。

中国古代有许多经典的爱情故事，比如西汉的司马相如和卓文君，他们郎才女貌，互相倾慕，毅然私奔。《西厢记》里的崔莺莺与张生在寺里一见钟情，冲破重重阻碍，相亲相爱。在当代，台湾作家三毛的爱情故事，更是让人感动。13岁时，三毛通过"心灵感应"，预见自己将来会嫁给一个西班牙人。数年后，为了13岁时的"心灵感应"，三毛终于冒险地踏上了人迹罕至的西非腹地撒哈拉沙漠，寻找她梦幻般的爱情。她与大胡子荷西的爱情像沙漠里洒落的两滴雨水，成为人间凄美爱情里的珍贵孤本。三毛说，他们有个美丽的约定，手拉手，一起喊一二三，然后一块死去。但荷西失约了，意外死于潜水。20世纪90年代初的一个清晨，三毛在医院的浴室里，用一条咖啡色长筒丝袜结束了自己的红尘之旅。这是一种痴心的爱。爱以心为核心，这个心是倾慕之心，崇敬之心，相悦之心，心不在了，爱也没有了。

"爱"是给予、付出

"爱"字上面是爪，中间为"冖"，"爪"是手，寓意用手去维护，"冖"就像给你一座坚实的房子，给予庇护。这寓意真正的爱是一种主动的付出，不图回报的行为。父母对子女的爱，往往也是这样。爱的付出包括精力、体力、物力以及时间的付出。爱是无私的奉献，是默默的关怀，是真挚的倾慕，也是缠绵的思念。

"爱"是彼此友好，和睦相处

简化了的"爱"字，有一个"友"字。"友"的古字为两手相握形，意为爱应该是人与人之间的情感交流，既是知心，又是知音，既包含着亲情，又包含着友情。因此，有长久的爱情是友情之说。加拿大社会学家约翰·李（John Alan Lee）认为爱情可分为情欲之爱、游戏之爱、友谊之爱、依附之爱、现实之爱及利他之爱。也有心理学家认为爱情包括三种成分，即亲密、激情及承诺。友谊之爱就是一种责任、承诺。周恩来总理曾经讲过，和谐的夫妻关系要互敬、互爱、互信、互勉、互助、互让、互谅、互慰，称为"八互"。

东汉梁鸿与孟光"举案齐眉"的典故，是一个互敬互爱的例子。孟光倾慕梁鸿，不但同甘共苦，而且相敬如宾。梁鸿种地，孟光织布，每当梁鸿回家的时候，孟光就托着放有饭菜的盘子，恭恭敬敬地送到梁鸿的面前。为了表示对丈夫的尊敬，她不能仰视他，并且每次总是把盘子托得跟眉头平齐。梁鸿也总是很有礼貌地双手接过盘子。这就是同在一个屋檐下生活，相敬才能相爱。恋人之间，只有相互理解，相互信任，互相尊重，互相守护，爱巢才能稳固，爱情才能升华。

"爱"音通"挨"，一方面是指相依、靠近，挨在一起，永不分离，如"在天愿做比翼鸟，在地愿做连理枝"的誓言；另一方面是指挨打受气，挨整受折磨。爱其实很辛苦，为自己所爱的人要吃苦受累。凡以爱取义的字皆与嘘寒问暖的厚爱之义有关，如爱加日为暖，有爱的日子暖洋洋。

四件事情会毁了爱情

美国心理学教授约翰·戈特曼（John Gottman）的研究追踪情侣十数年，他发现4件事情会很快毁掉爱情和婚姻：

1. 频繁批评对方。这会导致对方觉得自己在本质上不够好而受到伤害。

2. 蔑视。当情侣间开始互相蔑视对方，分手就不远了。蔑视包括讽刺挖苦、翻白眼等。

3. 过于自我防护。一个人如果总是为自己的错找借口，甚至将错误推到对方头上，分手也不远了。

4. 冷战。当你关上心门，切断交流，打冷战，结果只能是关系愈来愈坏，最后导致分手。

爱恶相攻而吉凶生，
远近相取而悔吝生，
情伪相感而利害生。

——《易传·系辞》

　　爱与恶、远和近、诚实和虚伪这些对立面互相斗争，由此产生吉凶、悔恨和利害。人的爱恶是不相同的，不同的人对事物的看法也是不一样的，吉凶产生也往往是心理爱憎或者矛盾产生而引起。爱恶、悔吝、利害都是心理、情感激荡的产物，人生的吉凶祸福都是因为人本身的心理、情感、价值取向综合导致的结果。世上没有绝对的吉凶、绝对的善恶、绝对的是非……肚子饿的时候面包摆在面前就很喜欢，不饿的时候摆在面前便很讨厌；需要的时候，一伸手就拿得到就很高兴，需要而得不到会很痛苦，所以"远近相取而悔吝生"。

忿

忍小忿而存大信

　　有一个典故叫"雀角之忿"，出自《诗经·召南·行露》："谁谓雀无角，何以穿我屋？谁谓女无家，何以速我狱。"意为雀和鼠都能毁人们的房子，就如同打官司一样，比喻打官司带来的烦恼。清代蒲松龄《聊斋志异·冤狱》中引用此成语比喻因为强暴者的欺凌而引起争讼，"即或乡里愚民，山村豪气，偶因鹅鸭之争，致起雀角之忿，此不过借官宰之一言，以为平定而已"。

　　"忿"字揭示了忿限的源由和影响。

汉字小词典

　　忿，形声字，从心，分声。

　　《说文》："忿，悁也。""忿"的本义为急躁，暴躁。引申为怨恨，如《论语·颜渊》："一朝之忿，忘其身，以及其亲。"

　　有"忿"字的成语有："一旦之忿"，指一时的气忿；"忿火中烧"，犹言怒火中烧。

忿恨是由于心受到了伤害

"忿"为心上一把刀，寓"以刀刻心，心生忿怒"。怨恨是一种消极的情绪体验，是不满情绪的长期抑制，隐忍不发，积累于心的结果。它有一个基本要素，那就是受到伤害，没有受伤害的情感体验就不可能形成怨恨。

忿恨不是强大，忿恨恰恰是因为你弱小。真正强大的人，你骂他，你打他，他甚至还能对你笑，这是轻蔑的笑，是真的不当一回事。但为什么别人骂你，打你，你会忿恨呢。是因为你受伤了，因为你认为这个人可以伤害你。但是，如果你内心足够强大，这件事，这个人，是无法伤害到你的，你会非常坦然和冷静地面对，这才是真正的强者，这才是真正的心胸广阔。所以，唐代的戴胄在谏唐太宗时讲："忍小忿而存大信"，即忍耐小小的忿恨而获得更大的信任。

忿恨也是由于被迫的分离

忿从分，分是分离，假如亲人被逼得阴阳相隔，妻离子散，必然产生忿恨。《水浒传》中的林冲，八十万禁军头领，为人仗义豪爽。由于夫人被东京太尉高俅的干儿子高衙内看上而接连遭到陷害，不仅被诱骗进白虎堂，还被诬陷谋杀官员而被发配至沧州充军，行刑前为了不让妻子受到牵连而将妻子休了，希望带刑期满后可以跟妻子重聚。林冲发配过程中被收了黑钱的衙役百般虐待，如果不是好兄弟鲁智深出手相救就要命丧野猪林中。到达沧州后，高俅的黑手仍然伸了过来，高俅手下陆谦放火烧毁林冲看的草料场，使得林冲再无后路可退，林冲忍无可忍杀了高俅手下。此时，林冲的夫人因为不堪受辱已经悬梁自尽了。家破人亡的林冲走投无路，上了梁山。可见，正是由于妻离子散才产生了忿恨，进而走上复仇之路。

忿恨必然使人心疏远

"心""分"为"忿"，心生分离，本来人与人的心是靠在一起的，因忿恨而从此分离、疏远。"心不怨恨则美丽，心存宽恕则圣洁"，不忿恨是豁达坦荡的修养，更是一汪滋养心田的活水。"若不能把痛苦与怨恨留在身后，那么其实我仍在狱中"，曼德拉在长达27年漫长的牢狱生涯之后放下仇恨，成功推动南非废除种族隔离制度，让这片被歧视与仇恨笼罩的土地，迎来自由、平等、和解之光，其坚忍包容的胸襟与放眼未来的智慧，迄今仍显示深远的醒世意义。

忿恨是一种非常强烈的情感，控制不好则会产生严重的后果，因此，面对忿恨一定要理智慎重处理。"忍小忿而就大谋"，放下怨恨，最受用的是自己。几乎每个人都有受到别人的行为或言语伤害的时候，父母对你的指责、同事背后拆台、跟你勾心斗角，这些都可能给你留下长期的忿怒和痛苦的感受，甚至会让你想到报复。当你喜欢的人、信任的人伤害了你，你除了伤心，还可能在与人交往时变得小心翼翼。但是如果你不能宽容对方，那么付出代价最大的也许是你自己。学会了宽容，你就能拥抱和平、希望、感恩和快乐。

〖 心学之窗 〗 **生气时呼出的气体能毒死老鼠？**

据报道，美国生理学家爱尔马做了一个实验，把一支支玻璃管插在放有冰水混合物的容器里，收集人们在不同情绪状态下呼出的气体。结果发现，当人们心平气和时，呼出的气体变成水溶液后是澄清透明、不含杂质的；悲痛时水溶液中有白色沉淀生成；当生气时却有紫色的沉淀物。爱尔马把生气时呼出的"生气水"注射到大白鼠身上，结果没几分钟后大白鼠就死了。由此，爱尔马教授的报告发出了"生气等于自杀"的警告。

见利思辱，见恶思诟，
嗜欲思耻，忿怒思患。

——西汉·戴德《大戴礼记·曾子立事》

解读

　　这几句大意是：见到利益，要想一下可能带来的耻辱；见到邪恶，要考虑一下可能产生的侮辱；产生了嗜好欲念，要想一下可能随之而来的羞耻；生气发怒时，应想一下可能带来的祸患。这几句以富有哲理的语言，深刻地指出无论什么时候，都应一分为二地看待事物，都应注意修身养性。其潜台词是：在利益面前，要清廉自守；在邪恶面前，要疾恶如仇；在欲火燃烧时，要平心敛志，淡漠寡欲；在怒火上升时，要冷静制怒。四句话言简意赅，叮咛周至，犹如连鸣的警钟，不时在耳边回荡。可以用作处世格言。

未成曲调先有情

　　爱情是人类最本真的情感表现，往往体现了男女之间强烈的相互吸引，是男女方对彼此人格魅力的认可；爱情呈现了人类中的善、同理心和倾慕之情；爱情也代表了情感的无私和忠诚。著名学者陈寅恪讲爱情分为五等："第一，情之最上者，世无其人，悬空设想，而甘为之死，如《牡丹亭》之杜丽娘是也；第二，与其人交识有素，而未尝共衾枕者次之，如宝、黛是也；第三，又次之曾一度枕席而永久纪念不忘，如司棋与潘又安，及中国之寡妇是也；第四，又次之，则为夫妇终身而无外遇者；第五，最下者，随处接合，唯欲是图，而无所谓情矣。"

　　"情"与每一个人息息相关，每一个人都有爱情、亲情、友情，鲁迅先生说过："无情未必真豪杰，怜子如何不丈夫。""情"字告诉我们感情的来源、本质以及人类最基本的感情。

情，形声字，从忄，青声。

《说文·心部》："情，人之阴气有欲者也。"意思是说，情是人们有所欲求的、从属于阴的心气。"情"字本义指感情、情绪，如《礼记·礼运》："何谓人情，喜怒哀乐爱欲七情者，弗学而能。" "情"又延指亲情、友情、爱情、情理、情欲等，如战国宋玉《神女赋》："欢情未接，将辞而去。"引申为情况、实情，如《左传·庄公十年》："小大之狱，虽不能察，必以情。"

含有"情"字的成语很多，如"情不自禁"，指的是感情激动得不能控制，强调完全被某种感情所支配；"豪情壮志"，指豪迈的情怀，远大的志向。此外还有一见钟情、情投意合、合情合理、不情之请、太上忘情、情急生智等。

情由心生

情从心，说明与人的内心活动有密切的联系，"月"字，古同"肉"，借指人体，意为"情"是由人的身心而感。儒家认为情与心的联系紧密，《荀子·解蔽》有详细的论述："心容其择也，无禁心自见，其物也杂博，其情之至也不二。"心会自行约束，自行驱使，自行放弃，自行接受，自行活动，自行停止，此为本心。心之专一，则情为专一。心决定情，有什么样的心，就有什么样的情。这种情大致有三种情况：

一是心地决定心情。有一句话叫"为善最乐"，意思是说做善事是最快乐的事情。一个善良、慈悲、包容的人，一定有愉悦的心情，相反一个奸诈、虚伪的人，生活在恐惧之中，一定是恶劣的心情。一个人如果做了亏心事，必然会受到良心的拷问，会产生内疚，心情自然会忐忑不安，这样，就如生活在地狱之中。有一个故事说明了孝心不但能使人心情愉悦，而且还会逢凶化吉。西汉末年，天下大乱，有一个读书人叫刘平，带着母亲藏进一座深山。一日清晨，刘平出去为母亲找食物，遇到一群山贼。刘平毫不担心自己的安危，却挂念着还未进食的老母，便跪在地上向贼人叩头说："我出来为母亲找野菜充饥，如果我回不去的话，老母亲会活活饿死的，请你们高抬贵手，让我回去把母亲安顿好，然后，我会自动回来听候你们处置。"其实，这帮山贼，也是一些在战乱中无家可归的饥民，听了刘平的话，动了恻隐之心，于是就放他回去了。刘平果不食言，给母亲吃完东西以后，又找到山贼所在地。面对他的信义、正直和孝心，山贼们都很震惊，没想到真有这样的人，于是，又放他回去了。

二是心态决定心情。乐观的心态和悲观的心态会产生截然不同的心情。每一个人因为看问题的角度不同，就会产生不同的心态，从而产生不同的心情。有一个母亲，有两个女儿，一个是做雨伞的，一个是卖面的。晴天的时候，母亲会哭，因为她担心大女儿雨伞卖不出去，下雨了她又哭，因为担心二女儿没法晒面，不管是晴天还是雨天，她都要哭，所以叫哭婆。后来有一个禅师来了，问她为什么这么不高兴，她向禅师诉说了心事。禅师说："以后你就这么想，如果遇到雨天，就想大女儿的雨伞好卖，遇到晴天，就想二女儿的面好晒。"从此，她天天都开心，变成了"笑婆"。俗话说："塞翁失马，焉知非福。"只要有乐观向上的心态，才会有愉悦的心情。

三是心境决定心情。一个"盲聋人过铁索桥"的故事，说明心境对人的心情影响巨大。在一处地势险恶的峡谷，涧底奔腾着湍急的水流，而所谓的桥则是几根横亘在悬崖峭壁间光秃秃的铁索。有一个盲人、聋人和一个耳聪目明的正常人，来到桥头，攀索前进。结果呢？盲人和聋子都过了桥，耳聪目明的反倒跌下深渊丧命了。这是为什么呢？盲人说："我眼睛看不见，不知山高桥险，反倒能心平气和地攀索。"聋人说："我耳朵听不见，不闻脚下咆哮怒吼，恐惧减了很多。"这说明只有拥有心平气和的心境，才能有镇定的心情，也才能顺利地攀过索桥。俗话说，境由心造。有的时候，我们改变不了环境，但可以转变自己的心情，这就是转境不如转心，这样，才能始终保持愉悦。

情以亲情为第一感情

情的谐音为亲，亲在有情。亲情是每个人与生俱来的情感。不管是为人子女，还是为人父母，或者是手足，血缘就像一根扯不断的线把我们紧紧相连。有一位作家说得好："亲情是一种深度，友情是一种广度，爱情是一种纯度。友情和爱情是我们要努力去获得和争取的，亲情却是与生俱来的。"

从前，有一个人告别母亲，要外出求佛，他遍访名川古寺，方丈告诉他，当你看到一个倒穿着鞋，披着棉被的人就是佛。于是，他每天到处寻访，但都失望而归，这样的人一个也见不到。他在外漂泊了几年，终于绝望了，只好回家。半夜回到家里，当时正值寒冬，当他敲开门时，他惊呆了，站在他面前的是他的母亲，只见母亲倒穿着鞋子，披着棉被。原来，母亲一听儿子回家了，心情激动，急忙之中倒穿着鞋，也来不及穿衣服。原来，母亲就是佛啊。

情代表青春活力

情从青，表示绿色、活力，人的"情商"比"智商"更重要。一个成功人士，60%靠的是情商，40%靠的是智商。在现代社会中，情商发挥着越来越重要的作用。情商高的人机智聪明，擅于社会交际，能处理好各种利益关系，社会责任感强，勇于担当，沟通能力强。情商的本质就是情绪管理，情绪管理成功与否会直接地影响个人对事情的态度和处理事情的方式。

有位太太请了个油漆匠到家里粉刷墙壁。油漆匠一走进门，看到她的丈夫双目失明，顿时怜悯。可是男主人一向开朗乐观，油漆匠在那里工作了几天，他们谈得很投机。结账时，油漆匠取出账单，那位太太发现比谈妥的价钱低了很多。她问油漆匠："怎么少算这么多呢？"油漆匠回答说："我跟你先生在一起觉得很快乐，他对人生的态度，使我觉得自己的境况还不算最坏。所以减去的那一部分，算是我对他表示一点谢意，因为他使我不会把工作看得太苦！"

心学之窗　情与欲的区别

在现代汉语概念里，情主要是指人的情感表现，属于人的心理活动范畴；而欲主要是指人的生存和享受的需要，属于生理活动的范畴。有一句谚语说：情太切伤心，欲太烈伤身，说明情与欲分别属于"心"与"身"两个联系密切但又不同的领域。同时，情与欲互动互补，相辅相成。情可以生欲，欲也可以生情；欲的满足需要感情的投入，而情的愉悦也有赖于欲的满足。

多情却被无情恼。

——宋·苏轼《蝶恋花》

　　多情人却被无情人惹起了烦恼。原词写一个行人路过一户"绿水人家"时产生的感情波澜："墙里秋千墙外道。墙外行人，墙里佳人笑，笑渐不闻声渐悄，多情却被无情恼。"原来，这家的姑娘正在墙里荡秋千，银铃似的笑声飞出墙外。这笑声吸引了墙外的行人，他驻足聆听，想象着"墙里佳人"的姿容体态，爱慕之情顿生，但"墙里佳人"却并不知晓，不久佳人归去，"笑渐不闻"，多情的"墙外行人"由此平添了许多烦恼。

惜

少壮轻年月
迟暮惜光辉

惜字如金，是我国文学创作的优良传统。欧阳修是北宋著名的散文家和诗人，他在翰林院任职时，有一次，与三个下属一起出巡，路旁有匹飞驰的马踩死了一条狗。欧阳修提议说："请你们分别叙述一下这件事。"一个人先说："有黄犬卧于道，马惊，奔逸而来，蹄而死之。"第二个人接着说："有黄犬卧于通衢，逸马蹄而杀之。"最后一个人说："有犬卧于通衢，卧犬遭惊马而毙。"欧阳修听后，沉思了一会儿，笑着说："如果像你们这样写史书，恐怕一万卷也写不完呢。"那三个下属连忙请教欧阳修："那您觉得该怎么说呢？"欧阳修道："'逸马杀犬于道'，六字足矣！"三个人听后，纷纷点头称赞。这就是欧阳修惜字如金的故事，或许因此，他才成为宋代文学史上开创一代文风的文坛领袖。

在人生道路上，有的人往往不懂珍惜，因此留下许多遗憾。时光不能倒流，不懂珍惜，错过了也就变成永远的遗憾。"惜"字告诉我们要学会珍惜。

惜，形声字，从忄，昔声。

《说文·心部》："惜，痛也。从心，昔声。""惜"字的本义为痛惜、哀伤，如宋苏洵《六国论》："惜其用武而不终也。"引申为爱惜、舍不得，如《晋书·陶侃传》："大禹圣者，乃惜寸阴，至于众人，当惜分阴。"

惜字的成语有爱惜光阴、惜墨如金、怜香惜玉、不惜工本、惺惺相惜等。

学会珍惜，要珍惜所有

"惜"，由"心"和"昔"组成，"心"为内心，心境；"昔"为从前，表示逝去的。有一个学生向哲学家请教，世界上什么东西最宝贵，最值得珍惜。哲学家没有直接回答，带着他访问了许多人。在医院里，他们访问了一个百万富翁，他得了不治之症。被问到什么东西最宝贵的时候，他说："我现在感到最宝贵的是健康，谁能给我一个健康的身体，我情愿把所有的财富都送给他。"在斗牛场上，他们访问了一个斗牛士，这个斗牛士身体健壮，结实得跟公牛一样，但是，他失恋了。斗牛士痛苦地说："爱情，真正的爱情，才是世界上最宝贵的东西！"在河边，他们遇到一个晒太阳的老人，老人颤巍巍地站起来，羡慕地盯着年轻人容光焕发的脸庞说："世界上再没有什么东西比青春更宝贵的了。"他们一路访问下去，拥有权力的人渴望得到友情，在监狱的犯人渴望得到自由，答案各种各样，但有一点是相同的，那些宝贵的东西，都是已经失去和即将失去的东西。哲学家说："孩子，世界上的许多东西其实都十分宝贵。当我们拥有它的时候浑然不觉，而一旦失去它，便感到它的宝贵了。所以，我们应当珍惜我们所拥有的。""惜"字告诉我们珍惜拥有，珍惜当下。

学会珍惜，要珍惜时间

"惜"中有"昔"，"昔"表示从前、过去，与"今"相对。时间，是一种不可再生的、最特殊的资源。这种资源特殊在哪里？一是它不能反复使用，今天过去了，永远不再回头，时间不能倒流。二是这种资源没有替代品。所以浪费时间的后果是无可挽回的。哲人耶曼孙曾说："尔若爱千古，尔当爱现在。昨日不能唤回来，明天还不确定，而能够有把握的就是今日。今日一天，当明日两天。"有一个"守财奴悔悟"的故事，告诉我们要珍惜时间。

从前，有一个守财奴，他一生吝啬，积攒了100万元。有一天，死神降临要夺去他的生命。守财奴这才意识到自己没有好好享受人生，他对死神说："我把财富的一半给你，你让我多活一年吧。"死神冷冷地对他说："绝对不可能！"守财奴以为死神嫌少："那我把全部财产给你好了！"死神依旧说不行。守财奴提出最后一个请求："那请给我一分钟的时间吧，我要写一份遗嘱。"守财奴用颤抖的手写下了一行字："请记住，你所有的财富买不到一天的时间。"他最后终于明白，金钱可以储蓄，但是时间是不能储蓄的，是用金钱买不到的。金钱可以从别人那里借，而时间不能借。在人生这个银行里，还剩下多少时间，每个人都无从知道。因此，时间很重要，把握好今天更重要。真正富有的人是用时间衡量价值所在，而不是用金钱衡量，当你认识到时间的宝贵时，你将变得更富有。其实，每个人的生命都是有限的，在有限的生命长度中，如何活得更有意义，就要珍惜时间，把时间用在事业上，减少无聊的应酬和无节制的娱乐。明代有人作《明日歌》以警醒世人："明日复明日，明日何其多？日日待

明日，万事成蹉跎。世人皆被明日累，明日无穷老将至。晨昏滚
滚水东流，今古悠悠日西坠。百年明日能几何？请君听我明日
歌。"他还写了一首《今日歌》，同样富于哲理："今日复今
日，今日何其少！今日又不为，此事何时了！人生百年几今日，
今日不为真可惜！若言姑待明朝至，明朝又有明朝事。为君聊赋
今日诗，努力请从今日始。"

学会珍惜，要珍惜稀有的事物

　　"惜"的谐音为"稀"，稀有的东西要倍加珍惜。俗话说，
物以稀为贵。随着人口的增长，城市化和工业化的发展，生物和
文化的多样性受到了巨大的冲击，许多濒临灭绝的珍稀动物以及
非物质文化遗产亟待抢救和保护。今天，我们进行文化建设，要
抢救和保护稀有剧种、民间技艺以及古村落、古街巷、百年老店
等等，这些都值得去挖掘、发现、抢救和保护，这样，我们的文
化宝库才会越来越丰富，越来越精彩。

为什么越容易得到越不知珍惜?

无论是爱情、财富,乃至健康,我们都存在一个相同的疑问:为什么越容易得到的越不知珍惜? 那是因为:

1. "珍惜"的行为没有得到强化,越容易得到的东西,与奖惩之间建立联结机制的可能性越弱。

2. 越容易得到的东西,紧张感得到了越充分的消除,促使人们想要去珍惜它的内驱力越弱。

3. 再次获取成本越低的东西,被赋予的心理资源越少。但是对事物价值的评定因人而异。

因此,能够积极回应别人的关爱、坚持更深层次的追求、努力做更好的自己,有助于让你和这个世界越来越好。

少壮轻年月，迟暮惜光辉。

——南朝·何逊《赠诸旧游》

解读

少壮之时，风华正茂，年月时日，不知珍惜，届临暮年，来日无多，才倍感光阴珍贵。此名句采用对比手法表达人生易老的感叹。"轻"字写出对少壮时浪费时间的悔恨，"惜"字表现晚年对于人生的无限依恋，带有浓厚的劝戒意义。字面上是写不同年龄段的人在观念上对时间所抱的不同态度，实质上是在抒发时不我待的人生感慨，是作者的经验之谈。

怨

羌笛何须怨杨柳

曾经有两个人结伴去一个地方。一天两人发生了矛盾，甲被乙打了一巴掌，甲把这件事写在了沙滩上；过了几天甲掉进了河里，被乙救了起来，甲把这件事刻在了石头上。

乙不明白，就问甲。

甲说，最好不要生起怨恨，即使生起了怨恨，也应该像写在沙滩上的字，令它很快消失；而任何时候都不能忘记别人的恩德，就像刻在石头上的字，经久不褪，历历在目。因为任何时候，仇恨都是痛苦的因，感恩都是快乐的因。

怨是人类一种常见的情绪。怨是人在所想不得、所欲不遂之后出现的一种失望和情绪，这种情绪就是责怪、埋怨、仇恨。小的怨是对家里的亲人、朋友、同事，引起的是口角之类的事情。大的怨是仇恨，会大动干戈，国家与国家之间则会引起战争，而使生灵涂炭。怨与恨相随，往往都是由怨生恨，许多恋人因爱而聚，又因怨而恨，最终反目。怨影响人的身心健康，也影响社会和谐。佛学把"怨憎会"作为人生之苦，道理就在这里。"怨"字深刻地解释了怨恨、抱怨这种情绪产生的根源、表现和危害。

汉字小词典

怨，形声字，从心，夗（yuàn）声。

《说文·心部》："怨，恚也。""怨"字的本义是愤怒、怨恨，如汉贾谊《过秦论》："士不敢弯弓而抱怨。"引申为不满、不高兴，如《商君书·战法》："王者之政，胜而不骄，败而不怨。"又引申为责备、埋怨，如"怨天尤人"。

有"怨"字的成语大多与怨恨有关，如："自怨自艾"，指自己悔恨，自己改正，现仅指悔恨；"怨天尤人"，指遇到挫折或出了问题，一味抱怨天，责怪别人；"怨声载道"，怨恨的声音充满道路，形容人民群众普遍强烈不满和怨恨；"痴男怨女"，指爱恋极深但感情上得不到满足的男女。

怨由心生，怨由心化

由于心里产生了怨恨、埋怨、指责，就开始结怨。怨，从夗，从心。夗是背靠背，心相背。表示与自己的心意相违背。从心，且心在底，说明"怨"是由人内心产生的一种主观不满的情绪，既然是主观的情绪，便可以通过改变心态来调节、控制。一切的爱憎怨怒，其实都来自于自己的心，心为本，心是源。良好的心境能使你轻松快乐，不良的心境会使人意志消沉。我们一时无法改变环境，但可以改变心境。远离忧伤的感受，释放负面的记忆，种植善念，净化心灵，境不转心转。以乐观的心境面对生活，生活也将充满快乐，这样，生活便少一些怨恨，多一些理解和宽容，不易与人结怨，免于怨之苦。

打起黄莺儿
莫教枝上啼
啼时惊妾梦
不得到辽西

丹徒庄旺

《弄莺图》 （清）王学浩
无锡市博物馆藏

　　此图写古诗之意
境。春天柳树新绿、黄
莺双鸣，一位正思念远
方丈夫的闺中少妇，因
恐莺啼挠乱她与丈夫梦
中的相会，拿着枝条去
驱赶黄莺。神情凄婉含
愁。画面构图疏朗，用
线简洁松秀，人物内心
情感的刻画十分到位。

怨是一种扭曲的夕阳心志

"怨"中有"夗",在心之上。"夗"可看作身体侧卧弯曲的样子,像一个人生病不适的状态,说明积怨在心终成病。怨,又从夕,表示夕阳,是一种没落的状况。导致一个人身体上的病,不仅仅是身体层面上的原因,也有心理上的。一个人如果心里面有太多"怨、恨、恼、怒、烦"的负面情绪,则可能会导致身体的疾病。所以说,怨是病之根。

诸葛亮是蜀国的军师,足智多谋,善用计谋。周瑜是东吴的大将,羽扇纶巾,谈笑间樯橹灰飞烟灭。周瑜与诸葛亮斗智,想方设法谋害,结果被诸葛亮一一识破,自己反中了诸葛亮的计算。周瑜由于积怨成病,最后发出"既生瑜,何生亮"的仰天长叹,被气得吐血身亡。

怨、怒本义相同,皆表示"恚也",说明心中有怨便有怒。当心中怨恨不满的情绪表现为愤怒,人的心态、情绪便被怨恨所奴役,行为不理智。这不难理解,一个总是带着怨念生活的人,对人对事消极,容易激动,暴躁,愤怒,这样的人内心被怨念占据而狭隘,活得又累又苦,与生活的奴隶无异。不懂得宽恕和原谅,苦的是自己。

怨是冤冤相报,惹祸上身

"怨"字与"冤"谐音。俗话说,"不是冤家不聚头",社会上人与人之间的关系很复杂,与人相处,难免发生利益冲突、矛盾不合的情况,不懂忍让,就会与人结怨。俗话说,"冤家宜解不宜结""冤冤相报何时了",所谓"忍一时风平浪静,退一步海阔天空",待人以宽容之心,才能少与人结怨。

有一位修行很深的禅师住在山中的茅屋,散步归来,眼见自己的茅屋为小偷光顾,找不到任何财物的小偷要离开时在门口遇到了禅师。原来，禅师怕惊动了小偷，一直站在门口等他，且早已把自己的外衣脱掉拿在手中。

小偷遇见了禅师，正感到惊愕之时，禅师说："你走老远的山路来探望我，总不能让你空手而归呀！夜深了，带上这件衣服走吧！"说着，就把衣服披在小偷身上，小偷不知所措，低着头溜走了。

禅师看着小偷消失在山林之中，不禁感慨地说："可怜的人！但愿我能送一轮明月给他，照亮他下山的路。"

第二天，禅师在温暖阳光的抚摸下睁开眼睛。看到他披在小偷身上的外衣整齐地叠好，放在门口，禅师高兴地说："我终于送他一轮明月了。"

宋代的王安石对苏东坡的态度，应当说也是有那么一点怨的。他当宰相时，因为苏东坡与他政见不同，便借故将苏东坡贬官到了黄州。然而，苏东坡胸怀大度，根本不把这事放在心上，更不念旧恶。王安石被罢相后，两人关系反倒好了起来。他不断写信给隐居金陵的王安石，或共叙友情，互相勉励，或讨论学问，十分投机。这说明怨宜解不宜结。怨恨的化解要有大度和宽容。

心学之窗　怨妇心理

怨妇心理是一种爱抱怨的消极心理，具有一些典型特征：常常会找一些人把不满情绪进行过度发泄，并且会不分时间地点，到处跟人诉说，如此非但没有达到宣泄情感、愉悦心情的目的，反而让自己陷入更绝望的负面情绪当中。

如何克服怨妇心理？就是要包容，少对比。夫妻相处需要一份宽容的心态，互相迁就，才会相处得融洽，总是抱怨生活更容易使自己更加失望，只有看得开，活在当下，才能让自己变得更加愉快。

华而不实，怨之所聚也。

——春秋·左丘明《左传·文公五年》

解读

　　空有虚名而无其实、言过其行的人，必然会招来人们的怨恨。晋国大夫阳处父出使卫国，归途中路经宁邑。小吏宁赢慕阳处父之名，以为他德才兼备，决计随他当差役，后来发现阳处父徒有虚名，言过其实，就离开了他，并说："华而不实，怨之所聚也；犯而聚怨，不可以定身。"成语"华而不实"即从此来，用以形容外表好看，内容空虚，名实不副。

冲冠一怒为红颜

怒 ZU

岳飞写过一首词《满江红·写怀》：

怒发冲冠，凭栏处，潇潇雨歇。抬望眼，仰天长啸，壮怀激烈。三十功名尘与土，八千里路云和月。莫等闲，白了少年头，空悲切！

靖康耻，犹未雪。臣子恨，何时灭！驾长车，踏破贺兰山缺。壮志饥餐胡虏肉，笑谈渴饮匈奴血。待从头，收拾旧山河，朝天阙。

这篇词是岳飞北伐之作，靖康之变的耻辱，时刻燃烧着岳飞的心。满腔的爱国热血，夹杂着愤怒，表达了岳飞对敌的仇恨，重整山河的决心。在这里，"怒"是七尺男儿的热血、骨气和壮怀。

喜怒哀乐是人常见的情绪，怒生于气。《淮南子·本经训》："人之性有侵犯则怒，怒则血充，血充则气激，气激则发怒，发怒则有所释憾矣。"这把发怒的生理现象和心理表现生动地描述出来。怒形于色，发怒之时，往往吹须瞪眼，满脸通红。怒发于声，发怒之时，声音高亢。有些爱国之士，均为血性男儿，面对强权的奴役，奋起抗争，这种愤怒是一种德行，也是一种勇敢，这是值得赞美的，但假如，用"怒"对待朋友、对待亲人则是一种不良的情绪，是不可取的。有些人往往为一点小事而勃然大怒，表面看是由于自己的利益受到侵害或被人攻击和排斥，实际上往往是心胸狭窄、伤害自我的一种不良情绪。"怒"字揭示了愤怒产生的根源。

汉字小词典

怒，形声字，从心，奴声。

《说文·心部》："怒，恚也。""怒"字的本义是怒恨、愤怒，如《诗经·北风·柏舟》："薄言往愬，逢彼之怒。"引申为谴责，如《礼记·内则》："若不可教而怒之。"又形容气势强盛，如《庄子·物外》："春雨日时，草木怒生。"

"怒"字的成语有生气、发怒之意，如"怒容满面""怒火中烧""怒不可遏""怒气冲冲"，也有奋发，奋起之义，如"鲜花怒放"。

怒是心受奴役而产生的怨恨

怒从奴，从心，这就是说，心受到了外部的刺激，为心魔所奴役，丧失理智，做出一些过激的行为。"怒"字揭示了愤怒产生的机制。

汉武帝晚年十分奢侈，常常大兴土木，以致国库空虚。汉武帝还喜欢任用酷吏，加重刑罚，从来也不把杀人当作一回事。而太子刘据则经常劝他与民生息，尽量减轻老百姓的负担，实行宽厚仁慈的政策。于是，汉武帝逐渐对刘据产生了不满和怨恨。

当时京城巫蛊术十分盛行。所谓巫蛊，就是人们制作木头人，在上面刻上冤家的姓名，然后再放到地下或者放在房子里，日夜诅咒。据他们说，这样诅咒下去，就可以让对方遭殃，自己得福。

汉武帝对这一套很迷信。有一天中午，他正躺在床上睡觉，忽然梦见几千个手持棍棒的木头人朝他打来，把他给吓醒了。他以为有人在诅咒他，立即派江充去追查。江充是一个心狠手辣的家伙，他让巫师对汉武帝说："皇宫里有人诅咒皇上，蛊气很重，若不把那些木头人挖出来，皇上的病就好不了。"

于是，汉武帝就委派江充在皇宫里搜寻木头人。他们先从跟汉武帝疏远的后宫开始，一直搜查到卫皇后和太子刘据的住室，屋里屋外都给掘遍了，都没找到一块木头。

为了陷害太子刘据，江充趁别人不注意，把事先准备好的木头人拿出来，大肆宣扬说："在太子宫里挖掘出来的木头人最多，还发现了太子书写的帛书，上面写着诅咒皇上的话。我们应该马上奏明皇上，办他的死罪。"

刘据被逼之下，杀了江充。而这时，宦官苏文等人逃了出去，报告汉武帝是太子刘据起兵造反。汉武帝信以为真，马上下了一道诏书，下令捉拿太子。事到临头，刘据只得逃跑，最后，他和两个儿子都死于乱军之中。

汉武帝后来派人调查，才知道都是江充搞的鬼。在这场祸乱中，他死了一个太子和两个孙子，又悲伤又后悔。于是，他就下令灭了江充的宗族，宦官苏文被活活烧死。其他参与此事的大臣也都被处死。最后，汉武帝越想越难过，就派人在湖县修建了一座宫殿，叫作"思子宫"，又造了一座高台，叫作"归来望思之台"，借以寄托他对太子刘据和那两个孙子的思念。

怒也可以为奴役他人而产生的不良情绪

怒从奴，从心，可以是自己为心魔所奴役，还有一种情况是为了显示自己的权威，奴役他人之心，使人害怕、畏惧。有些人脾气大，动不动发火，这是对他人、也是对自身的伤害。

怒的这种现象虽然会影响他人，但对自己的伤害最大。思想家亚历山大·蒲柏说："愤怒是用别人的过错而惩罚自己。"文学家托尔斯泰说："愤怒对别人有害，但愤怒时受害最深者乃是本人。"这是因为人在发怒的时候，很快会进入"应激状态"，在怒气的刺激下，交感神经兴奋，肾上腺素分泌增加，引起一系列全身性的变化，横眉张目，血红耳赤，能量大大地消耗。科学家做过检测，发现人在发怒时，体内会发生如下的变化：

1. 胃部入口的筋肉紧缩，消化器官痉挛，血液循环加速，脉搏加快，每分钟达180—200次。

2. 由于怒伤肝，大怒导致肝气上逆，血压大幅上升，由正常的130毫米汞柱升到230毫米汞柱，因此常大怒的人容易脑溢血。

3. 心脏的冠状动脉紧缩，可能会导致狭心症或心肌梗塞。

怒是一种伤心、伤身、伤己、伤人的情绪。必须用理智去克制自己，保持平和的心态，尽量少发怒或不发怒。遇到正在发怒的人，可以用"恐胜怒""喜解怒"等方法防止怒气伤身，比如给生闷气的人讲个笑话、看场喜剧电影等。

心学之窗　怒路症

　　"怒路症"是指司机开车过程中因路况不好而脾气暴躁的现象，属于驾驶焦虑，常因驾驶中面临的各种压力引发，比如交通拥堵、恶劣天气、车辆事故、其他司机的野蛮驾驶行为等。由中科院心理研究所张雨青教授指导的《城市拥堵与司机驾驶焦虑调研》显示，北京、上海、广州三个城市随机选取的900名司机中，35%的司机称自己属于"路怒族"。研究结果表明，在驾驶过程中咀嚼口香糖能提高司机的积极情绪及感觉（如快乐、放松和平静）。

赏心读语

喜怒不形于色。

——唐·房玄龄《晋书·阮籍传》

解读

本句大意是：内心的喜怒哀乐从不在脸上表现出来。阮籍容貌出众，气宇轩昂，性格孤高，但他在政治上非常谨慎，喜怒不形于色，因此能在政治极其黑暗的魏、晋之交，一次次地避祸全身。此句以直陈的手法表现人物"至慎"的性格，言简意赅，生动准确。"喜怒不形于色"成为表现人物性格稳重、城府较深的常用语。

春色恼人眠不得

宋代释云贲在《偈颂二十九首·其一》中写道：

是非只为多开口，烦恼皆因强出头。

这两句大意是：纠纷都是因为多说话惹出来的，烦恼都是因为硬要出头招致的。前一句是强调说话要小心谨慎，认为话语多了会引起纠纷，惹出麻烦。后一句是强调为人处事要注意收敛锋芒，认为硬要出头露面会得罪别人，招致烦恼。这两句多用来劝人少说话，少出头，带有不分是非，明哲保身的意味。

虽然烦恼人皆有之，但我们可以减少烦恼，不要为烦恼所困。"恼"字揭示了烦恼、恼怒是如何产生的以及如何减少我们生活中的烦恼。

恼，繁体作惱，形声字，从忄，甾声，篆文作嬲，形声字，从女，甾声。惱从忄，不从女，为后起字。

《说文·女部》："嬲，有所恨也。""恼"字本义为恼恨、发怒，如唐卢仝《寄男抱孙》："任汝恼弟示，任汝恼姨舅。"又引申为恼悔、恼闷、恼烦，如唐刘禹锡《竹枝词》："懊恼人心不如石，少时东去复西来。"

"恼"字的成语有：自寻烦恼、恼羞成怒、暗气暗恼、春色恼人、烦天恼地等。

烦恼生之于心

恼从心，表示烦恼皆从心生。人之所以会产生烦恼，归纳起来，一是有了执著心。人生顺境很多，但逆境也不少。人喜欢拥有，但不愿放下。一旦遇到失业、失恋、失意时，自然会产生沮丧、烦恼。处在顺境时，如果执著、害怕失去，也会为烦恼所困，这就如铁链子能锁住人，金链子也能锁住人一样。二是自私心。人之所以有烦恼，大多因"我"而生。"我爱""我要""我欢喜"，凡事只想到我的需要，则容易与人对立、冲突，因此，我多则苦多，我少则苦少。三是无明心，不明事理，贪嗔痴慢疑。有了无明，就有贪欲、嗔恚、骄傲、疑惑等烦恼。假如明白道理，则能消除烦恼。烦恼完全由心态决定，烦恼由心生，快乐由心定。有一个故事讲烦恼往往都是把"我"看得太重而产生的。

从前，有一位弟子活得很痛苦，甚是烦恼。师父把弟子带到一片空地，问："你抬头看看，看到了什么？""天空。"弟子答。"天空够大吧,"师父说,"但我可以用一只手掌遮住整个天空。"

弟子无法相信。只见师父用一只手掌盖住了弟子的双眼,问:"你现在看见天空了吗?"继而,师父把话题一转,说:"生活中,一些小痛苦,小烦恼,小挫折,也像这只手掌,看上去虽然很小,但如果放不下,总是拉近来看,放在眼前,搁在心头,就会像这只手掌一样,遮住你人生的整个晴空,于是,你将错失人生的太阳,错失蓝天、白云和那美丽的彩霞。"

弟子终于明白了自己痛苦的根源。把"我"看得比天大的人,烦恼自然比天要大。

烦恼表现为心情的郁闷和心绪的波动

恼从心,人的心态、心情、心境会影响到人的思绪、情绪。因此,"恼"有两种常见的表现:一是生气、发怒,二是忧郁、愁闷。而这种烦恼往往都是自找的。

一个年轻人四处寻找解脱烦恼的秘诀。他见山脚下绿草丛中一个牧童在悠闲地吹着笛子,显得十分逍遥自在。年轻人便上前询问:"你那么快活,难道没有烦恼吗?"牧童说:"骑在牛背上,笛子一吹,什么烦恼都没有了。"年轻人试了试,烦恼仍在。

于是,他只好继续寻找。他来到一条小河边,见一老翁正专注地钓鱼,神情怡然,面带喜色,便上前问道:"你能如此投入地钓鱼,难道心中没有什么烦恼吗?"老翁笑着说:"静下心来钓鱼,什么烦恼都忘记了。"接着年轻人试了试,却还是放不下心中的烦丝。

于是,他又往前走。他在山洞中遇到一位面带笑容的长者,便又向他讨教。长者笑着问道:"有谁捆住你没有?"年轻人答道:"没有啊!"年轻人想了又想,似乎恍然大悟……

其实，世界上并没有那么多烦恼的事情，很多烦恼都是自寻的。萧伯纳说过："很多人活得很痛苦，那是因为他们总是把时间花在担心自己幸福与否上。"我们如果不要让烦恼找上门来，首先要"心无旁骛"，不要让琐事杂念充斥心头。

烦恼的结果是伤心伤身

"恼"字中包含着一个"凶"字，表示"恼"是一种不良的心理现象。富兰克林说："烦恼是心智的沉溺。"叔本华说："烦恼是其他动物所不知的一种痛苦的形式。"心理上的长期烦恼、郁闷会导致身心健康受到损害。因此，古人写了一首《莫恼歌》，劝世人告别烦恼：

莫要恼，莫要恼，烦恼之人容易老。世间万事怎能全，可叹痴人愁不了。任你富贵与王侯，年年处处埋荒草。放着快活不会享，何苦自己寻烦恼。

莫要恼，莫要恼，明日阴晴尚难保。双亲膝下俱承欢，一家大小都和好。粗布衣，菜饭饱，这个快活哪里讨？富贵荣华眼前花，何苦自己讨烦恼。

俗话说："恼一恼，老一老；笑一笑，少一少。"告别烦恼，保持健康的心态，就能有一个健康的身心。

1. 离开现场，"眼不见为净"。

2. 分析问题，谨防下次出错。

3. 学会宣泄，生闷气更伤人。

4. 做自己喜爱的事，分散注意力。

5. 自我宽慰，情绪不要过于悲观。

6. 增强自信，告诫自己"我能行"。

烦恼数中除一事，

自兹无复子孙忧。

——唐·元稹《哭子十首》

从许多烦恼中又减去了一件烦恼的事（独子早亡），从此不再为子孙们的事忧虑了。丧子之痛，绝后之忧是难以言状的，何况元稹夭折的是他最钟爱的独子，其悲痛更可想而知。但作者并没有呼天抢地哭诉自己撕心裂肺的伤痛，相反却以平淡的语言道之，以"无复子孙忧"为幸事，看似旷达无忧，其实正是悲伤到了极点，是哭天无泪的心态表现。这种以平淡见激荡，以无忧写重忧，就是艺术的辩证法，不可以等闲之笔视之。

天意怜幽草
人间重晚晴

LIAN

怜

　　春秋时期，伍子胥原为楚国大臣，楚王听信谗言杀害其父兄，伍子胥因而逃到吴国，受到吴王阖闾的重用。后来楚国的伯嚭也因其祖父被谗言所陷，遭平王杀害，而投奔到吴国。伍子胥向吴王引见他，使他也同样受到阖闾的重用，并常与之商讨国事。吴国的另一大臣被离相当不解，便问伍子胥说："您为何初见伯嚭就如此信任他？"伍子胥回答："这是因为我的遭遇和伯嚭一样。你应该听过《河上歌》吧？里面有一段歌词说：'同病相怜，同忧相救。'就好像受惊的群鸟，聚集而飞；受阻的流水，回旋聚合。我这样是同病相怜。有谁不会因思念故乡，而更同情和自己有类似遭遇的同乡呢？""同病相怜"比喻有同样不幸遭遇的人，互相同情。

　　"怜"揭示了人类的本性，揭示了怜惜之情是如何产生和表达的。

汉字小词典

怜，形声字，从忄，令声。繁体为憐，从忄，粦声。

《说文·心部》："憐，哀也。""怜"的本义为哀怜、同情，如汉邹阳《狱中上梁王书》："愿大王孰察，少加怜焉。"引申为爱，如《战国策·赵策四》："丈夫亦爱怜其少子乎？"

有"怜"字成语，多表示哀怜、同情，如用"怜香惜玉"比喻男子对所爱女子的照顾体贴；用"怜孤惜寡"表示怜悯同情孤儿寡妇；用"怜贫敬老"形容人有恭敬慈爱的美好品德；用"怜我怜卿"，指彼此相爱怜；由于父母对子女有无私的爱，并有很多的期望，故有"可怜天下父母心"之说。

怜恤来自慈悲之心

怜从心，这个心首先是指怜悯之心。怜悯之心是对肉体或精神上遭受痛苦的人或者对不幸的人表示同情。怜悯之心是人之本性，孟子曾说："恻隐之心，人皆有之；羞恶之心，人皆有之；恭敬之心，人皆有之；是非之心，人皆有之。恻隐之心，仁也；羞恶之心，义也；恭敬之心，礼也；是非之心，智也。仁义礼智，非由外铄我也，我固有之也，弗思耳矣。故曰：'求则得之，舍则失之。'"孟子所说的"恻隐之心"就是怜悯之心。并且把它当作"仁"德的表现，成为"仁义礼智"之首。怜悯之心，是人类道德心理体系的基础，只有首先具有了怜悯之心，人才能善良、勇敢、正义。

怜悯来自同情心

怜从心，这个"同情心"是处处体谅他人的处境，是一种移情，是把别人的不幸感受，移到自己身上，通过对自身痛苦经验的感受而唤起一种对他人的同情。这种同情以爱、友善、热情为基础，是传达正能量的一种心理。让我们来读读白居易的《卖炭翁》：

> 卖炭翁，伐薪烧炭南山中。
>
> 满面尘灰烟火色，两鬓苍苍十指黑。
>
> 卖炭得钱何所营？身上衣裳口中食。
>
> 可怜身上衣正单，心忧炭贱愿天寒。
>
> 夜来城外一尺雪，晓驾炭车辗冰辙。
>
> 牛困人饥日已高，市南门外泥中歇。
>
> 翩翩两骑来是谁？黄衣使者白衫儿。
>
> 手把文书口称敕，回车叱牛牵向北。
>
> 一车炭，千余斤，宫使驱将惜不得。
>
> 半匹红绡一丈绫，系向牛头充炭直。

诗中的卖炭老翁在寒冷的冬天还穿着不足以御寒的单衣，而心中忧的是天气不冷会使炭价下跌。诗人对老翁的艰难处境深感同情，而对官府的掠夺无比愤慨，心生怜意而写出了如此动人的诗句。

怜惜是上对下，长对幼的嘱咐

怜从令，令为命令。"令"在"怜"中，体现了"怜"是心境好，境遇好的人对境遇舛厄者表示的关怀。在家庭伦理中，怜通常体现了父母对子女的关爱。鲁迅先生对敌人是"横眉冷对"的，但对亲人则是"柔肠一片"。他写过一首诗，叫《答客诮》：

> 无情未必真豪杰，怜子如何不丈夫。
>
> 知否兴风狂啸者，回眸时看小於菟？

这首诗作于1931年冬，诗中的"子"指的是他的爱子海婴。

鲁迅爱怜其子，意在期望他成为虎虎有生气的国家栋梁，成为大丈夫。意思是没有感情的人，不一定是英雄豪杰；但是，疼爱儿女的一定是真正的大丈夫。一个伟大的人物，不但是爱国的人，也是爱家的人。"怜"从家庭，延伸到社会，延伸到万物。五代前蜀的牛希济《生查子》写了这样的诗句："记得绿罗裙，处处怜芳草。"诗人"爱屋及乌"，每当想起你那绿色的罗裙，就会对所到之处的芳草产生爱怜之情。

晚唐诗人罗隐，十次应试，俱未得中。初次赶考，途经钟陵时，风华正茂，与歌妓云英相遇甚欢，云英亦正妙年，色艺俱绝。十二年后，罗隐再次落第，路过钟陵，又与她相遇。云英仍未嫁。罗隐作诗赠之。诗曰："钟陵醉别十余春，重见云英掌上身。我未成名君未嫁，可能俱是不如人。"诗中既慨叹功名蹭蹬，对云英身世，亦深表怜惜之意。

怜惜和怜悯是有差别的。怜悯是一种居高临下的施舍，是举着一种优越感和虚荣的满足，这是背弃"怜"的本质的。当今社会，有些人做"作秀"做慈善，高调做慈善，虽然客观上也帮助了他人，但其动机不"善"，其作为也就"变味"。怜还要看对象，对好人的怜是一种美德，但对恶人"怜"则是一种愚行甚至是一种恶行，"农夫救蛇"就是例子。

心学之窗　怜悯和同理心的区别

心理学上有一个词，叫做"同理心"，但是有人常常把"怜悯"和"同理心"混淆。身处怜悯关系中间的两个人，本质上是不平等的。表达怜悯的那个人，仿佛身在高处，潜意识里有优越感；而被怜悯的那个人，则会感到羞耻感，正向强化他的自卑。而"同理心"则却是在彼此关系平等的前提下，感受对方的感受，并且给予一些支持性的反馈。

天意怜幽草，人间重晚晴。

——唐·李商隐《晚晴》

久遭雨潦之苦的幽草忽遇晚晴，得以沾沐余晖而平添生机，仿佛天意对它特别怜惜。世间也特别看重人生的晚年。李商隐自开成三年就陷入党争的漩涡，一直遭到异党的忌恨与排挤，后只得离开长安跟随郑亚到桂林当幕僚，多少感受到一些人情的冷暖，同时也摆脱了党争的羁绊，精神上感到一种解脱，所以才有幽草幸遇晚晴之感。这两句可用以抒发一种分外美好而短暂的感情，表现一种积极而乐观的人生态度。

卷
四

思维意识

YI

忆

唐代诗人白居易写过一首词:

忆江南·江南好

江南好,

风景旧曾谙。

日出江花红胜火,

春来江水绿如蓝。

能不忆江南?

白居易把江南描绘得如诗如画,如人间仙景一般。到过江南的人,能不魂牵梦绕?未曾到过江南的人,又怎能不无限神往?这个"忆"字生动形象地描写了作者对江南美景的无限思念和回忆,包含着深情厚意。

在人生的旅途中,每个人既有痛苦的记忆,也有美好的回忆。"忆"是一个人的认知方式,也是一种情感的表达。

忆，形声字。

繁体为"憶"，简体为"忆"，"意"为情感、情意、意义。"心""意"为"憶"，"憶"是心中对美好事物的追忆和回想。简体"乙"，"乙"是"纪"的本字，表示结论、记事、记录。"忆"表示将美好的情意记录在心。

《广韵·职韵》："憶，念也。"本义为思念，如"上言加餐饭，下言长相忆"。忆引申指回忆："还思建邺水，终忆武昌鱼。"忆还有记住不忘的意思，如"读书数行并下，过目皆忆"。有"忆"的成语不多，"记忆犹新"指过去的事，至今印象还非常清楚，就像刚才发生的一样。"行思坐忆"指走着坐着都在想，形容时刻在思考着或怀念着。"忆鹤华亭"指被杀害前怀念家乡。

忆是对美好人事的回想

忆从心，从意，表示发自内心的情深意重，既有对亲人的思念，也有对朋友的思念。我们可以从中华诗文中去体味"忆"的含义。

清代朱柔则《寄远曲》："因怜儿被薄，转忆客衣单。"由儿子的被薄，想起丈夫的衣单，这二者之间的联系则是天寒，因天寒而担忧在外丈夫的起居饮食，充满真挚的情感。这是对亲人的思念。

唐代杜甫写了《梦李白二首》，思念因永王李璘一案被牵连落难的李白。杜甫当时流寓秦州，对李白的不幸遭遇十分关心，忧思拳拳，积想成梦。但他不说自己梦见故人，却说故人进入自己梦中；而故人所以入梦，又是有感于自己的长久思念。

梦李白二首·其一

死别已吞声，生别常恻恻。

江南瘴疠地，逐客无消息。

故人入我梦，明我长相忆。

恐非平生魂，路远不可测。

魂来枫林青，魂返关塞黑。

君今在罗网，何以有羽翼。

落月满屋梁，犹疑照颜色。

水深波浪阔，无使蛟龙得。

宋代晏几道《鹧鸪天》："从别后，忆相逢，几回魂梦与君同。"说的是，自从分别以后，经常回忆相聚时的欢乐，有多少回又在梦境中和你重逢！这几句通过梦境写作者对一位歌女的思念之情。但梦境中的欢乐是虚幻的，短暂的，只足以增加梦醒后的苦涩和惆怅。这几句虽未正面涉及相思之苦，但深挚的相思之情，明显地见于言外。这是对恋人的追忆和思念。

追忆对成功的人来说，往往是幸福和快乐，而对于穷困潦倒的人来说，则是悔恨和失落。人越是艰难，就越容易沉迷于过去的回忆。年纪大的人，随着年龄的增加，也喜欢回忆过去的往事。有的把"眼前的事记不住，年轻时的事则清楚"作为衰老的一个标志。对过去的时光可以追忆，但不可沉溺。对于过去的成功或失败，只要用平常心去看待，就不会纠结，也没有必要纠结。因为过去已经失去，再悔恨也无济于事，重要的是珍惜今天。时间能冲淡一切，抹平心灵的创伤。当然，个人的得失无足轻重，而对于国家和民族的屈辱和苦痛，则是不能抹杀和忘记的。正如列宁所说的："忘记过去就意味着背叛"。《战国策·赵策一》曰："前事之不忘，后事之师。"

忆是一种辗转缠绵的情感

忆，从乙。"乙"字形四环曲折，寓意回忆，追忆是一种辗转缠绵、难以忘怀的情感。

武则天失宠时，曾在感业寺做尼姑，面对枯灯残壁，追忆过去的岁月，如梦如痴。她写了一首诗："看朱成碧思纷纷，憔悴支离为忆君。不信比来长下泪，开箱验取石榴裙。"从这首诗中可见，年轻的武则天也是痴心一片，由于精神恍惚，红绿不分，神态憔悴，泪洒衣襟，盼望着能再穿上石榴裙。

忆是心中长久的留恋

忆，从心，指心中长久的印记。人为何能忆，是因为过去的人和事在心中留下深刻的印象。当年"戊戌六君子"之一的谭嗣同决定为中国的进步事业献身，为避免连累家人，他模仿父亲的口气写了一封痛斥儿子不忠不孝的信，借以让清廷日后在清查家属时，不至于连累父亲。当时谭嗣同的父亲谭继洵任湖北巡抚，谭嗣同被杀后，谭继洵被从轻处罚，提前退休回到老家。一天，他路过谭嗣同的遗孀李闰的房外，听见李闰因忆念死去的丈夫而在房中哭泣。老人家便止步劝道："媳妇不必悲伤，别看我是朝廷一品大员，但我儿日后在青史上的地位，不知道比我要高多少倍！"

确实，信仰有力量，精神将长存，这种忆会给我们力量，给我们信心，让我们珍惜今天，不断地前行。

忆是一种认知方式

忆，记也。记忆，就是长久记得某种信息而不忘却。"忆"从心，表示记忆必须用心去记。好的记忆力首先要靠天赋，也靠后天的训练，掌握了记忆的科学方法，可以事半功倍。《梁书》说昭明太子萧统："读书数行并下，过目皆忆。"一目十行，过目成诵，是一种超强的记忆力。

东汉时期的蔡文姬是一个才女，也有非凡的记忆力。有一次，曹操问她说："听说夫人的家中，祖先有很多藏书，你还记得多少？"文姬说："过去我的父亲赐给我的书本多达4000多卷，经过颠沛流离，战火纷飞，到现在已经很少有藏书了，我现在所能记住的不过400多篇而已。"曹操说："现在让10个官吏帮夫人笔录。"文姬说："我听说男女有别，不宜亲自传授，希望你能给我纸和笔，我自己来默写。"于是默写出了书卷送给曹操，一点遗漏和错误都没有。

增加记忆可以与诵读相结合，关键是用心记。但俗话说："好记性不如烂笔头。"随时随地记下感想、事件，对记忆也是大有帮助的。

大脑的记忆规律

关于大脑记忆，以下是已经被科学家证实了的规律：

1. 大脑喜欢色彩。平时使用高质量的有色笔或有色纸能帮助记忆。

2. 大脑集中精力最多只有25分钟。

3. 大脑需要休息，才能学得快，记得牢。

4. 大脑喜欢问题。在学习中提出问题的时候，有助于提高学习效率。

5. 大脑有其节奏周期。一天思维最敏捷的时间是：上午9—12点，下午3—5点，晚上8—10点。

6. 压力影响记忆。最好的方法就是锻炼。

7. 大脑需要重复。每一次回顾记忆间隔的时间越短，记忆的效果越好。

问姓惊初见，称名忆旧容。

——唐·李益《喜见外弟又言别》

解读

刚见面询问姓氏时暗自惊讶似曾相识，经过交谈知是表弟，一边称呼名字，一边极力回忆旧时的容颜。原诗的前两句为："十年离乱后，长大一相逢。"李益和表弟分手时，两人都在幼年。经过"安史之乱"及藩镇混战、外族入侵等社会动荡，十年之后才得以重逢。这时，两人都已长大成人。长期音信断绝、存亡未卜，再加上随着年龄增长容貌发生变化，以致邂逅相遇时，两人已对面不能相识。互通姓名后才知道原来是一对十年前还在一起嬉戏的表兄弟。这两句通过细节描写，从"问"到"称"，从"惊"到"忆"，层次清晰地写出了诗人见到表弟后由初见不识到接谈相认的感情变化，绘声绘色，细腻传神。

悟

眼前谁悟先天理

　　悟，是佛家的一种创造性思维和修炼方式。据说释迦牟尼佛原是印度的一位王子，名叫悉达多。悉达多对人生的许多问题迷惑不解，苦苦思索，他以吉祥草为垫，坐在一棵菩提树下，探索人类的本性。经过七七四十九天的思考，他终于悟到所有事物、整个世界、整个宇宙，一切事物都是相互依存的，因此一切事物都会改变。一切万有，没有一样是以独立、恒常、纯粹的状态存在。因此，任何存在于人心可达之处的事物，都是如梦、如泡、如影的。透过这些了悟，悉达多找到了解除生老病死痛苦的方法。他认为变化是不可避免的，而死亡只是这个循环的一部分，他还进一步地体认到没有全能的力量能够扭转死亡之路，因此也就不会困在期待之中。如果没有盲目的期待，就不会有失望。如果能了解一切都是无常，不会攀缘执著；如果不攀缘执著，就不会患得患失，也才能真正完完全全地活着。悉达多从恒常的幻相中觉醒，因此他成为佛陀、觉者。悉达多从一个普通人到成佛的过程，其实就是一个悟的过程。

儒、释、道三家都很重视悟，儒家强调通过自我反省达到"天人合一"，道家强调养生修道以返璞归真、顺应自然，佛家则主张自悟自解自度以参悟成佛。"悟"字告诉我们悟的内涵和觉悟的途径，避免"执迷不悟"。

汉字小词典

悟，形声字，从心，吾声。

《说文·心部》："悟，觉也。""悟""寤"是一组同源字。"悟"的本义是由"寤"字睡醒义引申出来的，即醒悟、觉悟，如："今天降疾殆，弗兴弗悟。"（《尚书·顾命》）引申为领会，如："以兹悟生理，独耻事干谒。"（杜甫《自京赴奉先县咏怀》）

悟首先是觉悟，揭示了人的认识过程，即由迷惑而清醒、由模糊而清楚、由错误而正确的认识过程。所以有成语"恍然大悟""幡然醒悟""大彻大悟""心领神悟""一闻千悟"等。悟还指理解、明白，如"领悟""了悟"。殷尧藩在《寄许浑秀才》一诗中感叹道："眼前谁悟先天理，去后还知今日非。"

悟要从心出发

悟，从心，表示悟是一种心灵的修炼，是人的心态、心境的改变。悟是智慧的超越，是灵魂的升华。心中觉悟，处处通达；心中无悟，修行无用。

传说老子骑着青牛过函谷关，在函谷府衙为府尹留下洋洋五千言《道德经》时，一个年逾百岁、鹤发童颜的老翁到府衙找他。老翁对老子略略施了个礼说："听说先生博学多才，老朽愿向您讨教个明白。我今年已经一百零六岁了。说实在话，我从年少时直到现在，一直是游手好闲地轻松度日。与我同龄的人都纷纷作古，他们开垦百亩沃田却没有一席之地，修了万里长城而未享辚辚华盖，建了千间屋宇却落身于荒野郊外的孤坟。而我呢，一生不稼不穑，却还吃着五谷；没置过片砖只瓦，仍然居住在避风挡雨的房舍中。先生，是不是我现在可以嘲笑他们忙忙碌碌劳作一生，只是给自己换来一个早逝呢？"老子听了，微然一笑，转身对府尹说："请找一块砖头和一块石头来。"

老子将砖头和石头放在老翁面前说："如果只能择其一，仙翁您是要砖头还是愿取石头？"老翁想一想，说："我当然择取砖头。"老子抚须笑着问："为什么呢？"老翁指着石头说："这石头没楞没角，取它何用？而砖头却用得着呢。"老子又招呼围观的众人问："大家要石头还是要砖头？"众人都纷纷说要砖而不取石。

老子又回过头来问老翁："是石头寿命长呢，还是砖头寿命长？"老翁说："当然石头了。"老子释然而笑说："石头寿命长人们却不择它，砖头寿命短，人们却择它，不过是有用和没用罢了。天地万物莫不如此。寿虽短，于人于天有益，天人皆择之，皆念之，短亦不短；寿虽长，于人于天无用，天人皆摒弃，倏忽忘之，长亦是短啊。"老翁顿然大惭。

于生活中，于细末里，道家老子也是如此谦逊和善于比喻，使人从中得到感悟。在现实社会中，许多人都追求生命的长度，但仅仅有长度是不够的，还应该有生命的厚度和温度，应该对社会和他人有所奉献，这样的人生才是有意义的。

悟须心我合一

悟从吾，意为我用吾心，内心静省。悟是"我"的感悟，"我"的醒悟。"悟"强调我心而悟，意在明心见性，发现自我。用心去体察，省悟自身。古代禅师认为生的最高境界是体认自性，超越生死。古人称精通行军作战为"智"，称清心净虑、自然率性为"禅"。心和我犹如镜子的两面，心我合一才是悟，发现本心才是悟。人之所以有无穷的烦恼，是因为找不到心灵中的自己。

有一年春天，王阳明和他的朋友到山间游玩。朋友指着岩石间一朵花对王阳明说："你经常说，心外无理，心外无物。天下一切物都在你心中，受你心的控制。你看这朵花，在山间自开自落，你的心能控制它吗？难道你的心让它开，它才开的；你的心让它落，它才落的？"王阳明的回答很有味道："你未看此花时，此花与汝心同归于寂；你来看此花时，则此花颜色一时明艳起来；便知此花不在你的心外。"

纵观古今，悟之于人的成长，在人的价值的自我实现，都占着举足轻重的位置。神秘仿佛是悟的外衣，在不断的感悟中从一个过程走向另一个过程。正如王阳明心学所指：你所见、所闻、所感、所想，你脑子里的全部，就构成了你的全部世界。

王阳明（1472–1529）

悟要渐顿结合

悟从心，"心"为心志、心境，由于人的天性、慧根是有差别的，人的觉悟也有快慢之别。惠能在《坛经》中说："本来正教，无有顿渐。人性自有利、钝。迷人渐修，悟人顿契。"因此，悟有两种基本的途径，一种叫"渐悟"，这是指对佛性"十住"境界的领悟，是一点一点，一级一级渐进式的，这有如爬楼梯，一步一个脚印，慢慢地爬上去。这种悟界虽然慢一点，但扎实，是"厚积薄发"，积累到一定的阶段，达到了成熟的时机就觉悟了。"顿悟"则是灵感在创造性思维中的凸现，是从潜意识中突然爆发出来的思维飞跃。禅宗自五祖弘忍门下有南北分途，南宗主顿悟，北宗主渐修。"渐悟"，就是通过坐禅、诵经来凝心、摄心，离弃世俗的影响和烦恼，认识和保持"心性本净"，以求内心解脱。后世南宗风行天下，习禅者以为禅宗法门不需坐禅，只须于一机一境上骤然悟得，就可以得道了。"顿悟"，认为"心即是佛"，人要觉悟佛性，用不着读经礼佛，只要"直指人心"，明心见性就行了。神秀以渐悟立宗，在北方提倡勤修苦学的学风，使北方的佛学朴实精进。惠能在南方以顿悟开山，明心见性，直指人心，使禅宗有点玄妙。渐悟、顿悟本来不是两个对立面。没有渐悟的基础，无法获得顿悟。不承认渐悟的顿悟，只能是一种妄悟。我们要获得豁然贯通的顿悟，必须以日积月累的渐悟。唐代诗人杜甫说得好："读书破万卷，下笔如有神。"顿悟这种创造性的思维，是"得之在俄顿，积之在平日"。不论渐悟、顿悟，都追求心净如镜。这就是禅定的最高境界。

悟以心为基，是解开心结，故用"吾心"。人要觉悟，必须思索："我的人生为了什么？""我的立身之本是什么？"我们看到有形的财富，要追求功名，更要看到无形的财富，追求智慧、洒脱。只有内心的快乐，才是我的本心。

学贵心悟，守旧无功。

——宋·张载《经学理窟·学大原下篇》

　　这两句大意是：学习以心领神会为贵，沿袭前人旧说而不求发展，不会有功效。"心悟"是自己的一得之见，学习达到"悟"的境界，方能心领神会，有所创见，完成对前人旧说的超越，这是学习有成的重要契机。放弃这个重要环节，守旧固成，学业就不会有成效。此条揭示了学习的规律性，悟到了事情的妙处，对学人治学有着重要的指导意义。

念君客游思断肠

念 NIAN

1990年，时任福建省福州市委书记习近平写了一首词：

念奴娇·追思焦裕禄

中夜，读《人民呼唤焦裕禄》一文，是时霁月如银，文思萦系……

魂飞万里，盼归来，此水此山此地。百姓谁不爱好官？把泪焦桐成雨。

生也沙丘，死也沙丘，父老生死系。暮雪朝霜，毋改英雄意气！依然月明如昔，思君夜夜，肝胆长如洗。路漫漫其修远矣，两袖清风来去。为官一任，造福一方，遂了平生意。绿我涓滴，会它千顷澄碧。

这首词感情真挚，怀念了焦裕禄的丰功伟绩，歌颂了焦裕禄的赤子之心，表达了对焦裕禄高尚品德的无限敬仰，是一首有情感、有内涵的佳作。

"念"字揭示了念是如何产生的，如何培养善念以及护好善念。

思念发自内心的一片深情

念，从心，表达人们的一切念头都是发自于内心深处。"念，常思也"。这就是常常念叨，心里总记挂着。

思念首先是对故乡的记挂。故乡是一个人"生于斯，长于斯"的地方，留下不可磨灭的记忆。故乡的亲友、一草一木都让人梦绕魂牵。乐府《悲歌》就表达了这种思乡之情：

悲歌可以当泣，远望可以当归。
思念故乡，郁郁累累。
欲归家无人，欲渡河无船。
心思不能言，肠中车轮转。

这首词表达了浓浓的思乡之情，长相别盼望着归途，可是故乡已没有亲人，路途遥遥没有舟楫，心中的思念不知对谁诉说，此刻，肝肠寸断，无限悲伤。

思念是对祖国的挂念。祖国是一个人安身立命之所，也是一种天然的纽带。家国情怀是每一个赤子都应当具有的情感。对一个远离祖国的人，思念祖国是一种浓浓的爱国情怀。元代萨都剌写了一首词：

满江红·金陵怀古

六代豪华，春去也、更无消息。空怅望，山川形胜，已非畴昔。王谢堂前双燕子，乌衣巷口曾相识。听夜深、寂寞打孤城，春潮急。

思往事，愁如织。怀故国，空陈迹。但荒烟衰草，乱鸦斜日。玉树歌残秋露冷，胭脂井坏寒螀泣。到如今、只有蒋山青，秦淮碧！

在这首词里，萨都剌思念六代的繁华，金陵的胜景，春天的时光，用荒烟、衰草、乱鸦、斜日、秋露寄托着情思，勾划一幅深远而悲凉的残秋图，表达了爱国之情。

思念更多的是对亲人、爱人的想念，俗话说，"血浓于水"，亲情是一种天然的联系，亲人的远行、离别往往会化为无限的思念。三国时期，曹丕写的《燕歌行》表达了一个女人对远行未归的丈夫的无限思念和自己寂寞、期盼的心情：

燕歌行

秋风萧瑟天气凉，草木摇落露为霜，群燕辞归鹄南翔。

念君客游思断肠，慊慊思归恋故乡，君何淹留寄他方？

贱妾茕茕守空房，忧来思君不敢忘，不觉泪下沾衣裳。

援琴鸣弦发清商，短歌微吟不能长。

明月皎皎照我床，星汉西流夜未央。

牵牛织女遥相望，尔独何辜限河梁。

怀念是对过去的人和事的追忆、回味和遐想

念，从今从心，从时空看，是表示今天的心仍然在想着过去的人和事，这就是怀念。

人的一生中，有许多值得怀念的人和事，尤其是年纪大了，往往喜欢怀念过去，喜欢唠叨，也容易动感情。

沈从文先生晚年的时候，变得越来越容易流泪。1977年，诗人穆旦去世，年仅59岁。沈从文与穆旦交往很深，因此，听说了穆旦的死讯后，他流泪了。1985年6月19日，夏鼐突然去世了，沈从文先生知道后，大哭了一场。1987年7月，瑞典作家汉森和汉学家倪尔思访问沈从文先生，汉森给沈从文带来了一份1949年

瑞典杂志上刊登的沈从文的《萧萧》，上面有瑞典一家出版社出版的《边城》的广告，汉森说："我昨天看了英文版的《贵生》，这是写的……"沈从文接着话说："对被压迫的人的同情。"说完这句话，沈从文忽然流泪了。

沈从文的眼泪，既有对弱者的同情，也有对逝去岁月的伤怀，还有对故去亲友的怀念，让世人看到了他的真性情，这样的眼泪，是一颗善良之心的流露。

善恶只在一念之间

"今""心"，是一种"闪念""转念"，然后决定了走向天堂和地狱的选择。"念"取决于心，善心产生善念，恶心产生恶念。

日本明治时代有一位著名的南隐禅师，境界很高，常常能用一两句话给人以深刻的点拨。很多人慕名而至。有一天，一位武士来访，请南隐禅师为他讲解何谓天堂，何谓地狱，并希望禅师带他到天堂和地狱看一看。

南隐禅师仔细地打量了他一番，问："你是何人？"武士说："在下是一员武将。"南隐禅师哈哈大笑，嘲笑道："你这副模样，居然也敢称自己是一名将军！真是笑死人了！"

武士大怒，挥舞拳头想打禅师。南隐禅师跑到佛像之后，露出头来对武士喊："你不是让我带你参观地狱吗？看，这就是地狱。"

武士顿时明白了南隐禅师的用意，心生愧疚，并为禅师的智慧所折服，于是走到禅师面前，恭恭敬敬地道歉。南隐禅师笑着道："看啊，这不就是天堂了吗？"

一念起恶念，一念生善念，这就是地狱和天堂的差别。

意念影响了人的心志和健康状况

"今""心"是对当下的念头。人的精神状态，来自人的内心，内心产生什么样的念头，就会产生怎么样的心情。快乐，源于内心。悲观同样来自内心。在悲观的人眼里，原来可能的事也能变成不可能；在乐观的人眼里，原来不可能的事也能变成可能。人的心态变得积极，就可以得到快乐，就会改变自己的命运。乐观豁达的人，能把平凡的日子变得富有情趣，能把沉重的生活变得轻松活泼，能把苦难的光阴变得甜美珍贵，能把繁琐的事项变得简单可行。正是因为有了正念，才有行动，心动成念，念动于行。

正念是珍惜当下

念，从今，从心。心是今天的心，过去已逝，将来未知，须用心去珍惜今天，为把握未来打好基础。昨天是"存在过"的，不可追。我们过去所选择的是对是错，其实已无多大的意义。不要沉溺于回忆，不要悔恨过去，不要抱怨命运，因为在悔恨和抱怨中过去的每一分每一秒，都是我们不能重来的人生！同时，"明天"仅是"可能存在"的，同样不可得。

一位哲学家途经荒漠，看到很久以前的一座城池的废墟。哲学家想在此休息一下，就随手搬过一个石雕坐下来。他点燃一支烟，望着被历史淘汰下来的城垣，想象着曾经发生过的故事，不由得感叹了一声。

忽然，他听到有人说："先生，你感叹什么呀？"他四下里望了望，却没有人，他疑惑起来。那声音又响起来，是来自那个石雕，原来那是一尊"双面神"神像。

他没有见过双面神，所以就奇怪地问："你为什么会有两副面孔呢？"双面神回答说："有了两副面孔，我才能一面察看过去，牢牢吸取曾经的教训。另一面又可以瞻望未来，去憧憬无限美好的明天。"

哲学家说："过去的只能是现在的逝去，再也无法留住，而未来又是现在的延续，是你现在无法得到的。你不把现在放在眼里，即使你能对过去了如指掌，对未来洞察先知，又有什么具体的实在意义呢？"

双面神听了哲学家的话，不由得痛哭起来，他说："先生啊，听了你的话，我才明白，我今天落得如此下场的根源。"

"念"字告诉我们珍惜当下。有了善念赶快做，珍惜当今时代，珍惜身边人和事，珍惜今天的生活，放下过去的烦恼、怨恨，舍弃未来的忧思、担心，一切顺其自然，把全部的精力和心思用于承担眼前的一切，开心地过好今朝每一刻。

念、思、忿、怨、忘，皆以心为底，意相连。对一个人念念不忘，或许是朋友，或许是恋人，久而久之，变成了相思。相思如果得不到回应，或只是单纯地一厢情愿，只有付出，没有回报，心中总会有些失落，有些忿恨，累积起来，终会变成埋怨，人因此有了怨怼。但时间抚平伤口，往事渐渐淡忘。相濡以沫，不如相忘于江湖。

少年心事当拏云，
谁念幽寒坐呜呃。

——唐·李贺《致酒行》

解读

这两句大意是：青年人应当心怀凌云壮志，干一番事业，如果老是悲伤叹息，谁会怜念这种孤独贫寒呢？这首诗大约是诗人李贺客居洛阳时因友人招宴，有感而作。在宴会上，主人殷勤致酒，并劝导他应像汉代的主父偃和本朝的马周那样向地位高的人求助，终获显达，不可一味孤高愁苦，不愿请托于人。诗文是诗人回答主人的话，李贺说自己的深忧积闷是无法排遣的，但觉得青年人应当振作有为，不应该老是坚叹哀愁。话语中既含有怀才不遇，世不我用的愤慨，也含有奋发自立，决不求助于权贵的不屈精神。此名句可借以说明青年人要有雄心壮志，大显身手；不可自怨自艾，坐等援手。

每逢佳节倍思亲

思

有一则拆字联："闲看门中木，思耕心上田。"把"闲"和"思"字嵌在其中，妙趣横生。

"思"字揭示了人的思维方式和思想感情。

汉字小词典

　　思，会意字。篆文🐚，🐚为"囟"字，表示脑，🐚为"心"字，表示脑和心的功能就是思考。思，"囟"字讹变为"田"。

　　《说文》："思，容也。"《尚书·洪范》："皃曰恭，言曰从，视曰明，听曰聪，思曰容。"谈论了对为政者仪容、言语、视听、思维方面的要求。"思曰容"说的是思考要通达，《说文》的释义来源于这里。"思"的本义为思考，如："学而不思则罔，思而不学则殆。"（《论语·学而》）引申为想念，如："子不我思，岂无他人？"（《诗经·郑风·褰裳》）又引申为心情，如"海天愁思正茫茫"（柳宗元《登柳州城楼》）。

　　常见的成语有"中馈之思"，指思念能有个主持家务的妻子；"倚闾之思"，指靠着家门思念子女，形容父母盼望子女归来的迫切心情；"思若涌泉"，指才思犹如喷出的泉水，形容人的才思敏捷。

思考是一种心脑并用的心理活动

　　"思"从"囟"，表示思考问题须用头脑，从"心"表示要用心，只有"心脑合一"才是真正的思考。我们通常说"心不在焉"，说明身在心不在，人家说什么都不入耳，记不住。思想一定是心脑并用的产物，而对一种思想的领悟也一定要入心入脑。孔子是一个善于思考的典范，他说："学而不思则罔，思而不学则殆。"意思是说，只学习而不思考，就会茫然无知而没有收获；只有空想而不学习，就会疑惑而无所得。我们学习要学有所成，必须心脑并用，眼到、心到，既看到表象，又探究其本质，才算学会了思考。

深思是一种心灵的修炼方式

　　思从心，表明一个人的思考要深入，必须从眼到脑到心，深思是一种谨慎的思维方式，也是提高一个人的修身的方式。孔子把"思"作为君子的一种品德。他讲到"君子"必须做到"九思"："视思明，听思聪，色思温，貌思恭，言思忠，事思敬，疑思问，忿思难，见得思义。"意思是说，看到时候，要思考看清与否；听的时候，要明辨是非；自己的脸色，要思考是否温和；自己的容颜，要思考是否谦恭；言谈的时候，要思考是否忠诚；办事时要思考是否谨慎严肃；遇到疑问，要思考是否应向别人询问；愤怒时，要思考是否有后患；获取财利时，要思考是否合乎道义的准则。孔子讲的"九思"，其实最难、最重要的是最后一个，即"见得思义"，或"见利思义"。大千世界，有万般诱惑，如钱财、名望、权力、美色，这些都是容易诱发人的欲望，扰乱人的情志。缺乏定力，往往会心迷情乱，或丧失自我，或罹祸殒身。要记住"天下没有免费的午餐"，一切三思而后行。比财物、名利更重要的是生命，比生命更重要的是道义。深思权衡利弊，慎思择善而从，这是"思"字所揭示的道理。

思念是心中的一种挂念、想念

思从心，这表示思慕、想念。在古典诗词里，有很多表达思念之情。有的是对恋人的思念，如王维的《相思》："红豆生南国，春来发几枝？愿君多采撷，此物最相思。"唐代刘禹锡《潇湘神》："斑竹枝，斑竹枝，泪痕点点寄相思。楚客欲听瑶瑟怨，潇湘深夜月明时。"有的是对亲人的思念，又如王维《九月九日忆山东兄弟》："独在异乡为异客，每逢佳节倍思亲。遥知兄弟登高处，遍插茱萸少一人。"唐代王建的《十五夜望月寄杜郎中》："中庭地白树栖鸦，冷露无声湿桂花。今夜月明人尽望，不知秋思在谁家。"也有对故乡、故国的思念，如李白《静夜思》："举头望明月，低头思故乡。"陶渊明《归田园居》："羁鸟恋旧林，池鱼思故渊。"这些都是发自于内心深处的，是内心情感的自然流露。

在中国历史上，有一个"莼鲈之思"，说的是为美食而辞官的一段佳话。因为思乡，怀念家乡的美食，竟然辞官回乡。张翰，字季鹰，吴江人。据《晋书·张翰传》记载："张翰在洛，因见秋风起，乃思吴中菰菜、莼羹、鲈鱼脍，曰：'人生贵得适志，何能羁宦数千里以要名爵乎？'遂命驾而归。"这故事，被世人传为佳话，"莼鲈之思"，也就成了思念故乡的代名词。张翰是个才子，诗书俱佳，写江南的菜花，有"黄花如散金"之句，李白很佩服他，写诗称赞："张翰黄金句，风流五百年。"不过，张翰留名于世，还是因为莼菜和鲈鱼。关于"莼鲈之思"，他自己有诗为证："秋风起兮木叶飞，吴江水兮鲈正肥，三千里兮家未归，恨难禁兮仰天悲。"这是他在洛阳思念家乡时发出的慨叹。这莼鲈之思，后来有很多人在诗中提及。把思念故乡的情感，和莼菜鲈鱼联系在一起，确实诗意盎然。

心学之窗　思维导图

思维导图又叫心智导图，是表达发散性思维的有效图形思维工具。思维导图运用图文并重的技巧，把各级主题的关系用相互隶属与相关的层级图表现出来，把主题关键词与图像、颜色等建立记忆链接。思维导图充分运用左右脑的机能，利用记忆、阅读、思维的规律，协助人们在科学与艺术、逻辑与想象之间平衡发展，从而开启人类大脑的无限潜能。

行成于思，毁于随。

——唐·韩愈《进学解》

解读

　　本句大意是：人的德行完成于勤思而毁损于随意、放纵。韩愈《进学解》是对增进学问、德行问题的辨析，其落脚点在于"业精""行成"。精于业的目的，是为了成就德行。而德行的成就离不开勤思。"思"与"随"是两个对立的概念，此句通过对这两个概念肯定与否定的不同态度，表达出作者的观点与主张，语言简练质朴，蕴含深刻内涵，是极佳的人生格言。

想

一日不读书
胸臆无佳想

有一个成语叫"想当然耳"，出自《后汉书·孔融传》。

汉献帝时，曹操借天子之名去攻打袁绍。经过反复较量，曹操终于打败了袁绍。魏军进入邺城以后，追杀袁军，袁府中的妇女、小孩也多被劫掠。袁绍的儿媳年轻貌美，曹操的儿子曹丕一见就动了心，偷偷地纳为自己的妾房。

孔融认为掠人妻有失礼义，便写了封信给曹操，信中说："当年周武王讨伐商纣王时，曾经把纣王的爱妃妲己送给了自己的弟弟周公姬旦做妾。"想借此来挖苦曹操。

曹操对此不理解，问孔融："你说的这个典故，到底出在哪本典籍上？"孔融只得含糊其辞回答："以今度之，想当然耳。"意思是说，我是用现在的事情来推测的，想来当时也会有这样的事吧。

这个成语比喻毫无客观事实，仅凭个人想象，推说出来的判断。

想，从相。"相"是相貌、形象，指物体的外观。想，从"心"，心为心灵、心智。想，非常形象地揭示了人的思维规律。人的思想、想念，首先是由外表引发出的联想，是内心对外在事物的感受。这是从表象到内在，由感性到理性的过程。一个简单的"想"字，揭示了人的认知规律和感知方式。

汉字小词典

想，形声字。

《说文·心部》："想，冀思也。从心相声。"本义为因有所期望而思，如刘琨《劝进表》："四海想中兴之美，群生怀来苏之望。"引申指想象，如苏轼《念奴娇·赤壁怀古》："遥想公瑾当年，小乔初嫁了，雄姿英发。"又引申指怀念、回想，如辛弃疾《永遇乐·京口北固亭怀古》："想当年，金戈铁马，气吞万里如虎。"又引申指思考，思索，如"冥思苦想"。又引申指好像、如同，如李白《清平调》："云想衣裳花想容，春风拂槛露华浓。"

想的成语极多，如朝思暮想、左思右想、异想天开、思前想后、想入非非、浮想联翩、不堪设想等。

心是想的基础——相由心生

想从心，表示想是一种心理的思维方式。首先，它表示相由心生。想，上"相"下"心"。"相"作为一个外部的事物，虽然是客观存在的，但由于人的心境、心态、心智的不同，所感知的现象是不一样的。同样面对金黄的枫叶，有人联想到秋天的萧瑟，有人联想到收获的喜悦。而从一个人来看，"相"是人的外貌，"心"则是人的心地、心情、心态。有什么样的心地很自然地表现在外貌上。心地善良的人，外部表情是慈悲的，而心地邪恶的人，往往会目露凶光。一个人只有心存善念，心平气和，相貌才能生动秀美。

从前，有一个人以制造面具为生。有一天，他一位远方的朋友来访，见面就问他："你近来脸色不太好，到底是什么事让你生气呢？"

"没有啊！"

"真的吗？"他的朋友不大相信，也就回去了。

过了半年，那位朋友再度来访，见面就说："你今天的气色特别好，和从前不一样，什么事情使你这么高兴啊？"

"没有呀！"他还是这么回答。

"不可能的，一定有原因。"他的朋友说道。

后来，他们经过交谈，才真相大白。原来，半年前，这个青年正忙着做魔鬼、强盗等面具，做的时候总在构思咬牙切齿、怒目相视的表情，因此，自然地表露在脸上。而最近，他正在做佛祖、观音的面具，心里所想的是慈祥、安宁的表情，脸上也显得柔和。

这个故事说明，愉悦的心情、善良的心地，是一个最好的化妆品。心是相的营养，好的相貌也可能来自好的心地、好的心情。

想有无限的创造力——想象力就是创造力

想，虽然是一种心理活动，但这种活动是无限的。即所谓思想能走多远，人就能走多远。一个人有了想象力，才能有创造力。

曾经有这样一个年轻人，他生活很贫困，但他的想象力却很丰富。有一天，他将自己穿破的一只皮鞋顺手丢在了地板上，谁料想这只皮鞋鞋尖"开了口子"，好像在咧嘴嘲笑他。他恼怒之余要将鞋扔掉，突然萌发了一个想法。因为这只皮鞋面很像一张脸谱。于是，他马上收集了多种多样的破皮鞋，并对这些皮鞋进行艺术加工，使之变成各种外形奇异、表情夸张的脸谱面具，有的张口大笑，有的露齿微笑，有的目瞪口呆……看后令人既喜又惊，回味无穷。这些特色面具推向市场后，很快便成为抢手货，这位曾经潦倒落魄的青年人也因此获得了财富。

赚钱需要想象力，具有想象力的人往往有着敏锐的洞察力，他们总能很好地捕捉到商机，从而寻觅到财富。发挥想象力，看起来简单，但就是这样一个小小的创意，便创造出了惊人的财富。

想是一个人奋发向上的源动力——梦想给人以力量

想，从心，这个心就是进取心，也就是梦想，梦想给人以源动力。在拿破仑还是一个小孩子时，他的叔叔问拿破仑，将来长大想要做什么？拿破仑滔滔不绝地表达了心中构想已久的伟大抱负。小拿破仑从他立志从军开始，一直说到想带领法国的雄兵，席卷整个欧洲，建立一个前所未有的超级大帝国，并且让自己成为这个大帝国的皇帝。不料，叔叔听完小拿破仑的抱负之后，当场大笑不已，指着小拿破仑的额头，嘲讽道："空想，你所说的一切全都是空想！想当法国皇帝？那是不可能的！依我看，你长大之后，还是去当一个小说家，反倒更容易实现你的皇帝迷梦。"小拿破仑被叔叔这一阵抢白，非但没有动怒，反而静静地走到窗前，指着远处的天边，认真地问道："叔叔，你看得到那颗星星吗？"这时还是正午时分，拿破仑的叔叔诧异地走到窗前，茫然地答道："什么星星？现在是中午，当然看不到啊！孩子，你该不会是疯了吧？"再次面对叔叔的质疑，小拿破仑却是依然镇定而冷静地说道："就是那颗星星啊！我真的看得到，它依然高挂在天边，不分日夜，一直为了我而闪烁着，那是属于我的希望之星；只要它存在一天，我的梦想就永远不会破灭。"事实上，那颗希望之星从未高悬天际，它一直躲藏在拿破仑的内心深处，凭借内在希望之星的引导，终于使得拿破仑成为真正的法国皇帝。

幻想和妄想

　　所谓幻想，是指一种把目标指向未来的想象，是一种正常的心理机制，通常是向往积极的、美好的事物；而妄想，则是指把客观上并不存在的事物认定为真实的，并因此付诸行动，这是一种病态心理。

　　幻想和妄想的关键区别在于，幻想是能够自知的，也就是可以知道自己所想的东西在现实中不存在的，但适度的幻想，能够促进自己追求美好价值的需求和动机，是一种积极的、能够良好调节心理的机制。而妄想是完全没有自知的，把无中生有的东西认为肯定是存在的。妄想症是精神病的一种，因此需要进行医学干预。

想闻散唤声，虚应空中诺。

——晋·佚名《子夜歌四十二首》

解读

　　这两句大意是：好像听到断续呼唤我的声音，对空中虚应了一声。这是写一个陷入情网中的少女，盼望情人到来竟想得出了神，产生了一种幻觉，在想象中似乎听到情人在亲昵地呼唤她，声音似有似无，似渺茫又似真切，致使她下意识地向空中虚应一声，直到发现没人回应，才从幻觉中清醒过来，自知失态。写情态、写心理，惟妙惟肖，女子的痴情憨态，宛然如见。

意

浮云游子意 落日故人情

　　有一个不写一字而心意相通的故事：朱淑真是著名南宋女词人，相传其婚后不久，丈夫外出经商未归，因思念丈夫，托人捎信。但又怕外人窥见信中内容缠绵，而惹人耻笑。聪明的她就写了一首无字的"圈儿词"，寄托思念之情。丈夫接信看后，明白了她信中的意思，哈哈大笑，并将这首无字词用文字译出，真是"心有灵犀一点通"：

　　相思欲寄无从寄，画个圈儿替。话在圈儿外，心在圈儿里。单圈是我，双圈是你。你心中有我，我心中有你。月缺了会圆，月圆了会缺。我密密地加圈，你密密地知我意。还有那说不尽的相思情，一路圈儿圈到底。

　　这首诗虽然无一字，却表达了无尽的情意。这就是只可意会，不用言传。

　　心意往往是看不见，摸不着的东西，为了直观可感，人们用形象的语言加以表述。如把难以控制的躁动的心情，称为"意马"，娴静的心情称为"意水"，即心情如水一样悠闲沉静，产生意念的地方称为"意田"，高兴的心意称之为"意蕊"。"意"字揭示了人的意识的来源，观人的方法和健康之道。

汉字小词典

"意"，会意字，从心从音，音兼表声。表示言语所传达的心声。

《说文·心部》："意，志也。从心察言而知意也。从心，从音。"本义为心思、意思，如《易·系辞上》："书不尽言，言不尽意。"引申为料想，如《商君书·修权》："废尺寸而意长短。"后起义为意味，如李煜《浪淘沙》："帘外雨潺潺，春意阑珊。"

含有意的成语大多与"内心"有关。比如，"知心知意"表示彼此了解，心意投合，相互关心备至。类似的有"只可意会，不可言传"，只能用心去揣摩体会，没法用言语具体地表达出来。指道理奥妙，难以说明。有时也指情况微妙，不便说明。"神工意匠"，形容建筑、绘画等构思精妙，费人力所能为。

意是人的一种普遍心理活动

意从心，表明了意与人的心理活动息息相关。意源于人的心，有恒心，就有恒意。如果内心相通，"心有灵犀一点通"，根本不用说话，就已心心相印，一切尽在不言中。相反，如果互不理解，就会出现言不由衷，词不达意，意在言外的现象。庄子说："语之所贵者，意也。意有所随，意之所随者，不可以言传也。"意思是说，语言有时跟不上人的心理变化，所以，有的心意是无法用语言表达的。李白在《送友人》表达了其深情厚谊："浮云游子意，落日故人情。"陶渊明有诗："此中有真意，欲辨又忘言。"所以，古人传授心意，往往是口传心授，强调心领神会。禅宗五祖弘忍和惠能的对话，其实都是心意的交流。当弘忍问惠能："米，筛好了吗？"惠能一语双关地回答："已好，只欠'筛'而已。"暗指只缺"师"的指点，弘忍离开时，用禅杖敲了地面三下，慧能心领神会，这是五祖叫他夜里"三更"到他的住处传法。从这个意义上看，意是人的心灵相通。

意是用心去休察别人发出的声音就能知道他的意向

意，从音，从心，耳听音，心知意，听到别人说的话，就能心中有数，心中明了。人的声音是人的心地、心情的表现。心气浮夸诞妄的人，其声音流离散漫；心气谨密诚信之人，其声音和顺有节奏；心气鄙陋乖戾的人，其声音沙哑难听；心气舒阔柔和的人，其声音温柔美好。欣喜之声，清脆而悦耳；愤怒之声，悲愤而强烈；悲哀之声，破碎而凄切。人的声音，是人的心境、心志的体现。

郑子产有一次外出巡察，突然听到山的另一头传来妇女的哭声。随从在旁看着子产，听候他的命令，准备救助。不料子产却命令他们立即拘捕那名女子。随从不敢多言，遵令而行，逮捕了那位女子，当时她正在丈夫新坟前哀哭亡夫。原来，子产听那妇人的哭声没有悲恸之情，反露恐怖之意。审问的结果，果然是妇女与他人通奸，谋害亲夫。人的心音是相通的。内心平静声音也就心平气和，内心清顺畅达，也就会清亮畅快。从一个人的声音可以看出一个人的内心世界。

意是要时刻听从自己内心的召唤

"音""心"为意，表示要听从内心的声音。我们生活在这个世界，经常有许多来自外面的声音在干扰自己的内心世界。因而，往往也就迷失了自我。许多人活了一辈子，到老去的时候，十分后悔没有遵循自己的爱好选择好自己的职业，后悔没有遵循内心的声音选择自己的爱人。当他回首一生的时候，发现自己不是为自己活着，而是为别人而活着，这是多么的悲哀啊！无论是东方还是西方，无论是哪种文化，人类总要寻找自己的精神家园，倾听自己内心的声音。著名学者吴经熊先生说："我们既非向东，亦非向西，而是向内；因为在我们的灵魂深处，藏蕴着神圣的本体，那是我们真正的家园。"

意以正心作为基础

意字的下部是一个端端正正的心。《礼记·大学》："欲修其身者，先正其心；欲正其心者，先诚其意。"

儒家认为，人心受到忿激、恐惧、好乐、忧患等情欲的影响会不得其正，而心必须有所诚求，才能不乱而正。所以，"欲正其心者，先诚其意"。诚意的关键在于"格物致知"。只有对人情物理的认识提高了，才能服膺义理，主动克制情欲。这样，由于意真诚、心端正，个人道德完善，家庭中形成父慈子孝的关系，治国、平天下的政治理想也就实现了。正心诚意是达到心正意诚的至善道德境界的必由之路。

正心诚意，格物致知，是《大学》"八条目"中的前四条。宋代理学家程颐说，进修之术，"莫先于正心诚意"。朱熹也赞之为"万世学者之准程"。在王阳明看来，能够做到正心，自然就能做到诚意，而不需要特意去再诚意一下。正心是内在，那么这个内在表现出来的就是诚意，而充满诚意去体会去观察，自然就是格物，自然就能致知。关于此，有一个故事：

守衡问："大学的工夫只是诚意，诚意的工夫只是格物。修身齐家治国平天下，只是诚意达到极致。又有'正心之功，有所忿懥好乐，则不得其正'，为什么？"

王阳明回答："这个要自己思考才能得到，知道这个道理，就知道未发之中了。"

守衡再三请问。王阳明回答："为学的功夫有浅有深，起初的时候如果不踏实立意去好善恶恶，怎么能够为善去恶呢？这个踏实立意就是诚意。但不知道内心的本来面目原本是没有一物的，一味立意去好善恶恶，便又多了这份意思，就不是廓然大公，书所说的没有做出喜欢做出厌恶，才是内心的本来面目，所以说'有所忿懥好乐，则不得其正'，正心只是诚意工夫里面体会自己内心的本来面目，常常要明察持平，这就是未发之中。"

意是强身健体之道

"意"音通医。中国的传统气功是古人为保健养生而发明的。主要是通过呼吸加意念、形体的动作达到养生的目的，达到意到气到、气到血到、血到力到的境界。常言道："医者，意也。"《灵枢·本藏论》说：

"志意者，所以御精神，收魂魄，适寒温，和喜怒者也。"一个人要健康，必须在意志和欲、情绪情感之间找到平衡点。医生治病，往往不但要用药治，还要用心治。好意会使患者放下思想包袱，增强信心，这种心治有时比药物更为有效和重要。

意加"忄"旁为"憶"，把意收藏于心，留下深深的记忆。意加"月"为"臆"，"臆"的本义为胸，心想即是臆想，这是主观的臆测。

言有尽而意无穷。

——宋·严羽《沧浪诗话·诗辩》

语言完了而意味却无穷无尽。这里强调的是一种含蓄的诗境，言虽尽而寓意无穷，耐人思索，耐人寻味。刘勰《文心雕龙》所谓"情在词外"，所谓"物色（风物景色）尽而情有余"，"辞已尽而势有余"，指的就是这种含蓄的美。无论写诗作文，都应追求一种深度和厚度，避免因过于直露而流于浅薄。

感时花溅泪
恨别鸟惊心

感
GAN

"感时思报国，拔剑起蒿莱。"

这是唐代陈子昂《感遇诗三十八首》中的诗句，意思是：感念时事动乱，立志报效国家，从民间拔剑而起。"国家兴亡，匹夫有责"，每个人都对国家的前途、命运负有责任。当时局势动荡，国家有难时，也都应当挺身而出，发挥自己的能力，报效国家。这两句就表现了这种一旦国家需要，每个人不论贵贱，都应以身许国的爱国主义精神。

"感"字揭示了情感是如何产生以及表现形式。

汉字小词典

感，形声字。从心，咸声。

《说文·心部》："感，动人心也。"本义为感动，即外界事物对人心理情绪的激发、触动，如："且先帝谬顾，情同布衣，既今恩重命轻，遂感遇忘身。"（《晋书·庾亮传》）"登斯楼也，则有去国怀乡，忧谗畏讥，满目萧然，感极而悲者也。"（宋·范仲淹《岳阳楼记》）又有感慨之意，如："善万物之得时，感吾生之行休。"还有感激、感受、感觉等义。

有"感"字的相关成语大多有感动之义，如"哀感天地""多情善感""哀感中年""感今怀昔""感激涕零""感今思昔""铭感五内""陈遗饭感"等。

情感是人们对人生的一种内心体验

感从咸，从心。"咸"是五味之一，即盐的味道。这是一种人生况味。所谓酸甜苦辣咸，五味人生。常听一些老人说，"我走的桥比你走过的路多，吃的盐比你吃的饭还多"，表明老人生活阅历丰富，对生活的体验也入木三分。所谓"感时花溅泪，恨别鸟惊心"，人生的况味也需用心去休验。"感"字从"心"表明每个人的生活境遇、生活阅历不同，对生活的感悟，产生的感情也不同。

《红楼梦》里的林黛玉是一个"多愁善感"的人，情感很丰富，这与她的生活背景和际遇是密切相关的。第二十七回写林黛玉葬花的场面，是令人感动的。黛玉看见满地落花，触景生情，唱道：

> 花谢花飞花满天，红消香断有谁怜？
> 游丝软系飘春榭，落絮轻沾扑绣帘。
> …………
>
> 一年三百六十日，风刀霜剑严相逼，
> 明媚鲜妍能几时，一朝飘泊难寻觅。
> 花开易见落难寻，阶前闷杀葬花人；
> 独把花锄泪暗洒，洒上空枝见血痕。

············

试看春残花渐落，便是红颜老死时。

一朝春尽红颜老，花落人亡两不知！

在这首诗里，林黛玉葬花感叹自己的身世，表达了对世态炎凉、人情冷漠的愤懑，更重要的是表达了自己在幻想自由幸福而不可得时，不愿受辱，不甘低头的孤傲性格，读来令人感动。

感恩是人们发自内心的一种回报

感从咸，表示全部、全都，意寓充满，"咸""心"为"感"，表示一种占据整个心灵的感受。这种感动在生活中，最宝贵的是感恩的心。只有心怀感恩之心，才会感动、感谢他人，才懂得惜福，才懂得珍重。中国古代"知恩图报"的典故，告诉我们做人必须有恩必报。

春秋时候，吴国的大将军伍子胥带领吴国的士兵要去攻打郑国。郑国的国君郑定公说："谁能够让伍子胥把士兵带回去，不来攻打我们，寡人一定重重地奖赏他。"可是大家知道伍子胥文武双全，命令虽然发出三天，可惜没有一个人想到好办法，到了第四天早上，有个年轻的打渔郎跑来找郑定公说："我有办法让伍子胥不来攻打郑国。"郑定公一听，马上问打渔郎："你需要多少士兵和车子？"打渔郎摇摇头说："我不用士兵和车子，也不用带食物，我只要用我这根划船的桨，就可以叫好几万的吴国士兵回吴国去。"郑定公无法，只好"死马当活马医"，让他去试试。打渔郎把船桨夹在胳肢窝下面，跑去吴国的兵营找伍子胥。

他一边唱着歌，一边敲打着船桨：

芦中人，芦中人；

渡过江，谁的恩？

宝剑上，七星文；

还给你，带在身。

你今天，得意了，

可记得，渔丈人？

伍子胥看到打渔郎手上的船桨，马上问他："年轻人，你是谁呀？"

打渔郎回答："你没看到我手里拿的船桨吗？我爸爸就是靠这根船桨过日子，他还用这根船桨救了你呀。"伍子胥一听："我想起来了！以前我逃难的时候，有一个打渔的先生救过我，我一直想报答他呢！原来你是他的儿子，你怎么会来这里呢？"

打渔郎说："还不是因为你们吴国要来攻打我们郑国，我们这些打渔的人通通被叫来这里。我们的国君郑定公说：'只要谁能够请伍将军退兵，不来攻打郑国，我就重赏谁！'希望伍将军看在我死去的爸爸曾经救过您，不要来攻打郑国，也让我回去能得到一些奖赏。"伍子胥带着感激的语气说："因为你爸爸救了我，我才能够活着当上大将军。我怎么会忘记他的恩惠呢？我一定会帮你这个忙的！"伍子胥一说完，马上把吴国的士兵通通带回去。打渔郎高兴地把这个好消息告诉郑定公。一下子，全郑国的人都把打渔郎当成了大救星，叫他"打渔的大夫"，郑定公还送给他一百里的土地呢！

伍子胥为了报答打渔郎的爸爸帮助过他，他不但不攻打郑国还让打渔郎得到奖赏，这就叫做"感恩图报"。

感觉是指人的器官受到外界事物刺激的感受

感从心，人的感觉是从眼、耳、鼻、舌、身最后到了心里的。感觉既有真实的，也有虚妄的。佛学要我们不要太过于重视感官的享受，而要追求心灵的安静。《金刚经》曰：凡所有相皆是虚妄；一切有为法，如梦幻泡影，如露亦如电，当作如是观。

美好的爱情，动人的爱情，原来都是虚幻的！可是虚幻的爱情却也是最美的！如坠梦中，近在眼前，却触摸不到；遥远的总是最美，因为遥不可及，充满想象，却难以了解真正的最美，在于人心所营造的幻境这种美，值得我们凡人一直去追寻，即使花去毕生的时间，得到心碎的结局，却依然在憧憬。

对于生活，如果人不执著世间的一切物质名利，就不会被物质名利所控制；正由于人追求这些感官之物，才会变得不快乐，凡人就是太在乎自己的感觉、感受，才会身处于水深火热之中，所以记得佛家的劝诫：一切皆为虚幻。

人生如梦随风散，聚散喜忧皆是缘！

心学之窗　感知能力

人脑能通过其感受器官接收到刺激的物理信息。感官就是负责接收特定的物理刺激，再将刺激转换成可被人脑理解的电化学信息的物理系统。感知能力就是对感觉刺激、知觉对感官刺激赋予意义进行认知的水平，取决于感官对刺激的敏感程度，而且经验和知觉决定对刺激的判断。这就是人大脑的感觉信息进行组织和阐释的一组心理过程，通常就是指在大脑中进行的对感觉所提供的信息进行阐释的过程。知觉是在充分考虑了人们的期望、先前的经历和文化的基础上，对感觉信息进行综合并赋予其意义。

百忧感其心，万事劳其形。

——宋·欧阳修《秋声赋》

这两句大意是：无数的忧患使人的心情感伤，无数的世事使人的身体劳累。作者以夸张的手法，极言客观现实对人的摧折，对人事忧劳发出悲叹，明显地存在消极倾向。但是结合作者所处的社会现实，也可看出作者对当时政治生活的深沉感慨。

史书上有一段有关"怀"的故事。

说的是北魏时期，道武帝生有四个太子，名字皆取竖心旁的字，分别是愉、悦、恂、怀。

当时有一位大臣名叫崔光，家里也有四个儿子，其名字都有一个力字，分别是勋、勉、功、勤。

道武帝问崔光："朕儿旁有心，卿儿旁皆力，何也？"

崔光是一个见风使舵，善于奉承的人，于是答道："君子劳心，小人劳力，臣子孙愿为圣上效力。"

一番回答让道武帝心花怒放，博得他的欢心。

怀作为"怀古""怀旧""怀念""怀恋"都是一种心理活动，表达了人的一种情感，同时，也揭示了人应当具有广阔的胸怀和心量。

汉字小词典

怀，金文为禽（"褱"），会意字，仐为"衣"字，此处指代胸襟，界为"眔"字，像流泪小儿。表示将哭泣流泪的孩子抱在胸前，是"怀"字的初文。繁体"懷"，形声字，从心，褱声。在初文的基础上加"忄"表义，简体"怀"，原为俗字，用"不"代替声旁"褱"。

《说文·衣部》："褱，侠也。""侠"通"夹"，本义指将东西抱在怀中。《说文·心部》："懷，念思也。"意为怀念、思念。怀又指怀孕，如："母之怀子，犹土之育物也。"（王充《论衡》）怀也指胸怀，如"虚怀若谷""心怀叵测"。怀还指心意、感情，如"正中下怀""倍感伤怀"。

怀，是对过去的时光和人的一种思念

"怀"左为竖心旁，表示一个人的心，右边是一个双手交叉的人，表示一个人的心里怀着深深的思念。一个人随着年龄的增长，阅历的丰富，往往会对故乡、故人给予深深的怀念。这种怀念是以心为前提的，特别是血浓于水的亲情，情投意合的友情，在心里留下深深的记忆，因而会让人特别的依恋、追思、怀恋。古人常用诗文来怀念故乡和亲人，唐代张九龄《望月怀远》就是一首代表作。诗云："海上生明月，天涯共此时。情人怨遥夜，竟夕起相思。灭烛怜光满，披衣觉露滋。不堪盈手赠，还寝梦佳期。"张九龄在这里说，月光如昼的夜晚，我和远方的亲人一样仰望同一轮明月来寄托相思之情。有情人总是抱怨夜太长，而我却无心欣赏美好的月色，希望在梦中能和亲人相会。

怀，是一种安抚和慰藉

"怀"字是将哭泣流泪的孩子抱在胸前加以安抚和慰藉，体现了强者对幼者的关怀，这种关怀是心与心的沟通，心与心的交流，是心在先，行动在后。

三国时期，吕蒙是孙权一手培养起来的将领，两人常以兄弟相称。在关羽进攻樊城的时候，吕蒙一手策划并实施"白衣渡江"行动，帮助孙权占领了荆州，扭转了东吴在三足鼎立中的弱势地位。

然而，吕蒙虽然作战骁勇，却经常患病。荆州之战刚结束，吕蒙就一病不起。为了给吕蒙治病，孙权亲自把吕蒙接到自己的大殿住下，并向全国征寻名医。

当时，吕蒙已经病入膏肓，除了需要服用中药外，还需要每天针灸。孙权担心吕蒙，每天都要亲自探望好几次。每次，吕蒙都要强行坐起来，行君臣之礼。这样一来，反而影响吕蒙的休息，身体很难恢复。不去看望吕蒙，孙权不放心；去看望吕蒙，又增加吕蒙的负担。这让孙权很为难。

后来，孙权趁吕蒙睡着，找人悄悄在他房间的墙壁上挖了一个小洞。每天，孙权都不再亲自去看望吕蒙，而是通过这个小洞偷看。如果吕蒙表情放松，能吃点东西，孙权也眉开眼笑；如果吕蒙表情痛苦，或者吃不下饭，孙权也夜不能寐。

从挖这个小洞到吕蒙病逝，足有三个多月，孙权也通过这个小洞"偷窥"了三个多月。吕蒙病逝后，每当有东吴的大将生病或者负伤，包括陆逊、周泰、丁奉等人，孙权都会接到这里诊治，自己也通过这个小洞观察病情。后人就把这面墙叫做"窥视墙"。也正是孙权关爱部下，东吴的文武官员团结一心，为日后江山社稷的建设，发挥着不可估量的作用。

怀，是对他人的包容和接纳

怀，从心，是心的包容。有宽广的胸怀。雨果说："世界上最宽阔的是海洋，比海洋更宽阔的是天空，比天空更宽阔的是人的心灵。"一个胸怀宽广的人往往能够容人之短，容人之能，容人之失。唐代宰相娄师德是一个心量、气量很大的人。

娄师德与狄仁杰同朝为官，狄仁杰却颇看不起他，数次欲排斥他。这些都被武则天看在眼里。一次，武则天问狄仁杰："你觉得娄师德如何？"狄仁杰回答："领兵守城或许有些本领，但能否称得上贤能就不知道了。"武则天又问："他善知人吗？"狄仁杰回答："我与他同僚，实在不知道他还有知人之能。"武则天笑着说："我重用你，便是娄师德推荐的，这就是知人啊！"说着命人取来十几篇奏章给狄仁杰看，竟都是娄师德为举荐狄仁杰而写的。狄仁杰看后着实惭愧，感慨道："娄师德真乃有德之人，我受他包容却一直不知，我不如他啊！"

怀的繁简字之间有很大的差别。繁体的"懷"，表示的是用心把哭泣的小孩抱在胸里给予抚慰，充分体现了关怀的意思。简体的"怀"，从心，从不，"不"表达的是否定，拒绝。这是无心之"怀"，与关怀的意义相去甚远。不过，有可取之处是要我们"怀"不可纵。过分的"关怀"有时也是一种伤害，俗话说，多忧伤神，多思伤志。假如过多的思念，就会变成"相思病"。而对他人不适度的"关怀"，是一种"溺爱""骄纵"，其结果也害人害己，也是不可取的。

心学之窗　消除怀疑法

如何才能避免发生被人无端怀疑呢？可从四个方面着手：

1. 为人处世，光明磊落，宽怀不贪，言信行果。
2. 不要接近和随便到容易被人怀疑的地方去。
3. 不要常生贪占小便宜的投机心理和行为。
4. 对一些重大事情，尤其是大众的事情，最好记录备份下来。

生年不满百，常怀千岁忧。

——无名氏《古诗十九首》

解读

　　这句话告诫我们不该为一些眼前的琐碎事物而烦恼焦虑，破坏自己的心情。人生不如意事十常八九，如果我们总要为之烦恼，那我们生命是不快乐的。这也告诉我们要随遇而安，满足于自己眼前所有的，不觊觎自己得不到的东西，那样才能经常保持明朗愉快的心情，而不会总是忧心忡忡。

　　从另一个角度看，如果我们在自己不满百岁的人生中，能够常常发千古之忧思，也不完全是件坏事。例如，如果我们常常关注国家的命运，世界的前途，未来的图景（宏观时间）和宇宙的浩渺（宏观空间），会对时间和空间以及人在其中的位置有更加清明的认识，从而有一个清清楚楚而不是懵懵懂懂的人生。

耕者忘其犁
锄者忘其锄

WANG

忘

古人云：伴君如伴虎。清代的慈禧太后据说喜怒无常，大臣在她面前稍有差错，轻则斥责，重则杀头。有一位文臣替她写字时，居然忘了一个字，差点惹来杀身之祸。

有一次，慈禧太后请一位工于书法的大臣为她的扇子题诗。大臣写的是唐代王之涣的诗：

凉州词

黄河远上白云间，一片孤城万仞山。
羌笛何须怨杨柳，春风不度玉门关。

由于紧张，大臣忘写了一个"间"字。慈禧大怒，说竟敢欺我不会唐诗，要杀他。大臣急中生智，连忙解释道："老佛爷息怒，我这不是诗，而是一首词。"并当场断句，读给慈禧听："黄河远上，白云一片，孤城万仞山。羌笛何须怨？杨柳春风，不度玉门关。"慈禧听了，转怒为喜，连声称妙，并重赏了大臣。

在我们的日常生活中，我们不能忘记自己的工作职责，不能忘记有恩于我，不能忘记自己的承诺，我们还要不忘历史，珍惜今天，开拓未来等等。但是，另一方面，学会遗忘也是一种生活智慧和人生境界。忘记，对不幸的事情来说，是一种庆幸。道家主张过一种乐以忘忧、逍遥自在的生活，要善于忘记忧愁和烦恼，以轻松的心态去生活，"忘"字反映了这种洒脱的生活态度。

汉字小词典

忘，形声字，从心，亡声。亡兼表义，表示心有所失而不记得。

《说文·心部》："忘，不识也。从心，从亡，亡亦声。"本义为忘记，如："其为人也，发愤忘食，乐以忘忧，不知老之将至。"（《论语·述而》）引申为舍弃，如："贫贱之交不可忘，糟糠之妻不下堂。"

"忘"是指做事情非常投入，而进入一种无我之境，如"废寝忘食"，就是讲专心工作，忘记了睡觉和吃饭。"忘年之好"，是指不拘年岁行辈的差异而结交的朋友。"忘其所以"，是指因过分兴奋或得意而忘记他所应做的事。"忘象得意"，是指忘记物象，悟得真谛。

善于忘记是一种豁达，一种超脱

忘，从亡，从心，意为心亡，记忆以心为根，不放在心上，记忆也就消失了。做了好事，有恩于他人，不必牵挂于怀，这才能过得洒脱。

著名经济学家孙冶方与著名舞蹈家资华筠同是全国政协委

员，因常在一起开会而熟悉。1982年春季的一天，同时参加政协会议的孙冶方听说资华筠是著名学者陈翰笙的学生，就对他说："你的老师是我的引路人。我是在他的影响下参加革命并对经济问题发生兴趣的，我很感谢他。"后来，资华筠将孙冶方的话告诉了陈翰笙，以为老师一定会自豪。谁知老师却说："不记得了。"资华筠以为老人年事太高，记忆模糊了，就半是提醒半是嗔怪地说："人家大经济学家称您是引路人，您倒把人家忘记了。"陈老十分认真地说："我只努力记住自己做过的错事——怕重犯。至于做对的事，那是自然的，应该的，记不得那么多了。孙冶方的成就，是他自己努力的结果，我没有什么功劳。"陈老因为忘记有恩于人，而成为一个豁达的人。在人生的道路上，有些失误可能是因为无知导致的，有些伤害可能是无心之举，因此，没有必要耿耿于怀，该放下就放下，该忘记就忘记，忘记那些伤害，是对他人的谅解，同时也是对自己的解脱。紧紧抓住他人的错误不放，其实等于在拿别人的错误来惩罚自己。忘记和记住看似对立，但有时记住也意味着折磨。

善于忘记是快乐之源

忘从心，可以理解为忘记麻烦之心。保持快乐心情的一个重要秘诀是善于忘记。人生在世，总不会永远都是一帆风顺，谁也免不了会遇上一些烦恼的事。比如白天上班与同事或上级产生一些矛盾，或者拌了嘴，或者挨了训，与家里的父母、老婆闹点小矛盾，家里的孩子闹别扭，出门乘车、购物受了气……这些都是常有的事。倘若为这些事情耿耿于怀，那可能越想越生气，越想越伤心，越想越不甘，这样，就会越来越郁闷。善于忘记的人，大都不会把这些事情放在心上。有一个人，每天都很快乐，人家请教他的秘诀，他说："不快乐的事情，过五分钟我就忘却了。"其实，一个人要保持快乐的心情，五分钟忘记烦恼可能不容易做到，但是不过夜则是可以的。有些不愉快的事情，事过境迁之后，就要很快把它忘却。

有一个寓言故事：一个人被烦恼缠身，于是四处寻找解脱烦恼的秘诀。有一天，他来到一个山脚下，看见在一片绿草丛中，有一位牧童骑在牛背上，吹着悠扬的横笛，逍遥自在。他走上前去问道："你看起来很快活，能教给我解脱烦恼的方法吗？"牧童说："骑在牛背上，笛子一吹，什么烦恼也没有了。"他试了试，却无济于事。于是，又开始继续寻找。不久，他来到一个山洞里，看见有一个老人独坐在洞中，面带满足的微笑。他深深鞠了一个躬，向老人说明来意。老人问道："这么说你是来寻求解脱的？"他说："是的！恳请不吝赐教。"老人笑着问："有谁捆住你了吗？""……没有。""既然没有人捆住你，何谈解脱呢？"他蓦然醒悟。

善于忘记是一个人学习新知识的办法

忘记是一种很正常的生理现象，人们的大脑每天要接受无数的信息，把任何信息都记到脑海里，不但是不可能的，也没有必要。人的大脑是有选择地储存信息的，它只嵌入那些对个人刺激较深的事物。大脑记忆是有限的，只有把大脑里较为陈旧的信息清走，新的信息才能存入。正如给杯子里加水，只有倒出一部分，才能注入新的。人们的学习，其实在弃旧扬新，是一个不断地记忆和忘记的过程。学习新的知识，就要善于忘却旧知识，这样才能增长才干。

善于忘记是养生的一个窍门

"忘"字可拆解为"亡心"（即"无心"），正如俗话所说的"没心没肺，活到百岁"。有人总结自己的养生经验，归纳为三个"忘记"：首先是忘掉年龄。人的生理年龄是客观的，但心理年龄则不同，它反映着人的精神状态。俗话说，"人不思老，

老将不至"。这话是有一定道理的，不少老人就善于排除"老"的压力，保持年轻的心态，鹤发童颜，仍为社会作出贡献。二是忘掉疾病。人生在世，免不了会患病，但在"战略上藐视"，从"战术上重视"，"既来之，则安之"，既积极治疗，又不必忧心忡忡，把注意力转移到工作和兴趣爱好上，更有利于身体的康复。三是忘掉积怨。如果一个人生活在仇恨之中，老想着报复，必然不舒畅，对健康有害无益。"三个忘掉"，其实就是要人们永远保持宽容、乐观、开朗的心境，为健康长寿创造一个良好的心理环境。

善于忘记是化干戈为玉帛的良药

在家庭、在单位、在社会里，许多矛盾其实都是由小事引起，如夫妻长年累月生活在一起，产生一些小矛盾在所难免。假如对对方的一些不良细节斤斤计较，耿耿于怀，就容易忽视对方的优点，从而埋下了争吵的"火种"。同时，老记"老账"，对自己也是一种折磨。忘记一些小毛病，既是对对方的一种宽容，也是一种自我解脱。善于忘却，不让"问题记忆重复"，要

靠理智和毅力去克制，也要学会转移注意力。当气从心里起时，不妨从"恨的联想"转移到想想对方的长处和优点，改变自己的态度。

忘谐音"罔"，一个人假如心死了，就会置若罔闻，什么都不在乎，就会得健忘症。因此，不忘记就要用心去听，用心去记，用心去感受。

心学之窗　遗忘曲线

德国心理学家艾宾浩斯（H.Ebbinghaus）研究发现，遗忘在学习之后立即开始，而且遗忘的进程并不是均匀的。最初遗忘速度很快，以后逐渐缓慢。他认为"保持和遗忘是时间的函数"，他用无意义音节（由若干音节字母组成、能够读出、但无内容意义即不是词的音节）作记忆材料，用节省法计算保持和遗忘的数量，并根据他的实验结果绘成描述遗忘进程的曲线，即著名的艾宾浩斯记忆遗忘曲线。

朝忘其事，夕失其功。

——春秋·管仲《管子·形势》

这两句大意是：早晨忘掉了他的事业，晚上就会失去他已取得的成就，说明骄傲自满是事业的大敌。作者以"朝""夕"的对比，极言时间之短，失败之速。由于骄傲自满，多年努力获得的成功，毁于一旦是完全可能的。所以希望干一番大事业的人，必须兢兢业业，克勤克俭，决不能有一丝一毫麻痹松劲、骄傲自满的情绪。

白日不到处
青春恰自来

南唐后主李煜，在世人眼里是一个懦弱的帝王，是一个遭人鄙弃的亡国之君，但他的词意境是那样的凄美，请看：

虞美人

春花秋月何时了，
往事知多少。
小楼昨夜又东风，
故国不堪回首月明中。

雕栏玉砌应犹在，
只是朱颜改。
问君能有几多愁，
恰似一江春水向东流。

这首词仿佛映照着一个憔悴的面庞，为社稷沦丧而扼腕叹息，临一江春水，失意落魄，看满江春水载着一腔愁绪向东流去。"恰似"，形象生动地描绘了无限的忧愁。

"恰"所体现的是"中庸之道"，在恰当的时间，和恰当的人，做恰当的事，是一个人获得成功的前提条件。"恰"字是告诉我们为人处事如何达到最佳状态。

汉字小词典

恰，形声字，从心，合声，合兼表义。

《说文·心部》："恰，用心也。"这个"恰"字是另外一个字，与"恰"字同形。今天的"恰"字为后起字。《正字通·心部》："恰，适当之辞。"本义为合适。如："野航恰受两三人。"（杜甫《南邻》）"恰似湘妃泪尽时。"（贾岛《赠梁浦秀才斑竹拄杖》）。引申为正好，正巧，如"恰如其分"。又表示刚刚，如："新刷来的头巾，恰糨来的袖衫。"又表示岂："恰不道人到中年万事休，我怎肯虚度了春秋？"恰也表示融和，如"春光恰恰"。恰还是鸟鸣声，如："留连戏蝶时时舞，自在娇莺恰恰啼。"

有"恰"字的成语，大多表示合适，如"恰到好处""恰当其时""恰恰相反"等。

恰好是和谐的最佳状态

"心""合"为"恰"，意为符合天地人心，物我一体，一切行为符合自然规律、社会规律和美的规律，正如儒家所追求的"中庸"的状态，不偏不倚，无过无不及。正如美学一样符合黄金分割律，增一分太长，少一分太短，恰到好处。雕塑家罗丹正是把"恰好"用到极致。

十九世纪最伟大的雕塑大师罗丹完成了雕像巴尔扎克后，他的几个学生来到了他的工作室，当学生们看到这件作品的时候，都惊讶地看着那一双精彩无比的手，嘴里发出了"这手、这手"，不料罗丹拿起了一柄铁斧，咣当一声就把雕像一双手砸了下来。面对惊恐万状的学生们，罗丹说："这双手太突出了，已经破坏了作品这个整体，任何时候，整体总是比局部更重要。"艺术是相通的，比如文学上讲究，有主、有次、有虚、有实。美术上也讲究主次、整体、局部、虚实、强调、夸张。罗丹之所以砸掉那双手，是因为这个"次要"的"局部"太过于突出，有"画蛇添足"之嫌！又如"断臂的维纳斯"突出了主体——娇美的面容，丰满的躯干，优美的曲线，是恰到好处的不朽名作。

恰当当需用心体悟

恰，从心，从合，意为要合心意。《正字通·心部》："恰，适当之辞。""恰"表示要适当，正好。就是要适时、适度，有分寸。要做到凡事都有"分寸"，其实不容易，万事万物当有分寸，月是有分寸的，缺了慢慢地又圆了；时间是有分寸的，它公平地给予了每个人相同的时间，不长也不短；自然是懂分寸的，春夏秋冬四季轮回，不长也不短。人，更应该懂得分寸，积蓄力量，把握时间，奋发有为，功成身退。而要做到懂分寸，必须常常用心去体悟。

宋代的沈括幼年读到"人间四月芳菲尽，山寺桃花始盛开"（唐代白居易诗）这句诗时，眉头凝成了一个结，"为什么我们这里花都开败了，山上的桃花才开始盛开呢？"为了解开这个谜团，沈括约了几个小伙伴上山实地考察一番，四月的山上，乍暖还寒，凉风袭来，冻得人瑟瑟发抖，沈括茅塞顿开，原来山上的温度比山下要低很多，因此花季才来得比山下晚呀。凭借着这种求索精神和实证方法，沈括长大以后写出了《梦溪笔谈》。

恰意必须既合己心，也合他人之心

"合""心"为"恰"，首先是要合己之心，不忘自己之初心，从初心出发，始终保持不偏不倚的心态，客观公正地做人处世。但这还是不够，还必须合他人之心，学会"换位思考"，时时为他人着想，设身处地从他人的角度看待问题，认真权衡，尽量避免出现偏颇的现象。唐太宗可以说是一个善于做到"恰意"的人。

有一次，唐太宗问魏征说："历史上的人君，为什么有的人明智，有的人昏庸？"魏征说："多听听各方面的意见，就明智；只听单方面的话，就昏庸。"他还举了历史上尧、舜和秦二世、梁武帝、隋炀帝等例子，说："治理天下的人君如果能够采纳下面的意见，那么下情就能上达，他的亲信要想蒙蔽也蒙蔽不了。"唐太宗连连点头说："你说得多好啊！"又有一天，唐太宗读完隋炀帝的文集，跟左右大臣说："我看隋炀帝这个人，学问渊博，也懂得尧、舜好，桀、纣不好，为什么干出的事这么荒唐？"魏征接口说："一个皇帝光靠聪明渊博不行，还应该虚心倾听臣子的意见。隋炀帝自以为才高，骄傲自信，说的是尧舜的话，干的是桀纣的事，到后来糊里糊涂，就自取灭亡了。"魏征恰到好处的谏言，成就一段历史佳话。

在日常生活中，要做到"恰意"，必须顾及他人的感受，言谈举止做到有"分寸"，要明白直爽并非口无遮拦，不分场合，会使他人难堪；说话应留有余地，不应讲得太满；说话不能不看时机、环境。

"恰好、恰当、恰意"是人生极其重要又极难把握的问题，是人生的一门艺术，谁能精通这门艺术，也就把握了人生的命运。

恰不道人到中年万事休，
我怎肯虚度了春秋。

——元·关汉卿《一枝花·不伏老》

解读

　　这两句大意是：且不说人到中年万事休，我怎么肯虚度了这宝贵的年华！关汉卿是元代的书会才人，他不顾传统社会的反对和攻击，和勾栏瓦舍里的下层艺人生活在一起，表现出坚强的性格。《一枝花·不伏老》这套散曲就集中地反映了他的生活道路和坚强性格，表现了他对社会黑暗现实的反抗。时间是公平的，但是同样年纪的人为什么所做出的成就不一样呢？那是因为不同的人们对于时间有着不同的态度。勤奋者抓紧时间；求知者利用时间；有志者珍惜时间；聪明者争取时间；好学者挤出时间；上进者追求时间；忠诚者遵守时间；勤劳者创造时间。人生在世，应珍惜光阴，努力奋斗，争取有所作为，不能虚度春秋。

意志意愿

怙

老荠怙春柔
业高荐芳旨

有一个典故叫"怙恶不悛"，说的是这样一个故事：

春秋时代，卫国联合宋、陈等国进攻郑国。为了离间卫国的盟国陈国，郑国国君郑庄公派使者到陈国求和，希望结成联盟。不料，陈恒公瞧不起郑庄公，不与郑结盟。他的弟弟五父劝谏说："对邻国亲近、仁爱和友善，是立国的根本，应该答应郑国的要求。"可是，陈恒公听不进五父的话，仍然拒绝了郑国的要求。郑庄公为此勃然大怒，亲率大军攻伐陈国。陈恒公仓促应战，结果大败。

后世史家评论道："友善不可丢失，罪恶不能滋长。一直做罪恶的事而不改过，最后一定会自食其果。""怙恶不悛"指的是坚持作恶，不思悔改。

"怙"字告诉我们在人生的不同阶段应当依仗什么。

意志
意愿

怙，形声字，从忄，古声。

《说文·心部》："怙，恃也。"怙的本义为依仗、凭借，如《诗经·小雅·蓼莪》："无父何怙，无母何恃。"由于父母是子女的依靠，引申为父母的合称，如唐白居易《寄乌江十五兄文》："孩失其怙，幼丧所亲；旁无弟兄，茕然一身。"

有"怙"字的成语多指依靠、凭恃、坚持之意，如用"怙才骄物"指仗着自己有才能，看不起人；用"怙恩恃宠"指凭借别人所给予的恩泽和宠幸而横行霸道、骄横妄为；用"怙终不悔"指有所恃而终不悔改。

"怙"字告诉我们在人生的童年阶段，父母是我们最伟大、最温暖、最可信赖的依靠

怙从心，指依赖的心理，古为十口相传，表示久远年代，历史悠久。"心""古"为"怙"，表示子女对父母的无限依仗、依赖、依恋。"怙"音通"护"，父母对子女负有爱护、守护的责任。

母子之爱，父子之情，都伴随着人类发展的整个过程，成为人类进化、文明进步的重要精神之力。当看到父母二字时，很多人都会在耳边响起母亲最爱唱的、最亲切的摇篮曲的声音；会出现沉默寡言、含辛茹苦的父亲的背影。在远古蛮荒的时代，人们为了生存和征服自然，不得不结成团体，而在所有组合中，以血缘为纽带的父子、母子之情最为深厚，父母为了养育子女，历尽千辛万苦，孩子在成长的过程中不仅保留着父母传承下来的基因，也在父母的影响下，形成了自己心理、意志和情感。《诗

经·小雅》中"无父何怙，无母何恃"便表达了这种感情，"没有了父亲我依靠谁？没有了母亲我仰赖谁？"作家高尔基曾说过："世界上的一切光荣和骄傲，都来自母亲。"这是因为父母在一个人成长的过程中所起的重要作用。

父母是人生中最亲、最可信赖的人，父母不仅给了孩子生命，更是给了孩子情操、情感、智慧和信念，这一切无形资产的赋予，都在年复一年，日复一日的"拉扯"中不知不觉地形成。

"怙"字告诉我们在人生的青少年时代要学会自立、自强

怙，从心；从古，古为古代、作古，意为依赖之心已作古。"怙"从另一个方面表示要有自强、独立的精神和意识。在未成年的时期，父母是最大的依靠，但父母不是终生的依仗，因为父母总会离子女而去。哪个父母能陪孩子走完所有的人生之路呢？所以，有句俗话说得好："靠墙墙要倒，靠娘娘要老。"一个人走上社会，最终还是要靠自己。生活告诉我们：改变人生只能靠自己。被人们称为"天才"的人，并不是因为有一个天才的老爸，而是自身的德才，足与盛名匹配。

今天人们常说，当下是个"拼爹"的时代。很多"富二代""官二代"一出生嘴里就含着金钥匙，不用奋斗，便应有尽有。可是，这些"富足"并不足为羡，反而会给子女和社会带来了新问题。如果一个人把一切都寄托在父母身上，一有需求便要求父母满足，便会养成依赖心理，断送了自强的精神，这样不仅毁掉了孩子，更是破坏了家庭的亲情。我们都要高度警惕：拼爹拼掉的是亲情，拼爹拼掉了孩子的幸福，拼爹拼到最后我们的社会将会变成一个冷酷无情的社会。

佛教认为即使自己有过人的才气，也不能依仗、放逐，否则就会傲慢。佛教中有"众生五事恃怙"之说，即一恃怙年少，二恃怙端正，三恃怙力势，四恃怙才器，五恃怙贵族。愚痴众生恃怙所有，不念世相无常、恣意放逸、不求出世无为之道。佛教认为，年少、端正、力势、贵族只能恃怙一时，终不能永存，最后也是靠不住的。这就要求我们始终保持谦逊的态度，不傲慢逞能，一切顺势而为，适时适度，中道而行。

心学之窗 　依赖心理

依赖心理指的是个体出于自己无法选择的关系，被迫做违心的事，虽然他也讨厌被迫行事的方式。健康的、平等的人际关系是具有选择性的，能使人得到友爱及独立性。而只要存在着心理上的依赖，就必然不会有选择，也就必然会有怨恨和痛苦。依赖别人如父母、师长、领导、朋友等的人，会把别人看得比自己重要，期待着别人的安抚与赞许，会自觉不自觉地迎合别人的意愿说话、做事，以取悦对方，而将自己置于依附的地位，这样就丧失了自我，事后会感到怨恨，心中不平，而不如此又感到内疚和不安。

无父何怙，无母何恃？

——《诗经·蓼莪》

解读

　　没有父亲叫我依靠何人？没有母亲叫我仰仗何人？这两句是痛悼父母双亡，自己从此失去依靠的，表现了诗人对父母的深厚感情。两句均以反诘句式写出，加强了感情的表达，使诗人悲痛欲绝的形象跃然纸上。诗句形容失去父母的孤儿幼弱可怜，也表现父母对子女的重要性，还可用于表达子女追怀父母的感情。没有父母的呵护与关怀，孩子心灵承受了多大的创伤。有这样一种人，无论你说什么做什么，怎样无意中伤害到他们，他们总会站在他们的角度为你着想；只要你过得好，什么都不再重要，这种人就是父母，这种感情就是父母与子女之间的感情。在生活的磨练和劳累下，人的身体状况和思想认识都会变，父母之情却永远也不会变，他们还是会力所能及地在那儿守护着盼望着。

忍

REN

以忍制己情
以恕制人情

　　韩信，秦末淮阴（今江苏淮阴市西南部）人。小时候，他父母双亡，家中越来越穷，只好流落街头。

　　虽然很穷，但韩信也像武士、侠客一样，身上总佩着一柄宝剑。一班少年看了很不顺眼，常取笑他。有个年轻的屠夫特别刻薄，冲着韩信说："你身上老是带着剑，好像很有两下子。但我知道你是个胆小鬼。你敢跟我拼一下吗？敢，就拿剑来刺我；不敢，就在我的裤裆下钻过去！"

　　说着，屠夫撑开两条腿。韩信盯着他看了一会，趴下去，从他的裤裆底下爬了过去。这班少年见了，都笑歪了嘴，给韩信起了个外号叫"胯夫"，认为韩信是个懦夫。

　　可就是这个"胯夫"，在楚汉战争中立下了赫赫战功，被刘邦封为楚王。他衣锦还乡，并派人去找那个屠夫。屠夫吓得直打哆嗦，以为韩信要报"胯下之辱"的仇，不料韩信却说："你不必害怕，闹着玩的事有的是，何必这么认真呢？你当时倒是挺勇敢的，就在我这儿做个校尉吧！"

屠夫不禁连连叩谢。韩信对手下的将士说："他也算是个勇士。当初他侮辱我的时候，我难道不能把他杀了吗？可那有什么意思？就因为我能忍辱负重，才有今天。因此，也可以说他是督促我上进，去建功立业的人。"将士们听了，都十分钦佩。

生活中，我们要学会忍耐，都说"忍"字心上一把刀，这是对人心的磨砺，也是对人意志的考验。"忍"字是刀下一颗心，面对那些蛮横无理的人，需要有一颗慧心，用心识破对方的意图，忍一时风平浪静，忍是人生的一种智慧。

📙 汉字小词典

忍，形声字，从心，刃声。

《广雅·释言》："忍，耐也。"本义为忍受、忍耐，如《论语·八佾》："是可忍也，孰不可忍。"又有残忍、狠心的意思，如贾谊《新书·道术》："恻隐怜人谓之慈，反慈为忍。"

与忍字有关的成语，大都与上述的字义有关，如："不忍卒读"，指不忍心读完，常用以形容文章内容悲惨动人；"惨不忍睹"，凄惨得叫人不忍心看；"忍辱偷生"，指忍受屈辱，苟且活命；"忍气吞声"，指受了气勉强忍耐，有话不敢说出来；"忍无可忍"，表示再也忍受不下去了；"忍俊不禁"，表示无法控制自己，指忍不住要发笑。

忍的要求是宽容礼让

忍，从刃从心，刃是一把锋利的刀，这把尖刀刺向心里，而下面的心却依然稳重，包容尖刀，游刃有余。因此，忍字寓意要能宽容礼让。人生不如意之事十有八九，当遇到不顺心的事情时，要忍让在先，忍气、忍辱，忍是为了求安，凡事要想得开，看得远，正如俗话所言："忍得一时之气，免得百日之忧。"忍耐是一种美德，更是一种以屈求伸的深谋远虑。"吃亏人常在，能忍者自安"是提倡忍耐的至理箴言。忍耐是人类适应自然选择和社会竞争的一种做人方式。世上的无谓争端多起于芥末小事，一时不能忍，铸成大祸，不仅伤人，而且害己，此乃匹夫之勇。凡事能忍者，不是英雄，至少也是达士；而凡事不能忍者纵然有点愚勇，终归城府太浅。

忍耐并非懦弱，而是于从容之中静观或蔑视对方。唐代的娄师德是世家公子，祖上历代都做大官。他弟弟到代州去当太守。他嘱咐说："我们娄家屡世为官，泽及你我，所以难免故人说道。你出去做官，要认清这一点，遇事要能忍耐。"他弟弟说："这我懂得，就是有人把口水唾到我脸上，我也自己擦掉算了。"娄师德说："这样还不行。"弟弟又说："那就让它在脸上自己干。"娄师德说："这才对了。"

娄师德教诲他弟弟的"唾面自干"也许不值得效仿，但忍耐确实是一种难得的品质，它需要超强的心理承受力。忍耐不是谁都能做得到的，也不是谁都能学会的。做到了，万物皆备于我；学会了，人格就会得到提升。

忍的方法是以柔克刚

忍，从刃从心，刃是一把锋利的尖刀，刀具有两面性，既可以隐藏威力不外露，也可以宝刀出鞘；心就像刀鞘，当心的底线被击穿，忍无可忍时，宝刀就会出鞘。因此，忍是心中装着一把刀，当忍无可忍时，这把刀就会成为复仇的利器。忍并非一味地忍让，而是不采取对抗的方式，避免激烈的冲突，通过柔和的手段，达到化解问题的目的。俗话说："以退为进。"退，其实是进的很好办法。忍也是如此，忍的最终效果是以柔克刚，事半功倍。有个成语叫"四两拨千斤"，讲的正是以柔克刚的道理。俗语说："百人百心，百人百性。"有的人性格内向，有的人性格外向，有的人性格柔和，有的人则性格刚烈，各有特点，又各有利弊。然而纵观历史，不难发现，往往刚烈之人容易被柔和之人征服利用。太过于嚣张的民族，往往越容易被低调的民族所征服。

忍的境界是顺应命运

忍，从刃从心，刀刃刺进心里，心上承载着一把刀，指人生的不如意其实是一种常态。忍音通"认"，认的繁体字为認，从言从忍，指有痛也忍着，不说出来，是对现实的"认命"。忍字寓意人生要顺应命运，学会承担苦难，在苦难中磨砺成长。世界纷繁复杂，很多事情是不以人的意志为转移的，由于自身条件、所处环境等因素的影响，我们不可能事事如愿。当面临困难和挫折时，我们在力所能及的范围内，尽力去战胜它、克服它，一旦无法改变时，我们就得学会认命，顺其自然。格丽·富勒曾经说过："我接受整个宇宙。"我们既要接受成功的喜悦，也要接受不可改变的事实。学会认命是一种摆脱困惑的智慧，是一种面对现实的生存技巧，是一种改变现实的宽容心态。有一句哲学名言："对生命不了解的人，生命对他就是一种惩罚。"唯有放下暂时的伤痛和失望，我们才能轻装上阵。因此，学会认命是一种经历得失、痛苦、烦恼磨难后的境界，认命意味着对事物重新审视，一分为二地认识事物的相对性与局限性。任何事物的发展，到达某一程度或状态，都会进入极致或绝境，此时，就要适当认命，审时度势，调整方向。当然，认命不是消极屈从，而是理性地、积极地、客观地认识事物发展变化的人生态度，是对难以成就事物的放弃，是对自己人生追求目标的重新确立。

华人首富李嘉诚早年跟一个美国人做生意，按要求完成一笔订单。可就在完成前夕，这个美国商人忽然变卦，不要这些已经生产出来的产品了。按照法律，临时违约是要赔偿一大笔钱的。

美国人试探性地问李嘉诚的意思，没想到李嘉诚慷慨地说："生意场上变化莫测，发生这种事情也是情有可原，既然我的产品没受到损失，我就不要赔偿了。中国人有句古话：买卖不成仁义在嘛！"美国商人听了，真诚地感谢李嘉诚后离去了。

两年后，此事已在李嘉诚心中慢慢淡忘了，可有一天，又有一个美国商人来找他下订单，而且订单的数量非常大，一下子就让他狠赚了一笔。李嘉诚奇怪地问这个人为什么单单选择自己的产品，对方笑着说："我有个朋友，他常提到李先生您，说您为人宽容仁义，做事不斤斤计较，所以我一直记在心上，这不就找上门了。"李嘉诚这才恍然大悟。

其实，认命也是一种自我评判，一个人的能力、环境、机遇不尽相同，如果我们弃现实于不顾，追求力所不能及的事，只能望洋兴叹，郁郁寡欢。认命就是要面对现实，根据自己的实际，做我们力所能及的事情，使我们的人生价值得到最大体现。

心学之窗 生活中要学会忍耐

一位年轻人毕业后到一个海上油田钻井队工作，第一天，领班要求他登上几十米高的钻井架，把一个盒子拿给井架顶层的主管，当他气喘吁吁把盒子交给主管时，主管只在盒子上签下自己的名字，又让他送回去。于是，他又走下梯子把盒子交给领班，而领班也同样只在盒子上面签下自己的名字，让他再次送给主管。就这样年轻人往返了3次。当年轻人第3次爬到顶层时，主管看着他说："把盒子打开。"年轻人打开盒子，里面只有一罐咖啡和一罐咖啡伴侣。主管接着说："把咖啡冲上。"此时，年轻人再也忍不住怒火，"啪"的一声把盒子扔在地上。主管站起身来，直视他说："刚才让你做的这些叫做承受极限训练。我们在海上作业随时可能遇到危险，这就要求队员们有极强的承受力。很可惜，前面3次考验你都通过了，只差这最后一关，你没有喝到自己冲的美味咖啡，现在，你可以走了。"

忍得淡泊可养神，
忍得饥寒可立品。

——《百忍歌》

解读

　　忍受得恬淡寡欲可以保养精神，安得清贫的生活可以培养品德。忍是一种眼光，忍是一种胸怀，忍是一种领悟，忍是一种人生的技巧。事来之时最要忍，事过之后又要忍。人生不怕百个忍，人生只怕一不忍。不忍百福皆云消，一忍万祸皆灰烬。凡事应以忍为贵，大事化小小无踪。能有修养谓之勇，处世温柔最有用。事不三思终有败，人能百忍自无忧。忍一言，息一怒；饶一着，退一步。忍百忍者，百福之源。

怪

GUAI

怪石奔秋涧
寒藤挂古松

有一个典故叫"少见多怪"，讲的是这样一个故事：

东汉牟融的《牟子》记载，有一个人，从来没有见过骆驼，也根本不知道有骆驼这种动物。一天，他偶然看见一头牲口，背上长着好大两个肉疙瘩，觉得非常奇怪，不禁大声叫道："啊哟，大家都来看哪，瞧这匹马，他的背肿得多高……"其实那就是骆驼。骆驼本身并没有什么可奇怪的，只不过这人没有见过，才觉得奇怪罢了。牟融评论道："谚云：少所见，多所怪，睹骆驼言马肿背。"意思是因为少见，所以多怪。讥讽见识太短、遇到很普通的事都要大惊小怪的人。

在这个世界上，各种事物形形色色，千奇百怪，每天都会发生新奇的事。也由于我们的认知能力有限，对于世界上一些不解之谜没法理解，也当成是一种"怪象"。当然，更多的东西，是由于人们的麻木，对一些不合乎常理的东西，如潜规则，"见怪不怪"，习以为常。由于"怪"是一种心魔，因此，人把怪异的人称之为妖怪。然而，古人造这个"怪"字，更多的是赞美，对"怪"的思想、行为应该给予更多的宽容。

怪，形声字，从忄，圣（kū）声。

《说文·心部》："怪，异也。"怪的本义为奇异的、不常见的，如王安石《游褒禅山记》："世之奇伟瑰怪非常之观，常在于险远，而人之所罕至焉。"又指奇异的事物，如《论语》："子不语怪力乱神。"还有烦怪、责备等义，如三国诸葛亮《弹李平表》："群臣上下皆怪臣待平之厚也。"

有"怪"字的成语，大都表示怪奇、怪癖，如用"刁钻古怪"形容为人做事狡猾怪癖，和别人不一样；用"阴阳怪气"形容态度怪癖，冷言冷语，不可捉摸；用"奇谈怪论"指奇怪的不合情理的言论；用"陆离光怪"形容现象奇异，色彩繁杂。

"怪"源于奇异心理

怪，从心，心是一种心理状态，源于心理作怪，竖心旁指内心，怪异的行为往往是心态的异乎寻常。人们奇怪的行为都与人的经历、情感有关。

民国时的著名汉学家辜鸿铭学在西洋，却喜欢东方姑娘，尤其喜爱中国姑娘的小脚。他的夫人淑姑是小脚，他一见钟情、终身不负，每当他开卷读书时，总抓住淑姑的小脚嗅个不停。透过这些怪异的行为，我们仍能够发现其中的原因。辜鸿铭生活在一个不幸的时代，在那样一个时代里，只要你是一个中国人，你就只能是病弱的，任人宰割的。如果你是清醒的，你要抗争，就需付出分外沉痛的代价。面对当时内忧外患的祖国，辜鸿铭为中华传统之中断而忧患，为炎黄文明之衰落而忧患，他在笔记《张文襄幕府纪闻》中表达了自己对中国文化的自尊与忧患的深层叹息。辜鸿铭狂放的姿态，是他带泪的表演，是以狂放来保护强烈的自尊。

怪是创新的表现

"怪"人往往有异于常人的思维，其实是创新的表现。在艺术上，许多看起来似乎很怪的艺术风格，往往是创新之举。

中国绘画史上有一个扬州画派，以"扬州八怪"（郑燮、罗聘、黄慎、李方膺、高翔、金农、李鱓、汪士慎）为代表的扬州画派的作品，无论取材立意，还是构图用笔，都有鲜明的个性。这种艺术风格的形成，与当时画坛上的创新潮流和人们审美趣味的变化有着密切的联系。中国绘画至明末清初受到保守思想的笼囿，以临摹抄照为主流，画坛缺乏生气。这一萎靡之风激起有识之士和英才画家的不满，在扬州便出现了力主创新的大画家石涛。石涛提出"笔墨当随时代""无法而法"的口号，宛如空谷足音，震动画坛。石涛的理论和实践"开扬州一派"，稍后，终于孕育出了"扬州八怪"等一批具有创新精神的画家群体。他们要创造出"掀天揭地之文，震惊雷雨之字，呵神骂鬼之谈，无古无今之画"，不同于古人，不趋时俗。"扬州八怪"从大自然中去发掘灵感，从生活中去寻找题材，下笔自成一家，不愿与人相同，使人耳目一新。人们常常把自己少见的东西，视为怪异，因而对"八怪"那种抒发自己心灵、纵横驰骋的作品，感到新奇，称之为怪。这种突破"正宗"的束缚，在继承传统的基础上，重在自己的创造和发挥，其实是一种创新和突破。

"怪"是名人、圣士共同的特征之一

怪，从圣，"圣"是指名人、圣人。圣者的思想、见解皆异于常人，不为常人所理解，被视为"怪癖"。就其历史经验而看，可以说，是怪癖造就了我们今天的世界，没有爱迪生的怪癖，恐怕你今天还不知道什么是电灯，没有牛顿的怪癖，恐怕你今天还不知道"万有引力定律"，没有达尔文的怪癖，恐怕不会有今天的进化论。从古至今，从外到内，无数历史的塑造者们在当时人们看来格格不入的，与大众行为相违背的行为，用他们的"怪癖"行为一次次地改造着这个迫切需要进步和改造的世界。可见怪只是一定阶段内的怪，"少见多怪"，随着新事物的推广和流行，很多"怪"的现象都习以为常了，见怪不怪了。

当然，也有一些"怪癖"令人无法理解。著名的物理学家、交流电之父尼古拉·特斯拉，有着极为严重的洁癖，也拒绝一切有棱角的东西。同时他对数字3格外的迷恋，连他住的酒店房间号都必须要能被3整除，吃东西他也通常会选择吃3份，用6张餐巾纸，然后围绕酒店溜3圈再进入大厅。米开朗基罗，这个被世人追捧的艺术家总是喜欢穿着自己的衣服和鞋子睡觉，坚决不脱衣服。卢梭是极具影响力的哲学家，他总是喜欢被人打屁股，甚至这种喜欢被人打屁股的怪癖到了难以控制的程度，他甚至会拉下裤子满大街地追着女人四处乞求她们狠狠地打自己的屁股。

心学之窗　怪癖心理的根源

《怪癖心理学》出版五年来一直雄踞日本亚马逊通俗心理学排行榜首位。作者冈田尊司是日本权威的心理专家，也是一名精神科医生，通过多年的临床经验以及调查研究他发现，每个人都有怪癖，而所有的怪癖，其实都是自己内心欲望的投射。人类之所以有完美主义、强迫症、裸露癖、控制欲等种种怪癖，是基于生存的本能：安全感、获得他人的认可与爱。当这些欲望遭到了威胁，人就会本能地接受自己阴暗面的操纵，做出在旁人看来无法理解的举动：如得不到足够母爱的孩子通过虐待小动物来获得安全感和满足；父母离异后与外祖母生活的女孩幻想出身边有一个"大哥哥"在保护她……发现并正视自己身上阴暗面的过程，也是我们直面并克服人生中的恐惧与危机的过程，由此我们便可收获健康、幸福的人生。

见怪不怪，其怪自败。

——清·曹雪芹《红楼梦》

　　见到怪异的事物不大惊小怪，它就会自然消失。"怪"，就是奇异，不平常。见到奇异、不平常的事情，如果惊慌失措，恐惧万分，不知应怎样处理才好，本来能处理好的事，也处理不好了。相反，若是见怪不怪，沉着冷静，从容应对，就会采取正确的措施，找到合理的方法，使怪异消退。故此二句貌似平常，实则含有深刻的哲理，即应以良好的心理素质，去对付任何突发的事件，切不可惊慌失措。

志

丈夫四方志
安可辞固穷

孙中山先生有一句名言：要立志做大事，不要做大官。1923年12月21日，孙中山在岭南大学怀士堂发表《在广州岭南学生欢迎会的演说》，他对青年学生们说："古今人物之名望的高大，不是在他所做的官大，是在他所做的事业成功。如果一件事业能够成功，便能够享大名。所以我劝诸君立志，是要做大事，不可要做大官。"随后，他对"大事"下了一个确切的定义："无论哪一件事，只要从头至尾彻底做成功，便是大事。"这是一种观念革命，用意在勉励革命同志踏实做事，认真做好对社会有益的事，以谋求大众幸福。在演讲的最后，孙中山更是着重做了强调："我贡献诸君的，就是要诸君立志，要有国民的大志气，专心做一件事，帮助国家变成富强。"至此，"要立志做大事，不要做大官"这句话得到完整、准确的诠释，并由此闻名于世。

志向对一个人来说是前进的动力和方向，高远的志向决定了一个人努力的方向和拼搏的热情。志字揭示了立志之要、达志之法。

志，小篆为 ，形声字，从心，之声。篆文中的"之"后来讹变为"士"。

《说文·心部》："志，意也。"本义为心之所向、意愿，如《尚书·尧典》："诗言志，歌永言。"引申为志向、立志，如《史记·陈涉世家》："燕雀安知鸿鹄之志。"又引申为立志，如《论语·为政》："吾十有五而志于学。"又假借指记录、记住，如《周礼·春官·保章氏》："掌天星，以志星辰日月之变动。"又表示标志、记载下来的文字，如《礼记·檀弓上》："孔子之丧，公西赤为志焉。"

志多用于对人的赞美，如用"志诚君子"赞扬志行诚笃的人，用"志士仁人"指有志气节操和有仁爱道德的人，用"志在千里"形容志向远大的人，用"志在四方"形容立志在天下、远行以建功立业的人。

有志之人大都是有追求、有理想之士

志，从心，从士，"士"是品德好、有学识、有技艺的人的美称，"名士"大多是有追求、有作为的人。孟子说："得志，泽加于民；不得志，修身见于世。"墨子说："志不强者智不达，言不信者行不果。"曹操说："老骥伏枥，志在千里；烈士暮年，壮心不已。"南朝的范晔说："丈夫立志，穷且益坚，老当益壮。"李白说："大丈夫必有四方之志。"杜甫说："丈夫四方志，安可辞固穷。"苏轼说："古之立大事者，不惟有超世之才，亦必有坚忍不拔之志。"宋代张孝祥说："立志欲坚不欲锐，成功在久不在速。"清代石成金说："有志不在年高，无志空长百岁。"华罗庚说："没有抱负的人，他的生活缺乏伟大的动力，自然不能盼望他有杰出的成就。"

古往今来，许多成功之名士，大多有远大的志向并为之努力奋斗。秦末农民起义领袖陈涉，出身贫穷，年轻时在农村当雇工，替人耕田种地，当时他就立志将来要干出一番轰轰烈烈的大事。在一起当雇工的伙伴都笑话他，认为替人耕田种地的下等人，想干一番大事业，真是癞蛤蟆想吃天鹅肉——异想天开。陈涉看到自己的宏大抱负，不能被一些眼光短浅的人所理解，感叹道："燕雀安知鸿鹄之志哉！"意思是说，小小的燕雀，是不可能知道天鹅的大志的。后来，陈涉终于成为农民起义军的领袖，由他首先发难，将秦王朝推翻了。

有志之人大多是有心之士

《鬼谷子·阴府》："志者，欲之使也。"意思是说，志向、志愿是由人内心的欲望所催生的。有志之人大都有心气即志气，这个心是雄心、恒心，这就是认定了目标，勇往直前地走下去，不达目标，决不罢休。

有人对富人和穷人作了比较，发现穷人有"十缺"：表面上最缺的是——金钱；本质上最缺的是——野心；脑袋里最缺的是——观念；对机会最缺的是——了解；命运里最缺的是——选择；骨子里最缺的是——勇气；改变上最缺的是——行动；肚子里最缺的是——知识；事业上最缺的是——毅力；内心里最缺的是——胆色。

要成就大事业除了雄心，还要有坚韧不拔的恒心。有了远大的目标，就要脚踏实地去做，在这个过程中，会遇到各种各样的困难，但都不退缩，勇往直前地走下去，自然就能达到成功的目标。

科学家陈景润就是这样一个人。歌德巴赫猜想一直被看作数学王冠上的明珠，200多年来，有不少数学家试图征服它，并因

陈景润（1933—1996）

此耗费了巨大的精力，都没有成功。陈景润从中学时代就立志摘取这颗明珠，他把它当作自己的事业和理想，拼命积累知识，奋力演算难题，草稿纸装了一麻袋又一麻袋，最后终于用自己的智慧和理想的合力，移动了数学群山，发现了以他的姓氏命名的定理。有的人虽然有远大的目标，但常常游移不定，"东打一枪，西打一枪"，结果一事无成。"有志之人立长志，无志之人常立志"。有野心而无恒心，最终也不能成为志士。

有志之人大多是有智之士

"志"音通"智"，一个人有志气才有理想，但要实现理想，还要靠智慧，靠本事，否则，就是志大才疏，终归一事无成。心理学上有智商和情商之说，有时情商比智商更重要，但"智"是基础，根源于"志"。李嘉诚在十四岁那年，一位会看相的同乡对他母亲说，她儿子眼眸无神，骨架瘦弱，未来恐难成大器。若安分守己，终日乾乾，勉强谋生是可以的，但飞黄腾达，怕没有福分！十五岁的时候，他父亲因病去世，为了养活一家人，李嘉诚被迫中断学业，开始养家糊口，当过茶楼的跑堂，做过钟表店的店员，跑过五金店的推销员。他不甘平庸，勤于用心，把思维、想象和行动谱成乐章，在科技、人文、商业的无限机会中实现自我，用知识、责任感和目标汇成智慧，终于造就李氏的财富王国，正是智慧之舟使人驶向目标的彼岸。

志、忢、忘，形相近。有志向的人，往往做事坚毅，有定力；没有定力，必然心中忢忑，遇事往往六神无主；长此以往，连当初的志向都要遗忘，最后变成一个平庸之人。志加言为誌，有志之人为社会作出了贡献，名垂青史，这就是史誌。

心学之窗 **欲望与志气** / 梁漱溟

在这个时代的青年，能够把自己安排对了的很少。在这个时代，有一个可能会欺骗他，或耽误他，容易让他误会，或让他不留心的一件事，就是把欲望当志气。这样的用功，自然不得其方。也许他很卖力气，因为背后存个贪的心，不能不如此。可是他这样卖力气，却很不自然，很苦，且难以长进。……所以没有志气的固不用说，就是自以为有志气的，往往不是志气而是欲望。仿佛他期望自己能有成就，要成为怎么个样子，这样不很好吗？无奈在这里常藏着不合适的地方，自己不知道。自己越不宽松，越不能耐，病就越大。所以前人讲学，志气欲望之辩很严，必须不是从自己躯壳动念，而念头真切，才是真志气。张横渠先生颇反对欲望，谓民胞物与之心，时刻不能离的。自西洋风气进来，反对欲望的话没人讲，不似从前的严格，殊不知正在这些地方，是自己骗自己害自己。

守真志满，逐物意移。

——南北朝·周兴嗣《千字文》

解读

　　"守真"指保持自然本性，"逐物"指追逐物欲，"意移"就是意志就要移向邪路的意思。这两句的大意是：保持自然本性，志向便能满足；追逐物欲，意念就会转向邪路。道家认为："巧者劳而智者忧，无能者无所求。饱食而遨游，泛若不系之舟"（见《庄子·大宗师》），《尚书·旅獒》有"玩物丧志"之语，此二句便是这一文化传统的继承与发展。诗文继承了道家"弃圣绝智"的思想，提出为人处事应返朴归真，坚持信仰。向往真理，保持人所固有的本性，在物质生活上尽量淡泊，因为物欲的追求是没有止境的。

愿

YUAN

在天愿作比翼鸟

佛家经典《六祖坛经·忏悔》云："自心众生无边誓愿度，自心烦恼无边誓愿断，自性法门无尽誓愿学，自性无上佛道誓愿成"。六祖说的四弘誓愿强调"自心"和"自性"，从愿力、愿行，从一种信仰转化成一种行动。所谓"自性众生无边誓愿度"就是说，既然我们已经确立了人生目标，就要为了这个目标而去奋斗；尽管树立了大的目标，可在现实人生当中，还是会有各种各样的干扰，精神的、物质的，佛教称之为"烦恼"，因此非常需要"自性烦恼无尽誓愿断"；光有了坚定的理想还不够，还要认真学习各种知识，掌握各种方法，佛教称之为"法门"，所以要"自性法门无量誓愿学"；最后，要对自己从事的事业有坚定的信念，要排除万难勇猛精进，争取实现自己的理想，"自性佛道无上誓愿成"，这样就能达到觉悟的境界。

愿，形声字，从心，原声。"願"，形声字，从页，原声，在乐意、希望、愿望等意义上，是愿的繁体字。"愿"和"願"本为两个字。

《说文·心部》："愿，谨也。""愿"的意思是老实，谨慎。《广韵·願韵》："願，欲也，念也，思也。义为心愿，愿望。"如《诗经·郑风·野有蔓草》："邂逅相遇，适我愿兮。"又表示愿意、希望，如《孟子·梁惠王上》："寡人愿安承教。"又指祈祷神佛所许下的酬谢，如"还愿"。

愿字的成语有：一厢情愿，指单方面的愿望或不考虑客观实际情况的主观意愿；事与愿违，形容原来打算做的事没能做到；如愿以偿，指按所希望的那样得到满足。

愿望来自一颗本心、初心

愿，从原从心，这是指处于原本之心、初始之心。"不忘初心，方得始终"是《华严经》中的名句，就是说一个人做事情，始终如一地保持当初的"愿"，最后就一定能得到成功。

2005年，乔布斯应邀在斯坦福大学演讲，他这样回忆自己过去的生活："我总是把一切弄得一团糟，甚至想过逃离硅谷。但是，渐渐地，我开始有了一个想法，我仍然热爱我过去做的一切，于是，我决定从头开始。"万事之初都是无数假想后的开始，在没有遭遇阻扰，没有承受打击，没有经历挫折，尤其是还没有开始抵抗岁月的侵蚀，每个人都是志得意满，斗志昂扬，言之凿凿，情之笃定，确实也有排山倒海之势。可一旦开始行走，就会因为这样那样的原因，有人中途易辙，有人裹足不前，甚至有人南辕北辙……所有的意外都是源于初心的遗落和不坚，一点困难，种种诱惑，"愿"便成了人们最愿意拿来交换的典当品。守稳初心，方能守得云开见日出。不忘初心，才会找对人生的方向，才会坚定我们的追求，抵达自己的初衷。强调初心也是在强调坚持，这不仅是一如继往，更是百炼仍要成钢的坚定，九死依旧无悔的执着，这就是"愿"的力量。

愿心是一颗质朴纯真之心

愿从原，"原"指的是本来，因此，"愿"是一种初始状态，是未被世俗污染的，因此是澄明纯净，质朴纯真的。

从前，有一个农村小镇很久没有下雨了，令当地农作物损失惨重，于是当地的传道人把大家集合起来，准备在村里礼拜堂里开一个祈祷降雨的祷告会。人群中有一个小女孩，因个子太小，几乎没有人看得到她。祷告会上，传道人注意到小女孩所带来的东西，激动地在台上指着她："那位小妹妹才是大有信心的人，让我非常感动！我们今天来祷告祈求上帝降雨，可是整个会堂中，只有她一个人带着雨伞！"大家仔细一看，她的座位旁挂了一把红色的小雨伞。这时大家沉静了一下，紧接而来的，是一阵掌声与泪水交织的情景。有时我们不得不说：小孩子其实一点都不小，他们其实很大，他们的爱心很大，他们的信心很大，这就是"愿"。

"愿"是一种自然、质朴的状态，不是"简单"，不是"粗糙"，不是"放纵的随意"。保持一颗质朴纯真之心，既是一种智慧，也是一种日常生活方式，意在去除一切不必要的牵绊，寄希望于人对自我和生命的重新发现，从而体验去除功利遮蔽的心灵的自在与真实。《菜根谭》里说得好："古人以不贪为宝，所以度越一世。"质朴是人生的底线，是人之本性，是一种初始状态，是生命中的自有之物，"愿"就是一颗纯真质朴的心，一个平凡伟大的梦想，一种积极向上的生活态度；读懂了"愿"，你将得到属于你的那一方净土，你将切实体会幸福的意义。

愿境是一颗胸怀天下的广阔之心

"原""心"也可以看成心上之草原，广阔无垠。俗话说"宰相肚里能撑船"，不到草原不知草原有多宽广，面对广阔无垠的大草原才知道人是多么渺小。广阔的草原能够包容一切，包容了和煦的阳光，浮动的白云，苍茫的大地，蜿蜒的河流，包容了悠闲的牛羊，奔驰的骏马，飞翔的雄鹰，也包容了每一颗不羁的心。

从前有印度师徒二人，徒弟事事抱怨，师傅就把一些盐放进水杯，徒弟喝了说很苦。师傅又把盐倒进了湖里，徒弟喝了说没有什么味道。这则故事告诉我们，人的胸怀应该像湖水一样博大，才能化解痛苦，品尝快乐。反之，如果你的胸怀只能容纳一杯水，则再小一滴盐也能让你感觉到痛苦，痛苦将如影随形般缠着你。一样的"盐"，不一样的人生。只有以乐观、博大的胸怀看待痛苦，才能真正享受到人生的快乐，才能使你的人生更加丰富多彩，更加完美，这就是由"愿"字领悟出的宽广胸怀。

胸怀宽广做人，就会恬淡和从容，世界上最广阔的是人的胸怀，可以无所不容，世界上最狭隘的也是胸怀，胸怀宽广之人，博爱无边，乐观向上，视野广大，体谅别人；心胸狭隘之人，悲观，偏激，自负，自私，其实，人生的生活也像支曲子，有时高昂，有时低沉；俗话说："心大了，事就小了。"一个"愿"

字，告诉我们不应做井底之蛙，而应该站在一个更高的立场去看待世间的万物，以一种更广阔的胸怀去面对自己的人生。面对不顺，我们要有海纳百川的广阔胸怀，更豁达与从容，在包容中沉淀泥沙，化解痛苦，在咀嚼中，品味甘甜。拥有了宽广的胸怀，一份"得让人处且让人"的宽容，体谅别人的难处，谅解别人的错处，关注别人的长处，才能体会到"退一步海阔天空"的轻松和愉悦。

心学之窗 李嘉诚的"愿力人生"

2017年6月27日，李嘉诚在汕头大学毕业典礼上发表了主题为《愿力人生》的演讲，其中有三个词令人印象深刻：愚人、自律、愿力。

1. 愚人见石，智者见泉。"愚人常常抱怨，变得墨守成规是被逼出来的，被制度营役、被繁文缛节捆绑、被不可承受的期望压至透不过气；他们渴望'赢在起跑线上'，希望有个富爸加上天赋的优越组合。这样的心态，他们已'输在起跑线上'。"

2. 自律是铁杵成针的意志功夫。"每天面镜，并非顾影自怜，而是不怕疲惫、不怕痛苦，一而再，再而三，修正追求举重若轻的完美，技巧内化自我之中。走到台前，'身与物化，意到图成'。"

3. 道力之限，要靠愿力突破。"愿力"是佛教语，指誓愿的力量。要"怀着谦恭、感恩的心，以信心和想象力追求一个开放、进步的世界，建立一个关怀的社会，成为真正的舞者"。李嘉诚白手起家成为华人首富，本身就是一部生动的教科书。

富贵非吾愿，帝乡不可期。

——东晋·陶渊明《归去来兮辞》

富贵不是我的本愿，仙境也不可企及。上句化用《论语·述而》"饭疏食饮水，曲肱而枕之，乐亦在其中矣。不义而富且贵，于我如浮云"一段话，写脱尘去俗的高蹈情志；下句对庄子"乘彼白云，至于帝乡"的求仙思想抱以怀疑。诗句在双向否定中表达任真自得、疏放自许的生活态度。平常心，是一种不为感情所左右，不为名利所牵引，洞悉事物本质，完全实事求是的心理状态。它可以使人超脱，使人向善，使人知可为而为，不可为而不为；知其该为而为，不该为而不为。所谓"宠辱不惊，看庭前花开花落"，说的就是人贵有平常心，是一种和畅、协调、美好的境界。

慰

欲持一瓢酒
远慰风雨夕

丈夫处世兮立功名；立功名兮慰平生。慰平生兮吾将醉；吾将醉兮发狂吟！

这是《三国演义》"蒋干中计"一回中的周瑜群英会上乘兴作的一首诗，虽是酒醉而歌，但却是心声，大丈夫立功名而慰平生，直抒胸臆，何等的畅快淋漓！何等的自信豪迈！

"慰"字揭示了人们心中温暖、安适的缘由。

汉字小词典

慰，形声字，从心，尉声。

《说文·心部》："慰，安也。""慰"字本义为安慰，如《诗经·邶风·凯风》："有子七人，莫慰母心。"引申指心安，如清蒲松龄《聊斋志异》："喜置榻上，半夜复苏，夫妻心稍慰。"

与"慰"有关的成语都与宽慰、安适有关："堪以告慰"指可以感到或给予一些安慰；"聊以自慰"指姑且用来安慰自己；"慰情胜无"是指作为自我宽慰的话；"百般抚慰"形容用各种方式进行安慰。

抚慰是以真诚之心待人

"尉"为"慰"的本字，意为抚慰人的心灵，使之平静，这须以真诚之心去抚慰。只有用真诚之心待人，了解别人心中所想、所需、所求，才能使人真正平静，心灵安适。

有一个上二年级的小男孩因为车祸去世了。他的家人都非常伤心，老师和班里的同学们也十分难过。放学后，老师带着同学们去这个不幸的家庭看望小男孩的父母。小女孩是小男孩的同桌，也是他生前最好的朋友。同桌"走"了，小女孩的眼泪就没停过，到了他家里，更加伤心。小女孩回到自己的家里后，女孩的母亲好奇地问道："你到同学家都做了什么？"

小女孩回答："去安慰难过的阿姨。"

母亲继续问："那你怎么安慰她的呀？"

"我不会说安慰的话，我只是爬到她的怀里和她一起哭。"说完，小女孩就哭了。

让自己站在他人的角度上去体会他人的感受，才能真正地理解别人。抚慰别人并不需要太多的言语，一颗真诚的心已足够。

欣慰是以平常心、平和心态待己

心在"尉"下，表示事事处世要将心放下了，才能获得自我安慰。有诗句云："欲持一瓢酒，远慰风雨夕"，只有心在温暖之下，以平和的心态对待事情，坦然面对，放飞自己，才能让心灵得到安适。

身高只有一米六的博格斯是NBA历史上最矮的球星。即使对于一个普通男人来说，一米六的身高也是人生的一种遗憾。然而，博格斯却接受了自己身材矮小这个无法改变的事实，以后天的努力来弥补自己先天的不足，在"高人如林"的篮球场上为自己争得了一席之地，并且跻身NBA著名球星之列。

博格斯说："我的确太矮，在高水平的职业篮球赛中闯出一番天地不容易，但我相信篮球并不是专让高个子打的，而是让那些有篮球才华的人打的。"为了实现自己的梦想，博格斯一直苦练球技，虽然自己的身高不如其他队员，但是他凭借自己高超的技巧，以及矮小身材比大个子跑得快的优势，成为了一名出色的助攻球员，成为了球队后场的重要力量。最终，博格斯用他的速

度、防守和百折不挠的意志成为NBA防守最有威胁的球员之一。

作为一名球员，博格斯是成功的。他能以一米六的身材驰骋NBA赛场，靠的不仅仅是运气，更多的是因为他有一颗坦然面对现实的平常心，能够接受自己身高矮小的事实，从而为梦想付出更多的努力。

宽慰是以宽广、豁达的心态待世

人生短短几十年，能够感到人生得"慰"与否，取决于对世界的态度，以一颗宽广、豁达的心对待世界，迎接挑战，世界也会给你阳光、快乐的回报，你会感到此生无憾、大慰我心。慰是一种世界观、人生观的畅达。

有人问一个老人："明天天气如何？"

老人低着头，毫不犹豫地回答："是我喜欢的天气。"

那个人又问："会出太阳吗？"

老人摇摇头，说："我不知道。"

那个人继续问道："会下雨吗？"

老人再一次摇头："我也不知道。"

那个人完全被老人弄糊涂了，他苦恼地说："既然是你喜欢的天气，那会是什么样的天气呢？"

老人抬头看了看他，然后说："很久以前我就知道自己没法控制天气，所以不再为天气而烦恼，不管明天是什么天气，我都会喜欢。"

这个老人无疑是生活的智者。世界中有很多我们无法改变的东西，如周围的环境、天气、身高、外貌等。对于这些我们无法回避的或没有能力改变的事实，即使烦恼、痛苦也无济于事，事实永远不可能以我们的意志为转移。除了给自己徒增烦恼，所有的担忧、悔恨、遗憾都毫无用处。既然如此，不如坦然面对现实，接受它，以宽广、豁达的心态给自己一份好心情，把自己调整到最佳状态，积极地应对人生的挑战。

高歌取醉欲自慰，
起舞落日争光辉。

——唐·李白《南陵别儿童入京》

解读

　　一面高歌，一面痛饮，欲以酣醉表达快慰之情；同时又拔剑起舞，闪闪的剑光可与落日争辉。天宝元年，李白接到唐玄宗召他入京的诏书，自以为政治抱负可以实现了，激情难以自抑。这两句就是写他与家中妻儿告别时酒歌起舞的狂喜神态。诗人不仅要放声高歌，还要拔剑起舞；不是一般地起舞，而是剑飞如闪电，寒光可与落日争辉；不仅要开怀畅饮，而且要一醉方休，好像舍此就不足以"自慰"。这一系列举动，把诗人喜不自禁的激情淋漓尽致地倾泻出来，真不愧是浪漫诗人。

心怠荒时思于上

DAI

怠

《菜根谭》中说："处逆境时比于下，心怠荒时思于上。事稍拂逆，便是不如我的人，则怨尤自清；心稍怠荒，便思胜似我的人，则精神自奋。"

这段话的意思是，当一个人身处逆境的时候，与不如自己的人比，则怨人尤天的情绪就会消除，心态获得平和。当心怠懒的时候，则要与比自己强的人比，向强者学习，这样，精神便会振奋，奋发向上。自强不息是克服懈怠的一个好方法。

懈怠是一种常见的心理现象，怠也是人的一种天性。长期处于一种环境中会让人习以为常，长期从事相同的工作会倦怠，防止懈怠必须有新的目标、新的动力的激励。"怠"字告诉我们"怠"是如何产生的和克服"怠"的办法。

怠

意志
意愿

"怠"，形声字。从心，台声。

篆文 𢖻 从心，指心态。台通"殆"，指完结。

隶书 怠 将篆文的"心" 𢖽 写成 心。表示：动机消失，行为懒惰。

《说文·心部》"怠，慢也。"本义为懒惰，如"兵民怠而国弱"（《商君书·弱民》）。怠又指疲倦、倦怠，如"怠而后游于清池"。怠还指轻慢，如：怠慢、怠傲。

与"怠"有关的成语大多是与"懒惰"有关，"怠惰因循"形容懒散拖沓；"勿怠勿忘"指告诫不要懈怠，不要忘记；"消极怠工"指用消极的方法不认真工作；"孜孜不怠"形容勤勉努力，毫不懈怠；"车怠马烦"指车危且马疲，形容旅途困乏；"笃新怠旧"形容喜欢新的，厌弃旧的。多指爱情不专一。此外还有"娓娓不怠""孜孜不殆"等。

懈怠来自过分的放松

怠从心，这个"心"指疲劳的心理。"怠"即怡，过分地放松导致懈怠。过分的放松，就会使人轻视危险和威胁，对其可能造成的严重后果估计不足，而且应对突发事件的反应力也大打折扣，这种放松直接导致懈怠，没有精气神、没有戒备心，长此以往，真正威胁来临时，必然导致严重的后果。

三国时期刘备占领益州后，又出兵对付曹操，把他们赶到了长安。刘备派关羽攻打樊城，恰好这时汉水暴涨，关羽利用大水淹没了曹军大将于禁的七支大军，乘胜包围了曹军占据的樊城。

曹操为解樊城之围，想出了一个一箭双雕的主意。他写信给孙权，劝说孙权乘现在荆州后防空虚，攻取被刘备夺去的荆州。

这样，当关羽听说荆州被夺，定会撤军回救，樊城之围自然就会解除。

孙权接获曹操书信，欣然答应攻取荆州，将取荆州的任务交给大将吕蒙。吕蒙到陆口，探子报告说沿江都有烽火台，荆州军马也有所防备。吕蒙闷闷不乐，便躺下称病不出。孙权便派女婿陆逊去看他，陆逊知道吕蒙无病，却劝他装病辞职。

孙权依计召吕蒙往建业养病，于是攻打荆州之事，便让年轻的陆逊接替。陆逊故意派人送信给关羽，信中对关羽大肆吹捧。关羽从此完全松懈了对荆州的防备，并将荆州的兵力调往樊城。孙权得知荆州防务空虚，便拜吕蒙为大都督起兵攻荆州。吕蒙将战船伪装成商船，精兵扮成商人，骗过烽火台的守兵。当夜二更船内精兵杀上岸来，占了烽火台，拿下了荆州。这就是关羽"大意失荆州"的故事，关羽由于过分松懈，放松了防备，才被孙权拿下了荆州，铸成大错。

懈怠来自高台压心，不堪承受而倦怠

怠，从台从心，台在"心"上，压得人喘不过气，压力太大，往往会使人失去了信心，使身心俱疲，难于承受，没有精力来应对，最终使自己因疲乏而倦怠。做人要学会将压力分解，化成一个个小目标，进而使自己远离倦怠，走向成功。

1984年，在东京国际马拉松邀请赛中，名不见经传的日本选手山田本一出人意料地夺得了世界冠军。当记者问他凭什么取得如此惊人的成绩时，他说了这么一句话："凭智慧战胜对手。"

当时许多人都认为这个偶然跑到前面的矮个子选手是在故弄玄虚。马拉松赛是体力和耐力的运动，只要身体素质好又有耐性就有望夺冠，爆发力和速度都还在其次，说用智慧取胜确实有点勉强。

两年后，意大利国际马拉松邀请赛在意大利北部城市米兰举行，山田本一代表日本参加比赛。这一次，他又获得了世界冠军。记者又请他谈经验。

山田本一性情木讷，不善言谈，回答的仍是上次那句话：用智慧战胜对手。这回记者在报纸上没再挖苦他，但对他所谓的智慧迷惑不解。

10年后，这个谜终于被解开了，他在他的自传中是这么说的："每次比赛之前，我都要乘车把比赛的线路仔细地看一遍，并把沿途比较醒目的标志画下来，比如第一个标志是银行；第二个标志是一棵大树；第三个标志是一座红房子……这样一直画到赛程的终点。"

"比赛开始后，我就不会因全部赛程的漫长而有心理压力，我以我看到的标志为一个个的小目标，我就以百米的速度奋力地向第一个目标冲去，等到达第一个目标后，我又以同样的速度向第二个目标冲去。40多公里的赛程，就被我分解成这么几个小目标轻松地跑完了，而精神不会倦怠。起初，我并不懂这样的道理，我把我的目标定在40多公里外终点线上的那面旗帜上，心里就有高台压下来般的巨大压力，结果我跑到十几公里时就疲惫不堪了，我被前面那段遥远的路程给吓倒了。"

在现实中，我们做事之所以会倦怠，会半途而废，这其中的原因，往往不是因为难度较大，而是觉得成功离我们较远，心中有巨大的压力。确切地说，我们不是因为失败而放弃，而是因为压力产生的倦怠而失败。在人生的旅途中，我们稍微具有一点山田本一的智慧，一生中也许会少许多懊悔和惋惜。

懈怠的结果是一事无成

"怠"通"歹"，即不好的结果。懈怠会使人不再继续努力，继而原地踏步甚至是退步，懈怠成为习惯，则一事无成。

北宋王安石《临川先生文集》中有篇《伤仲永》，讲的是有个小孩叫方仲永，出生在一个农人家庭。他家里祖祖辈辈都是种田人，没有一个文化人。他长到5岁了，还从未见过纸墨笔砚是个什么模样。

可是有一天，方仲永突然哭着向家里人要纸墨笔砚，说想写诗。他父亲感到十分惊讶，马上从邻居那里借来笔墨纸砚，方仲永拿起笔便写了4句诗，而且还给诗写了个题目。同乡的几个读书人知道了这件事，都跑到方仲永家来看，一致认为他写得不错。于是这件事很快传开了，知道的人不免个个称奇。

不久，方仲永的天生奇才传到了县里，引起了很大震动，人们都认为他是个神童。县里那些名流、富人，十分欣赏方仲永，连他父亲的地位也随着提高了不少。那些人对方仲永的父亲另眼相看，还经常拿钱帮助他。这样一来，方仲永的父亲便认为这是件有利可图的好事情，于是放弃了让方仲永上学读书的念头，懈怠了小方仲永的学习，每天带着方仲永轮流拜访县里的那些名流、富人，找机会表现方仲永的作诗天才，以博得那些人的夸赞和奖励。

这样一来，神童渐渐才思不济，久而久之，由于只一味凭着一点"天才"而懈怠了后天的再学习，方仲永终至每况愈下，到十二三岁时，作的诗比以前大为逊色，前来与他谈诗的人感到很失望。到了二十岁时，他的才华已全部消失，跟一般人并无什么不同。人们都遗憾地摇着头，可惜一个天资聪颖的少年终于变成了一个平庸的人，最终一事无成。

得时无怠，时不再来，
天予不取，反为之灾。

——《国语·越语》

解读

　　得逢时机不可疏忽懈怠，因为时机失掉后就永不再来。这本是范蠡劝谏越王勾践的话，后来用作劝戒人们珍惜光明，抓紧成就事业的名句。好像一个和蔼的长者，语重心长，直言相劝，词风娓娓，虽是警示却含而不露，使人容易接受。此名句的千古流传，除了上述原因之外，还与它本身独有的格言式的理性与权威的力量分不开。战国末年，李斯就根据这句名言，不失时机地"西说秦王"，辅佐秦王灭掉六国，完成统一天下的大业。

忱

CHEN

体念母亲情至忱

汉代，大梁有个叫韩伯愈的人，本性纯正，孝敬父母，是一位著名的孝子。他的母亲对他管教很严格，稍微有点过失，就举杖挥打。有一天伯愈在挨打时，竟然伤心哭泣。他母亲觉得奇怪，问道："往常打你时，你都能接受，今天为什么哭泣？"伯愈回答道："往常被您打，我觉得疼痛，知道母亲还有力气，身体健康，但是今天感觉不到疼痛，知道母亲身体衰退，体力微弱，所以伤心禁不住流下了泪水，并不是疼痛不甘心忍受。"有诗颂曰："体念母亲情至忱，母棰轻重甚关心；一朝知母力衰退，顿起心酸泪湿襟。"情至忱的意思就是：感恩是发自内心的、是敬重的、是真诚的情意。所谓孝养，是指竭尽孝忱奉养父母。孝敬父母、孝养父母，是回报父母的养育之恩、教导之恩，百行孝为先、万善孝为首，孝顺父母，是天下孝子们应该做的大善事、大好事。

忱，形声字，从忄，冘（yín）声。

《说文·心部》："忱，诚也。""诚"的本义是真诚而有信用，如《尚书·汤诰》："尚克时忱，乃亦有终。"引申为真诚的心意，如明刘基《癸巳正月在杭州作》："微微蝼蚁忱，郁郁不得吐。"

含"忱"字的成语不算很多，形容心里充满着热烈诚挚的感情为"满腔热忱"；形容一片忠心赤诚为"丹心赤忱"；钦佩敬重的真诚的情意为"钦敬之忱"；倾吐自己至诚的心意为"披沥赤忱"；形容恳切的情意为"拳拳之忱"。

热忱出于真切的心意

忱，从心，从冘，"冘"为沉浸其中，全部身心地投入。"热忱"指情意真挚恳切，内心感情热烈，或者达到狂热程度的积极状态，所谓"心之所惠，不觉疲累"，热忱出于忠心、爱心，如"革命热忱"，具有庄重色彩；"热情"是指强度较高但持续时间较短的情感，如兴高采烈、欢欣鼓舞、孜孜不倦等；"热诚"指热心尽力态度诚恳，如满腔的热诚；"热心"指内心有兴趣、肯尽力、积极主动，如她对工作很热心。可见，热忱比热情、热诚、热心其情感更为持重和持久，心志更为坚强。

卡耐基认为，一个人成功的因素很多，而居于这些因素之首的就是热忱。热忱是发自内心的兴奋，散发、充满到整个人。英文中的"热忱"由两个希腊字根组成的，一个是"内"，一个是"神"，一个热忱的人，等于是有神在他的内心，热忱是心里的光辉，一种炽热的、精神的特质深存于一个人的内心。热忱是出自内心的兴奋，是一种内在的精神力量，是热爱某项事业或工作的一种执着的感情，它能给一个人强大的力量。明代地理学家徐霞客，自幼喜爱寻幽探奇。他一生遍访名山大川，其间虽屡历险境，九死一生，却始终对自己钟爱的事业充满着热忱，最终完成了举世闻名的《徐霞客游记》。他的经历告诉我们：一个有着热忱情感的人，更容易取得成功。对于一个热忱的人来说，他无论从事什么样的工作都能够有满腔热情，无论做什么事都能全身心地投入其中。

赤忱表现为内心的沉稳

忱从尢，寓意沉重，指稳重、沉稳。心承重石，才可四体平稳，性格显现夯实；心有所系，自然懂得自我克制，全力以赴而不为表象迷惑。沉稳者，雷霆起于侧而不惊，泰山崩于前而不动，不为光色所迷，不为情绪牵引，以犀利眼光看待时局变化，以理性标尺衡量所作所为，不允任何机遇遗失错过，并尽最大努力消除危险及隐患。沉稳品质蕴藏于内，却溢于言表，得他人羡慕，为自己敬仰。沉稳是淡定从容、张弛有度，历经尘世风雨、经过大风大浪，仍不断自我完善、自我提升，不悲观，不放弃，不怨天尤人。只有沉稳地为人处世，才能在瞬息万变的风云中彰显生命的价值。

沉稳，并不只是一个人做事成熟稳重，不浮躁这么简单。成熟稳重、做事井然有序这只是沉稳的一种表现。沉稳，首先必须要拥有坚定的斗志，这是毅力最原始的动力，也只有这样发自内心的动力，才能自信，才会执着，才会真正地坚定不移。有了斗志，则只是拥有"沉稳"的潜质而言。只有经过岁月的熏陶和磨炼，才能深刻领悟"忱"字，能够让激情、让血气方刚不再那么有棱有角，而慢慢懂得沉下来思考、学习、探索、前进，而在这一个平淡不失有点乏味的过程，就是在沉淀你的知识及脾性。学会了沉稳，行为也就表现得成熟稳重，做事井然有序。这就是沉稳，一个沉淀人生的过程。

丹忱是负重的前行

忱从尤，意为挑担长行、负荷远行。人生，需要以忱处事、负重前行、有所担当、丹心赤忱，方能成就一番辉煌。刘翔，这个历经几涨几落的运动员也是一个能负担得起重量的人。雅典奥运会上刘翔曾因一枚金牌而让全中国的人沸腾喝彩，北京奥运会上却因病弃赛而让许多人失望。一涨一落，不知这个年轻人默默负担了多少，一喜一悲，不知这个年轻人隐藏了多少辛酸苦泪。但他坚持下来了，一路负重，也一路前行。刘翔终于在国际比赛中又光芒万丈，他用自己的实际行动告诉世人，刘翔是一个抵住压力、能负重前行的人。米兰·昆德拉曾说："一切重压与负担，人都可以承受，它会使人坦荡而充实地活着，而最不能承受的恰恰是轻松。"一个人如果没有一点压力，松松垮垮、无所事事，就会在闲散中磨去锐气，钝化意志，这样的人生只会有莫名的空虚、寂寞、孤独和忧愁。因此，有人说：人生不可负重过轻，由于太轻了，没有压力，也就没有动力，自然也不会有成就。八旗子弟躺在父辈的功劳簿上，养尊处优，整日斗鸡走马，狎妓滥饮，无所事事，醉生梦死，一代代"潦倒不通世务"，致使清王朝后继无人，一步步走向衰败。

生活中，我们每个人身上都有或大或小的担子，有人将其当做累赘，有人把它当乐趣，仁者见仁，智者见智。从前，有一艘货轮卸货返航时，突然遭遇巨大风暴，大家都不知道应该怎么办。就在这个危急时刻，船长果断下令："打开所有空的货舱，立刻往里面灌水。"水手们惊呆了，往里面灌水，船沉得不是更快吗？一个水手担忧地问："往船里灌水，这是多么危险的举动，这不是自寻死路吗？"这时，老船长沉稳地说："大家见过根深干粗的树被暴风刮倒过吗？被刮倒的都是没有根基的小树。"水手们半信半疑地照着做了。尽管暴风巨浪依旧猛烈，但随着货舱里的水越来越高，货轮逐渐地平稳前行并顺利靠岸。上岸后，船长告诉水手："一只空桶很容易被风打翻，如果装满了水，风是吹不倒的。同理，船在负重的时候，是最安全的，空船其实最危险，反而容易下沉。"船需要重量，人生也需要负重。一个人，只有以沉稳的脚步前行，才不会在风雨中摇曳，才不会在岁月的流逝中倒下。

德川家康有句名言：人的一生，如负重前行。前行，意味着方向正确且不退缩；而负重，则需要坚强的意志和吃苦的毅力。轻松的生活，固然让人羡慕，但是这样的生活也不会让人有太大的成就。生活会很累，但要记得："最丰满的稻穗，最贴近地面。"沉甸甸的果实总是会把枝头压弯，而空洞的果壳总是被风吹走，要想奋起追求梦想，就多承担一些责任，给自己加满"水"，只有负重前行才不会被风暴打翻，才能让自己的人生航船行得更"忧"更"稳"。

心学之窗　热情与幸福感的关系

当人投身于一项让人愉悦且能提供自我提升和成长机会的活动时，人的幸福指数会大大增加。有研究表明，和谐型热情与心理幸福感中的积极指标（如生活满意度，生活意义和活力）正相关，而与其中的消极指标（如焦虑和沮丧）负相关。相反，强迫型热情与焦虑和沮丧正相关，而与生活满意度负相关，与生活意义和活力则不相关。

热情与心理幸福感之间的调节机制是什么？有心理学者认为心流和沉思心理是热情影响心理幸福感的调节变量。心流是人们全身心投入某事的一种心理状态，沉思心理是指脑海中反复出现与当下情境毫无关系的念头。由于和谐型热情能够增加人的心流体验，而心流亦是心理幸福感的影响因素之一，所以和谐型热情可以通过增加心流体验达到提升心理幸福感的目的。另一方面，强迫型热情会使人在活动中和参与其他活动时产生沉思心理，从而阻碍人的心流体验，因此沉思心理是强迫型热情降低人心理幸福感的调节因子。

岁月使你皮肤起皱，
但是失去了热忱，
就损伤了灵魂。

——美国·卡耐基

解读

　　热忱是你自身所拥有的气场的灵魂。每个人身上的气场都具有一定的极性，它可以给予人不同的感受，是冷，是暖，就看这个人本身是否具有一颗热忱和宽容的心。热忱，是所有伟大成就取得过程中的重要因素。它是一种精神的力量，它只有在更高级的力量中才会生发出来。它的本质就是一种积极向上的力量。

　　热忱的心态，是做任何事情都必需的条件。热忱是一种积极意识和状态，能够鼓励和激励他人采取行动，而且还具有感染和鼓舞他人的力量。同时，热忱也要有高尚的信念，如果热忱出于贪婪和自私，成功也会昙花一现。

虑

万虑尽消樽有酒

　　清道光二年（1822年），朝廷专设恩科会试，戴兰芬第七次进京赴考，考中状元。皇帝在乾清宫召见他时，详细地问了他的家世。戴兰芬回答家中14代皆为秀才，使得"天颜甚悦"，遂加授国史馆协修、功臣馆纂修。时戴兰芬的母亲已去世，家中只父亲一人。老父为防止儿子得志忘义，寄诗道："百虑尽消樽有酒，一钱如爱我无儿。"意思是说，一百种顾虑都已消失，我为你感到骄傲而痛饮，但今后做官如贪财就不配做我的儿子。从此，戴兰芬不但孝敬老父，还勤政为民，虽是个文士，却极留意经济，供职之余，时时察访国家利弊，凡是关乎国计民生的大事"辄与地方大吏熟商行之"，成为百姓称赞的好官、清官。

　　虑是一种思维方式，也是一种处世方式。

虑，形声字，从心，虍（hū）声。繁体为"慮"，从思，虍声。

《说文·思部》："慮，谋思也。""虑"的本义指为一定的目的而思考、打算，如《论语·卫灵公》："人无远虑，必有近忧。"引申为忧虑，如《晋书·宣帝纪》："司马公尸居余气，形神已离，不足虑矣。"

虑字的成语有"人无远虑，必有近忧""深谋远虑""深思熟虑""殚精竭虑""处心积虑""焦思苦虑""盛必虑衰"。虑又指意念、心思，如"心烦虑乱，不知所从""无忧无虑"等。

思虑是一种缜密的筹谋

俗话说，谋定而后动。虑从七，从心，"七"个"心"是一种深谋远虑，也是一种机警敏捷。常言说，人无远虑，必有近忧。对于需要很长时间才能得到解决的问题，如果缺乏长远和妥善的考虑，而采取了目光短浅就事论事的临时措施并付诸实行，那么由此而来的短期行为，将会使问题变得复杂而难以解决，并且还会影响到今后的长远利益。为此必须要对将来可能出现的状况有所预料和关注，并作出比较全面的安排。

北宋初年，西夏主李继迁骚扰西部边疆，保安军上奏，擒获了李继迁的母亲。宋太宗想把她杀掉，犹豫未决之际，请来枢密使寇准单独商议此事。商议停当后，寇准退出归家时，路过相府，就把这件事告诉了宰相吕端。吕端说："这样做，未必合适。"随后吕端便晋见皇帝说："从前项羽欲烹高祖父太公以示威于高祖，而高祖却说愿分得一杯羹。举大事者是不顾父母的，何况李继迁是不孝之子呢？陛下今天杀了他的母亲，明天就能抓住李继迁本人吗？显然不能，这只能增加他对宋的仇恨程度，坚定他的反叛之心。"太宗说："那么如何是好？"吕端说："依臣愚见，应将她安置于延州，派人好好服侍她，以招来李继迁。他即便不立即来降，也可拴住他的心，因为他母亲的生死完全掌握在我们手中。"太宗拍腿，说："不是你提醒，差点儿误了大事。"后来，李继迁的母亲病死于延州。最后，在李继迁死后，他的儿子竟来投诚。吕端的深谋远虑平息了一次战乱，可谓功德无量。

顾虑是犹豫不决的处事方式

虑从虎，从心。心入虎口，意味着顾虑重重，象征着犹豫不决。犹豫虽然可以减少犯错的机会，但也会失去成功的良机。歌德曾经说过，犹豫不决的人，永远找不到最好的答案，因为机会会在你犹豫的片刻失掉。即使是在混乱中，也必须果断地做出自己的选择。成千上万的人虽然在能力上出类拔萃，但却因为犹豫不决的行动习惯错失良机而沦为了平庸之辈。哈佛的一项调查报告说，人生平均只有7次决定走向的机会，两次机会相隔七年左右。大概25岁以后开始出现，75岁以后就不会有什么机会了。在7次机会中，第一次由于缺乏经验不易抓到，因为太年轻；最后一次往往也抓不到，因为太老。这样就只剩下5次，这里面有2次不小心错过，实际上只有3次机会了。患得患失的人往往会错失机会。

三国时期，魏蜀之战，魏平西都督司马懿夺取了要塞街亭，随后大军逼近西城，不巧诸葛亮已将兵马调遣在外，一时难以回来，城中只有一些老弱兵丁。危机之中，诸葛亮自坐城头饮酒抚琴，一副悠闲自在的样子。司马懿兵临城下，见城门大开，几个老兵在扫地，耳听诸葛亮琴声镇定不乱，心中疑惑，犹豫不决，不敢贸然进城。他的儿子司马昭说："莫非诸葛亮没有多少兵力，故意这样的？"司马懿板着脸说："诸葛亮平时一向十分谨慎，从不冒险。今天大开城门，必定有重兵埋伏。我们若是冲进去，一定中计。你们懂得什么？还不快退！"随后，司马懿自退二十里路观察，及至探明实情返回时，赵云率大军已赶回。司马懿因为多虑，错失良机，悔恨不已。"空城计"也成为《三国演义》的经典战例，留给人们无限的思索。

考虑是依律而动的行为方式

"虑"音通"律"，意为思考问题，要遵循客观规律，按规律办事。虑要有丰富的想象力，异想天开，但不是胡思乱想，不是背离客观规律。否则，这种虑就会误入歧途。

一位建筑师设计了一套综合楼群。崭新的楼房一座座拔地而起，即将竣工时，园林管理部门的人，向建筑师要铺设人行道和绿化等设计。建筑师说：我的设计很简单，请你们把楼房与楼房之间的全部空地都种上草。园林工人虽然很不理解，但是只能依据建筑师的要求去做了。结果在楼房投入使用以后，人们在楼间的草地上踩出许多小道，走的人多就宽些，走的人少就窄些。在夏天，草木葱葱的季节，这些道路非常明显、自然、优雅。到了秋天，建筑师让园林部门沿着这些踩出来的痕迹铺设人行道。当地的居民对这位建筑师的人行道设计非常满意，他们感到方便、和谐、优雅，愿意走这些道路。反观当今，很多建筑设计看似豪华、气派，却较少考虑人们的便利，往往大而不当、华而不实，值得我们深刻反思。

心学之窗 个体如何克服顾虑心理

1. 要改变带有偏见的传统观念，不可固步自封，对未来要持乐观态度。

2. 要了解和肯定自己。对自己的一切不但要充分了解，而且要坦然地承认并欣然接受。

3. 要善于改变自己的处境，创造条件取得成功。

4. 要树立远大的志向，培养坚强的毅力，要有"有志者事竟成"的胆略和气魄。

解读

　　嗛（qiàn），指不足。这几句大意是：富足的时候要想到不足的时候，平安的时候要想到危险的时候。无论是精神上还是物质上，富足的时候要想到不足的时候，预先为之谋划；处境平安的时候要想到可能发生的危险，预先做好准备。这就是所谓"有备无患"，即令有患亦可以从容应付。因为世事是复杂的，人生是曲折的，对于逆境不可不防。

　　所谓"远虑者安，无虑者危"，在事情发生前就预先考虑到可能发生的不利情况，并且采取了应对的措施，这样当事情发生时，就不会发生危险。反之，此前没有考虑，没有应对的措施，一旦事情发生，后果就不堪设想。

作礼忏前恶 洁诚期后因

忏 CHAN

　　《忏悔录》是法国启蒙思想家、哲学家、教育家、文学家卢梭在其晚年写成的，从1766年，他已54岁的时候开始写作，一直写到1770年方告完成。卢梭在书中记录了自己说过谎，行过骗，调戏过妇女，偷过东西的事实，甚至有偷窃的习惯。他以沉重的心情忏悔自己在一次偷窃后把罪过转嫁到女仆玛丽永的头上，造成了她的不幸，忏悔自己在关键时刻卑劣地抛弃了最需要他的朋友勒·麦特尔，忏悔自己为了混一口饭吃而背叛了自己的新教信仰，改奉了天主教。

　　卢梭追求绝对的真实，把自己的缺点和过错完全暴露出来，甚至包括最直接的动机和意图，显然是要阐述他那著名的哲理：人性本善，但罪恶的社会环境却使人变坏。他现身说法，讲述自己"本性善良"、家庭环境充满柔情，但社会环境的恶浊，人与人之间关系的不平等，却使他也受到了沾染，以至在这写自传的晚年还有那么多揪心的悔恨。

　　正是这样深刻的忏悔，使这部作品以独特的自省艺术魅力和深刻的思想性在欧洲文学史上产生了深远的影响，对欧洲启蒙思想运动之后的文化革新而言有着开创性的特殊意义。

忏，形声字，从忄，忏声。繁体作"懺"，从忄，韱（xiān）声。

《广韵·鉴韵》："忏，自陈悟也。""忏"的本义是自陈懊悔，即忏悔（这个意义来自梵语"忏悔"一词的音译"忏摩"的省略），如《晋书·佛图澄传》："佐愕然愧忏。"引申指僧侣为人礼祷忏悔，如《梁书·庾诜传》："宅内立道场，环绕礼忏，六时不辍。"

与"忏"有关的成语比较少，如："悔过自忏"，意为追悔过错，谴责自己。

忏悔基于诚心

忏从心，有忏悔之心说明已经意识到自己以往的错误，能够忏悔，是基于想要悔改的诚心。

著名的石油大王洛克菲勒，年轻时脾气火爆，得罪了不少人，甚至有人恨不得杀了他，到了晚年，他幡然悔悟，做人不要太逞强，待人以诚是重要的。他说："不论你是平民百姓，还是达官贵人，都应该懂得理解别人的过失，用一个平常心态去同别人交往，这样将会对你的一生很重要，它不仅可以使你每天有一个好心情，而且还会用对人怨恨的时间去干一些有意义的事。"

洛克菲勒有一个人徒步旅行的习惯。有一次，他来到加州地区的一个又脏又乱的小车站。列车进站了，洛克菲勒不紧不慢地站起来，还伸了个懒腰，准备往检票口走。忽然，候车室外走来一个胖女人，她提着一只很重的箱子，可箱子太重，累得她呼呼直喘。胖女人一眼瞅见了沾满污泥的洛克菲勒，冲他大喊："喂，老头，你给我提一下箱子，我给你小费。"洛克菲勒想都

《姚燮忏绮图》 费丹旭 北京故宫博物院藏

　　姚燮，是清代后期的诗人和画家，字梅伯，号复庄，又号大梅山民。此图是描绘姚燮与家中诸侍姬真实的生活情景。画中姚燮端坐于蒲团之上，怡然微笑似有所悟，身边诸姬环绕，或解书囊，或铺帛纸，或轻声对语，或倚树观望，或正结伴赶来，神形各异，仪态万千。加之空中明月高悬，夜色如水，桃林烟弥雾漫，竹林枝叶萧萧，构成一幅清逸出尘的画面。作者对姚燮面部细加渲染，有肖像写实效果，而其他人物则是以作者一贯的纤弱美女的形象写出，设色清淡，面目雷同，只在衣着发饰之上有所变化。

没想，便拎起胖女人的箱子，和她一起朝检票口走去。

他们刚刚检票上车，火车就开动了。胖女人擦了一把汗，掏出一美元硬币递给了洛克菲勒。洛克菲勒微笑着接过钱，帮助她把行李箱塞到座位底下，以免阻碍过往乘客。他刚弯腰，列车长走过来，说："这不是洛克菲勒先生吗？您好，欢迎您乘坐本次列车，请问我能为您做点什么吗？"

"什么？洛克菲勒？"胖女人惊叫起来，"上帝，我竟让著名的石油大王洛克菲勒先生来为我提箱子！居然还给了一美元小费，我这是在干什么啊？"她连忙向洛克菲勒道歉，并诚惶诚恐地请洛克菲勒把一美元小费退给她。洛克菲勒幽默地说："不，小姐，退给您一美元，我不就白给您提箱子了吗？"说着，洛克菲勒把一美元郑重其事地放进了口袋里。

一个人阅世越深，越学会谦卑。脾气暴躁的人，也会悔悟以前的过失，以礼待人。洛克菲勒的巨大转变是一个明证，他的家族后来成为美国有名的慈善家族，与他的反思也是分不开的。

忏悔要成为常态

忏从千，要千次，不断、反复地进行。

俄国著名作家列夫·托尔斯泰在青年时期，曾有过一段放荡的生活，有一些不良习惯，如贪玩、赌博。但不久，他就忏悔醒悟。他认为，自己的放荡行为等同于禽兽，对自己十分不满。他又把错误的原因详细列出来，写在日记本上，共有8点：1. 缺乏刚毅力；2. 自己欺骗自己；3. 有少年轻浮之风；4. 不谦逊；5. 脾气太躁；6. 生活太放纵；7. 模仿性太强；8. 缺乏反省。这一次悔悟，好像一个霹雳打在他的身上。他决心结束放荡生活，改正不良习惯，于是跟他哥哥尼古拉来到高加索，在炮兵队里当一个下级军官，并发自内心地自责，每天把自己最易犯的错误写在纸上并不时地提醒自己。他的人生因发自内心的忏悔而改变，世界文学史也因而有属于他光辉的一页。把自己的缺点错误一一罗列出来，经常忏悔，就能更清楚地认识自己，不失为一种改变缺点的好方法。只要下定决心，连有那么多缺点的托尔斯泰也能改邪归正，还有什么不能改变呢？这种浪子回头金不换的忏悔行为值得我们尊敬。

忏悔的结果是心情畅快

"忏"音通"畅"。忏是心灵的扫除、净化。忏悔能使心灵的污点得到清洗，明净的心灵能够使人心情畅快，不再为过往的错误而担惊受怕。

民间传说中，常有劝人向善的故事。明代，有位姓田的书生，丰姿俊雅，街坊邻里的好多妇女都被他打动，常常有不能自持者来奔相就，他并未竭力相拒。因为来找他的人太多，怕惹出麻烦，于是田某就躲避到邻近的南山寺读书，但仍有来纠缠者。田某深知自己这么做是错误的，但他实在架不住欲望的诱惑，所以不能坚决断除邪淫。有一神，长相甚短小，开始时，田某常常做梦梦见他。后来，甚至在白天也能见他。这个神告诉他："你原来本有大福报，官可以做到御史，因你花柳多情，不能彻底改过，断除邪淫。你若能自今日起彻底改过，仍可不失功名。"田某听罢，遂猛省悔改，后来一心向学，果然"登第"，再后来，娶妻生子，生活美满，得以颐养天年。

年轻人犯错不要紧，关键在于能知错即改。能有一颗悔过的心，即便走了弯路，今后的人生也能够心情畅快，活得精彩。

　　忏悔心理是幼儿自我意识发展的结果，对以后形成谦虚自重的个性心理品质有极大的影响。一般来说，孩子长到两岁时，就会开始萌发"羞耻"心。这时如果家长能不失时机地引导孩子学会控制自己的行为，那么，孩子长到3岁左右，就能逐渐具备自控、自尊意识。培养幼儿的忏悔心理可采用暗示、榜样、鼓励和熏陶等方法。

　　暗示法：孩子出现轻微过失时，家长不要急于训斥，更不要流露出不满，可暗示他做错了事。

　　榜样法：家长做错了事，只要是孩子知道的、能理解的，就要当面诚心表示懊悔。

　　鼓励法：当孩子为过失而悔恨时，家长应表扬他勇于认错的精神，鼓励他努力改正错误。

　　熏陶法：通过潜移默化的影响，使孩子认识到忏悔是勇敢和正直的可贵品质。

人非圣贤 孰能无过
犹如素衣偶着尘沱
改过自新 若衣拭尘
一念慈心 天下归仁

只有用对别人的忏悔之情才能写出真正的传记。

——美国·爱默生

解读

西方自传具有强烈的忏悔意识。在自传史上，奥古斯丁和卢梭分别建立了宗教忏悔和世俗忏悔两大传统，形成自传忏悔的基本格局。自传忏悔的演变从一个侧面揭示出西方人从古代到现代自我认识的不断发展。自传忏悔对把握自传的主题和形式以及自传文类的价值，认识其文化精神都有重要的意义。我国古代也不乏忏悔精神，忏悔原是一种宗教仪式，念经拜忏，向神佛表示悔过，请求宽恕。"禹汤罪己"就隐含了中国古代先民悔过意识。《论语》要求"内省"，成就中国忏悔意识的雏形。唐明皇李隆基宠爱贵妃杨玉环，不理朝政，导致安史之乱、马嵬兵变、贵妃自缢。玄宗面对物是人非，深深忏悔，这一话题成千余年文学母题之一。唐代白居易《长恨歌》、元代白朴《梧桐雨》、清代洪昇《长生殿》，都再现"长恨"与"长生"情结。

卷六

社会伦理

恭己每从俭
清心常保真

《左传》有这样一个故事：晋国的下军佐臼季出使，经过冀邑时，看到一位叫冀缺的人在田间耕耨，他妻子把午饭送到田头，恭恭敬敬双手捧给丈夫。丈夫庄重地接过进食，妻子立在一旁等他吃完。臼季非常感动，把冀缺带到宫里，希望晋文公任用他。文公问理由，臼季回答："恭敬是诸种美德的萃聚。能恭敬待人者，必是有德之人。治民，要有德性，所以请您任用他！"

"恭"既包括容貌的端庄，也包括对别人的谦和以及做事认真不苟。

汉字小词典

"恭"，篆文为𢗊，形声字，从心，共声。

《说文解字》："恭，肃也。""恭"的本义是严肃、肃敬，如《论语·学而》："夫子温、良、恭、俭、让以得之。"又表奉行，如《尚书·甘誓》："今予惟恭行天之罚。"

与"恭"有关的成语有不少，多表恭敬之义，如："打恭作揖"，旧时礼节，弯身抱拳，上下摆动，表示恭敬；"恭逢其盛"，指敬逢这一盛况或盛会；"毕恭毕敬""必恭必敬"，形容态度十分恭敬。

恭敬出于真心和诚意

恭，从心，共声。"心"为心灵、内心、思想、精神，恭从心，表示"恭"与人的心态有关，说明恭的态度是由人心所支配的，出于真心，发自真诚，要用心去敬奉，上面的"共"字，是两只手举着贡品的样子。"心"于"共"下，也就是，底下有一颗心，双手举过头顶把贡品给别人，这才是一种恭。可见，"恭"不是表面的尊重，而是一种发于内心的庄重敬畏和谦逊有礼，是真心实意的外化。《十三经》中也说到"在貌为恭，在心为敬"。意思是说，有了内敬，才有外恭，即在外在形式上真诚恭敬别人的人，他的内心必然是高尚儒雅的。所以，外在的恭是由心决定的，它跟内在的敬有关系，真正的敬意是内心的一种态度。恭假如不是出于真心，则是恭维、诌媚，是一种阳奉阴违的虚伪，是不可取的。人们在交往中只有做到"恭而有礼"，才能获得他人的尊重，才能形成友善、和谐的人际关系和良好的社会环境。正如孔子在《论语》中所说的："恭而无礼则劳，慎而无礼则葸，勇而无礼则乱。"

东汉时代，有一位名叫魏昭的人，当他还在童年求学的时候，看到郭林宗，心想这是一位难得的好老师，便对人说："教念经书的老师是很容易请到的，但是要请到一位能教人成为老师的人，就不容易找到了。"所以他就拜郭林宗为老师，而且派奴婢侍奉老师。但是郭林宗体弱多病，有一次他要魏昭亲自煮粥给他吃。当魏昭端着煮好的粥进来的时候，郭林宗便呵责他煮得不好，而魏昭就再煮一次。这样一连三次，到了第四次，当魏昭再端粥来而又没有不好的脸色时，郭林宗才笑着说："我以前只看到你的外表，今天终于看到你的真心啦！"于是大喜，将毕生所学的都全部教给了魏昭，而魏昭也终成大器。当我们真心恭敬地对待他人的时候，他人也必定会以真心回报我们的。

恭敬是对大自然的顺从和敬畏

"恭"字最早的含义是和祭祀有关，其字本义是虔敬地供奉神龙。古时生产力低下，人们把对自然的尊重物化为各类神兽。神龙即是自然的象征，古时的人们已经懂得敬畏自然，尊重自然，循自然规律而为。随着生产力的提高，人类极大地改造了自然，"人定胜天"逐渐占据人类的思想，对自然的破坏和自然规律的违背，使得大自然的报复接踵而来。

1934年5月11日凌晨，美国西部草原地区发生了一场人类历史上空前未有的黑色风暴。风暴整整刮了3天3夜，形成一个东西长2400公里、南北宽1440公里、高3400米的迅速移动的巨大黑色风暴带。风暴所经之处，溪水断流，水井干涸，田地龟裂，庄稼枯萎，牲畜渴死，千万人流离失所。这是大自然对人类文明的一次历史性惩罚。由于开发者对土地资源的不断开垦，森林的不断砍伐，致使土壤风蚀严重，连续不断的干旱，更加大了土地沙化现象。在高空气流的作用下，尘粒沙土被卷起，股股尘埃升入高空，形成了巨大的灰黑色风暴带。

黑风暴的袭击给美国的农牧业生产带来了严重的影响，使原已遭受旱灾的小麦大片枯萎而死，引起了当时美国谷物市场的波动，冲击经济的发展。同时，黑色风暴一路洗劫，将肥沃的土壤表层刮走，露出贫瘠的沙质土层，使受害之地的土壤结构发生变化，严重制约灾区日后农业生产的发展。

黑风暴灾难的发生，向世人揭示：要想避免大自然的报复，人类一定要按客观规律办事。也就是说，人类在向自然界索取的同时，还要自觉地做好人类生存环境的保护，否则将会自食恶果。

恭敬表现为是谦逊之态

恭从共，表明"恭"的施者和受者均无高低贵贱之分。恭音通"躬"，古人见面曲身行礼，表示恭敬。"共"在"心"上，强调恭敬之心应当是全心全意、诚心诚意，谦逊而不张扬。恭，它是一个人内在品德和修养的高度表现，不因学问博雅而骄傲自大，也不因地位显赫而处优独尊，相反，学问愈深愈能虚心谨慎，地位愈高愈能以礼待人。孟子说："恭者不侮人，俭者不夺人。"意思是说恭敬别人的人不会侮辱别人，自己节俭的人不会掠夺别人。西汉经学家刘向说："贤者任重而行恭，知者功大而辞顺。"

唐代著名诗人韩愈有一次路过一个村庄，看到一群人围在一起，便好奇地上前探看。原来是有个年轻人新写了一首诗，正向村民们求教，请村民给些意见。通过和村民谈话，韩愈得知这位年轻人喜欢作诗，每作一首，总会先念给他们听，看看他们的反应，征求他们的意见，然后再反复修改，直到他们听了拍手称好，才算定稿。韩愈当即感叹道："能低下头来，向村民们求教，此人必将有大作为！"不出所料，这位年轻人后来成了唐代著名诗人，他就是被后人称为"诗魔"的白居易。在古代，知识分子通常有清高的毛病，而白居易却能放下姿态与村民平等交流，其谦卑之心可见一斑，也正因如此，他才能写出像《琵琶行》这样关注底层劳苦大众的不朽之作。

现实中，要做到"恪恭"，关键是要做到日日恭、人人恭、事事恭，"日日恭"就是时刻保持恭敬，"人人恭"就是恭敬对待每个人，"事事恭"就是恭敬对待任何事。

恭、供、拱，不但音形相近，在儒家文化中，更是紧密联系：儒家重视供奉祖先、供养父母、孝敬长辈，涉及先祖长辈，事事都需要毕恭毕敬、虔诚敬畏；待人接物讲究礼节，礼到便心到，拱手作揖、抱拳示好，以礼待人、表里如一，这些都是恭敬为人需要做到的。

心学之窗 敬词和谦辞

谦词和敬词都是礼貌客气的话。敬词是对对方的称呼，或称与对方有关的事物。而谦词是对自己的称呼或称与自己有关的事物。敬词如：先生（称对方）、阁下（称对方）、令尊（对方的父亲）、令爱（称对方的女儿）、贵庚（问对方年龄）、高寿（对方是老人时问年龄）、高见（对方的意见、见解等）。谦词如晚生（对前辈时称自己）、寒舍（称自己的家）、虚度××岁（称自己的年龄）、请教（向对方问问题）、过奖（对方夸奖自己时表示自己做得还没那么好）。

在成语中也产生一大批的谦词和敬词。比如：蓬荜生辉是敬词，表示别人的到来使自己感到非常的荣幸；鼎力相助是敬词，此词经常用错，是指感谢别人的鼎力相助；抛砖引玉是谦词；一得之见是谦词，指自己浅显的一点见解。

恭则不侮，宽则得众，
信则人任焉，敏则有功，
惠则足以使人。

——春秋《论语·阳货》

解读

　　庄重就不致遭受侮辱，宽厚就会得到众人的拥护，诚信就能得到别人的任用，勤敏就会提高工作效率，慈惠就能够使唤人。"庄重、宽厚、诚实、勤敏、慈惠"这些确实都是人类的美德，作为个人的道德修养，能够具备这些自然好。但是如果认为具备了这些美德就一定能有怎样的好处，那就不很妥当了，甚至也是非常靠不住的。比如，一个人庄重固然可以避免受到庄重的人侮辱，但却不一定能避免受到不庄重的人的侮辱。一个人诚信，自然会比不诚信的人优先受到任用，但是诚信只是一个人的基本素质之一，仅仅做到诚信还是远远不能满足被任用的要求的，被任用的主要因素还是要有才能。至于做到慈惠，原本是做人的本分，如果是为了方便使唤人才去故意慈惠，那未免失去了慈惠的本意。

惠

HUI

奉天竭诚敬
临民思惠养

西汉刘向《新序·杂事四》记载：梁与楚的边亭皆种瓜。楚亭人妒恨梁人的瓜长得好，夜往毁之。梁县令宋就制止了梁人的报复，并派人帮助楚人灌瓜，使楚瓜日美。楚王以重金相谢，与梁交好。"浇瓜之惠"常用于比喻以德报怨，不因小事而引起纷争。

汉字小词典

惠，会意字。从心，从叀（zhuān），会心专之意。

《说文·叀部》："惠，仁也。""惠"的本义是仁爱，如《韩非子·内储说上》："夫慈者不忍，而惠者好与也。"引申指温顺、柔和，如《诗经·邶风·燕燕》："终温且惠，淑慎其身。"又引申指好处、给予好处，如《孟子·滕文公上》："分人以财谓之惠。"又引申为赠予，如唐郑谷《宗人惠四药》："宗人忽惠西山药，四味清新香助茶。"又引申为表示敬的副词，放在动词前表示施事者的行动对自己是一种恩惠，如《左传·僖公四年》："君惠徼福于敝邑之社稷，辱收寡君，寡君之愿也。"古人称男子善于组织管理为"贤"，称女子心灵手巧为"惠"。

惠的成语有"小恩小惠""惠风和畅""口惠而实不至"等。

惠爱基于仁慈之心

《说文》认为，惠为仁也。惠，从心，这个心是仁慈之心，仁慈的心为"惠心"、仁爱而有德泽的美名为"惠声"；用仁心爱德加以养育为"惠育"，《孟子》曰："分人以财谓之惠。"所谓"奉天竭诚敬，临民思惠养"，惠是仁的表现。

历史上，梁惠王是一个名副其实的惠王，心怀仁爱之心，施惠民之策。梁惠王问孟子齐桓公和晋文公如何称霸天下，孟子绕开齐桓公和晋文公的武力与"霸道"，反而讲了一个梁惠王自己不忍杀牛的故事，以唤醒齐宣王内心"惠心"，以此来阐述自己的"惠政"。孟子说："是乃仁术也，见牛未见羊也。君子之于禽兽也，见其生，不忍见其死；闻其声，不忍食其肉。是以君子远庖厨也。"意思就是说大王这种不忍心正是仁慈的表现，只因为您当时亲眼见到了牛而没有见到羊。君子对于飞禽走兽，见到它们活着，便不忍心见到它们死去；听到它们哀叫，便不忍心吃它们的肉。所以，君子总是远离厨房。只要这种"惠心"被唤醒，无论是王道还是仁政，就统统有了接受的心理基础。

孔子在《论语》中云："恭、宽、信、敏、惠。恭则不侮，宽则得众，信则人任焉，敏则有功，惠则足以使人。"意思是说，庄重就不致遭受侮辱，宽厚就会得到众人的拥护，诚信就能得到别人的任用，勤敏就会提高工作效率，慈惠就能够管理人。这是因为慈惠、与人为善、给他人好处，自然受到他人的拥戴，自然能够领导人、管理人。可见，作为一个管理者，首先必须有一颗仁爱之心。

惠悟来自专心诚意

"叀"为"專"的省字，表示专心，一心一意。"专""心"为"惠"，表示为人处世专心诚意。孟子说："下棋，在技艺是比较容易的，可是如果不专心致志地学，也是学不好的。"弈秋是当时诸侯列国都知晓的国手，棋艺高超，但即使是这样的大师，偶然分心也不行。有一日，弈秋正在下棋，一位吹笙的人从旁边路过。悠悠的笙乐，飘飘忽忽的，如从云中撒下。弈秋一时走了神，侧着身子倾心聆听。此时，正是棋下到决定胜负的时候，笙突然不响了，吹笙人探身向弈秋请教围棋之道，弈秋竟不知如何对答。不是弈秋不明围棋奥秘，而是他的注意力此刻不在棋上。

陈平忍辱苦读书、董仲舒三年不窥园、范仲淹断斋划粥、万斯同闭门苦读、蒲松龄草亭路问著《聊斋》等，都是专心诚意的例子。人的成功，都并非偶然，无不是一心一意通过勤奋、刻苦得来的。首先要有志于学，然后废寝忘食地去获取知识，这样才能真正地有所进步，如果学习时总是三心二意，看书的时候总想着别的事情，而不是不断地被求知欲所驱赶，想尽快地弄清楚自己那些还不懂的地方，这是无论如何都难于有什么成绩的。人要想有所成就，专心诚意是唯一的捷径，心专则惠。

惠施必须聪明智慧

"惠"音通"慧"，惠及他人，聪明美丽为"惠丽"，聪慧为"惠黠"，《国语·晋语九》曰："巧文辩惠则贤"，韩愈《送李愿归盘谷序》写道："曲眉丰颊，清声而便体，秀外而惠中。"惠施既是智慧的行为，同时，施惠也要讲究智慧。施惠必须"适人、适时、适法"，必须有合适的对象、内容、方法、时间。

　　帮助汉高祖打天下的大将韩信，在未得志时，境况很困苦。那时候，他时常往城下钓鱼，希望碰着好运气，但这终究不是可靠的办法，因此韩信时常要饿着肚子。幸而在他钓鱼的地方，有很多漂母（清洗丝棉絮或旧衣布的老婆婆）在河边做工，其中有一个漂母，很同情韩信的遭遇，便不断地救济他，给他饭吃。韩信在艰难困苦中，得到那位以勤劳刻苦仅能以双手勉强糊口的漂母的惠施，很感激她，便对她说，将来必定要重重地报答她。后来，韩信替汉王立了不少功劳，被封为齐王，他想起从前曾受过

漂母的恩惠，便命从人送酒菜给她吃，更送给她黄金一千两来答谢她。"一饭千金"的成语就是出于这个故事的，受人的恩惠，切莫忘记，虽然所受的恩惠很微小，但在困难时，即使一点点帮助也是很可贵的；到我们有能力时，应该重重地报答施惠的人才是合理。不过，真心诚意地乐于惠施的人，是永远不会想人报答他的。

凡事都有相对的一面，惠施也是一样的，它就像是一把双刃剑，如果使用不当，可能会适得其反。俗语说："斗米恩，担米仇"，惠施是讲究方法与智慧的，要观察对方真正需要的是什么、需要的是否适量，适可而止，不然会伤害自己也伤害他人。例如，家庭经济条件有限的老百姓，若把大量的钱财拿去惠施，这样做就会对正常生活造成一定的影响，从而造成家庭不和谐，应该量力而行。再如，明明知道对方的索求是无理的，甚至是出于贪婪的，那理应拒以惠施，否则既造成自己的损失，也增加了对方的贪心，这样起不到应有的作用。

从广义上来说，能给众生带来正面利益的都可谓布施，对正处在人生低谷的人的一个发自内心的微笑、对年长者的一次热心的帮助、对心情烦闷者的一次交流开导、对父母师长的一次促膝交谈以及包括对人的包容与谅解，都可以算是惠施的一种，由此可见，惠施不仅限于钱财方面。

养稊稗者伤禾稼，
惠奸宄者贼良民。

——汉·王符《潜夫论·述赦》

解读

稊（tí）：一种类似稗子的草。稗（bài）：稗子。稊稗都是稻田的害草。惠：给以好处。奸宄（guǐ）：作乱犯法的人。贼：伤害。这两句大意是：培养稊稗，势必损害庄稼的生长；豢养奸宄之徒，势必伤害善良的人民。成语有"养虎伤身""养痈遗患"之说，"养虎""养痈"不仅伤身，而且害人。有稊稗，必然会伤害禾稼；有恶人，必然会伤害良民。稊稗和禾稼不能并存，奸宄之徒怎能和良民共处？作者通过比喻说明铲除奸宄、惩办恶人的重要，发人深省。

忠

ZHONG

忠言质朴而多讷

楚汉相争的时候，有一个人名叫纪信，效力于汉王刘邦。有一次，楚霸王项羽攻打荥阳城，很是厉害。到了极危急的时候，眼看汉王逃脱不了。纪信就自己请求和汉王换了衣服，坐了汉王的车子，堂堂皇皇出东城门去逛骗楚国。汉王就乘了这个当儿，扮成一个普通人，从西城门逃走了。纪信因此竟被楚国人用火烧死。后来汉王打下了天下，做了汉高祖皇帝，替纪信造了一座庙，叫做忠佑庙，汉高祖在诰词里面说：以忠殉国，代君任患，实开汉业。

什么是忠？怎样做才算是忠？"忠"字告诉我们如下的哲理。

"忠"是尽心尽力

"忠"上"中"下"心"，是建立在"心"之上的。这就说明了"忠"的根源来自一片赤诚的心。没有"忠"心，不可能有"忠"行。这颗心首先是来自爱国之心。屈原悲赋《离骚》以示忠君之意，劝君不听愤而跳江以殉国；诸葛亮"三顾频烦天下计，两朝开济老臣心"，鞠躬尽瘁，死而后已，为蜀燃尽最后一缕精气神；文天祥"人生自古谁无死，留取丹心照汗青"，宁死不屈，为亡国守护最后一份尊严；岳飞"壮士饥餐胡虏肉，笑谈渴饮匈奴血"，勇战沙场，忠心为国。

钱学森是在1935年8月作为一名公费留学生赴美国学习和研究航空工程和空气动力学的，经过十多年的努力奋斗，他成了当时世界一流的火箭专家。1949年，身在美国的钱学森，听到了激动人心的喜讯：中华人民共和国成立了！钱学森决定以探亲为理由立即返回自己的祖国。他会见主管他研究工作的美国海军次长金布尔时，向金布尔严正声明他要立即动身回国，金布尔听后大为震惊，他认为钱学森无论放在哪里都抵得上五个师。还说："我宁可把他枪毙了，也不让这个家伙离开美国！"所以当钱学森一走出他的办公室，金布尔马上通知了移民局。随后，他突然收到移民局的通知："不准全家离开美国。"当时，美国国内出现了一股疯狂反共、迫害进步人士的逆流。钱学森上了美国特务机关的黑名单，受到不断的迫害。然而，钱学森没有屈服，他不断提出要求：坚决离开美国，回中国去！1955年，中国政府通过外交斗争，迫使美国政府同意钱学森返回中国。钱学森终于回到了朝思暮想的故土。钱学森激动地说："我相信我一定能回到祖国。现在，我终于回来了！"

"忠"是一颗感恩之心

我们忠于帮助过我们的人，因为他们是我们人生中的贵人，相扶相携。我们忠于职责，是感恩于有一个施展才华的平台。我们忠于人民，是感恩于人民给予我们的权力、利益和义务。我们忠于祖国、故乡，是感恩于这块养育自己的土地。

"豫让复仇"说的就是这样一个忠心不渝的故事。公元前403年，赵、魏、韩三家分了智氏的领地，赵氏首领赵襄子将智

氏首领智瑶的头骨涂上漆，制成了酒器。智瑶的家臣豫让立志为主人报仇。他化装成罪人，到宫殿打扫厕所，伺机刺杀赵襄子，可惜没有成功。后来，他又自残，用漆涂满全身，乘机刺杀赵襄子，又不成功，最后为赵襄子所杀。曾有朋友劝豫让说："以你的才干，如果投靠赵襄子，一定会得到重用，过上好日子。"豫让说："我这样做，是为了让天下为人臣子却怀有二心的人感到羞愧。"豫让死的时候，整个赵国的侠士都为他痛哭流涕，就连赵襄子对他也赞赏有加，后人更是推崇备至。清朝康熙年间，太原令殷峰写了一首诗刻在"豫让桥"上："卧波虹影欲惊鸥，此地曾闻手刃仇。山雨往来时涨涸，岸花开落自春秋。智家鼎已三分裂，志士恩凭一剑酬。返照石栏如有字，二心臣子莫经由。"此诗高度赞扬了豫让一心为主、毫无二心的忠义精神。

"忠"是秉持中正之道

忠，从中，是中正不偏之心，秉持正道，公正处事，赤诚无私。《忠经·天地神明章》："忠者，中也，至公无私。天无私，四时行；地无私，万物生；人无私，大亨贞；忠也者，一其心之谓矣。为国之本，何莫由忠。"

"比干死争"的故事，就是国士尽忠的典范。商汤灭夏，建立商朝。汤是一个贤明的君王，以仁道治天下，开创了商朝的兴盛。期间历经29个国君，到了纣王时代。纣王天资聪颖，臂力过人，但荒淫游侠。纣王的叔父叫比干，在纣王身边做少师官，叹着气说："皇上暴虐成这个样子，不去劝谏，那就是不忠了。为了怕死，不敢说话，就是不勇敢了。皇上有过失就应该去劝谏，做臣子的不用死去争，那么就对不起天下的百姓。"于是，比干就到纣王那里去强谏。纣王生气地说："听说圣人的心上有七个窍。"就剖开比干的胸膛，挖出心脏来看。纣王暴虐至此，周武王率领诸侯讨伐纣王。纣王兵败，自焚而亡。忠言逆耳，纣王要是听得了比干的意见，也不至于落到如此下场。而心中秉持正道，想解救天下百姓的比干，被孔子称为仁人志士，成为忠臣的表率，千古流芳。

"忠"是善始善终

"忠"音通"终"，意为始终如一，善始善终。"疾风知劲草，板荡识诚臣。"危难之际，最能考验一个人的忠诚度。一个人春风得意的时候，身边簇拥着一帮人。而当失意的时候，往往门庭冷落。这是因为许多人并非忠诚之人，而是势利之徒。忠诚的反义词是背叛，背叛比敌人更可恶。因此，我们对"汉奸"和"叛徒"深恶痛绝。我们通常所说的"反骨仔"，就是卖身求荣之人。当然"忠"不是个人崇拜，更不能愚忠。在今天的现实生活中，我们要赋予"忠"新内涵，这就是忠于祖国，忠于人民，为民谋利，为民造福，忠于职守，兢兢业业，勤奋工作。天下兴亡，匹夫有责，像文天祥那样"人生自古谁无死，留取丹心照汗青"，像林则徐那样"苟利国家生死以，岂因祸福避趋之"。

心学之窗 **品牌忠诚度**

品牌忠诚度是指消费者在购买决策中，多次表现出对某个品牌有偏向性的（而非随意的）行为反应。它是一种行为过程，也是一种心理（决策和评估）过程。品牌忠诚度的形成不完全是依赖于产品的品质、知名度、品牌联想及传播，它与消费者本身的特性密切相关，靠消费者的产品使用经历来维系。提高品牌的忠诚度，对一个企业的生存与发展，扩大市场份额极其重要。

巧辩纵横而可喜，
忠言质朴而多讷。

——北宋·欧阳修《为君难论下》

　　花言巧语广阔恣肆，使人喜欢；忠言直语质实朴素，显得迟钝。巧辩与忠言，给人的感觉有可喜与难听之别，这就须要听者心地明亮，从其实质出发，取忠言而弃巧辩。这两句用于告诫人们要善于区别巧辩与忠言，不要被巧辩者的花言巧语所迷惑。

恤

XU

司寇宜哀狱
台庭幸恤辜

广州有条恤孤院路，位于越秀区（原东山区）新河浦路附近，恤孤院路得名的确源于一间恤孤院。清末民初，东山还是离城约3里的郊野，遍布着山冈、稻田、菜地、鱼塘、坟墓、竹林，生活在这里的是寺贝底村和山河村的农民，人烟稀少。清光绪年间，美基督教会相中了既是军事要地又是广州水陆交通要道、且有很大发展潜力的东山，强购了东山大片土地，开始在此兴建宗教建筑和西式住宅。为了收容培养教会内教友的年幼孤儿，牧师湛罗弼倡议创立恤孤院，任命教师张立才、余益山为院董事。1909年，恤孤院在今培正小学旁建成，并在门前开辟马路，名为恤孤院路。

"恤"字体现了一个人心地善良、慷慨大方、无私布施，也体现了一个国家社会保障体系的完善，是大同社会所追求的目标之一。

恤，形声字，从忄，血声。

《说文·心部》："恤，忧也。收也。"本义为忧虑，如《诗经·大雅·桑柔》："告尔忧恤。"引申为体恤、怜悯，如《汉书·谷永传》："存恤孤寡，问民所苦。"又引申为救济，如汉贾谊《论积贮疏》："即不幸有方二三千里之旱，国胡以相恤？"

有"恤"的成语大多表达"扶危济国"之意，如："爱民恤物"，指关心、体恤百姓；"安富恤贫"，指安定富有者，接济贫穷人；"殒身不恤"，指牺牲性命也不顾惜。

体恤来源于善良心、同情心

恤，从心，这个"心"，反映了一个人的品格和胸怀。孟德斯鸠说："同情是善良心地所启发的一种感情的反映。"田崎醇之功说："同情他人，这种心理与感性的发达，意味着个性的成熟。"善良的心，同情之心，是道德中一种高贵的美德。对他人的不幸、苦痛，产生同情心并施以援手，这是好人的标志。培根说："同情在同一切内在的道德和尊严中为最高层的美德。"所以，孟子说："怜悯之心，恻隐之心，羞耻之心，人皆有之。"同情心可以使人变得可亲可敬，变得高尚。诗人杜甫只因有"安得广厦千万间，大庇天下寒士俱欢颜"的情怀，才配戴"人民诗人"的桂冠。诗人龚自珍，发出了"落红不是无情物，化作春泥更护花"的肺腑之声，表现了他悲天悯人的情怀；貌似冷峻的鲁迅，则以"俯首甘为孺子牛"的拳拳之心，显示其犀利的文风和高尚的情操。

当然，这种善良心、同情心，不是一种居高临下的恩赐，不是常有功利目的的"作秀"。同情是一种设身处地为他人设想，是一种换位思考，是对弱者的关爱，是以平等为前提的。假如同情变成一种炫耀、一种交换那就完全变了"味"。同时，我们也要知道，同情心也是一把"双刃剑"，假如滥用了，也会适得其反，不是对弱者的帮助，而是一种伤害。

体恤是用心血对待他人的关怀

恤，从心，表示每个人都应当有同情心、怜悯心。"血"，指心血、心思和精力。俗话说，"血脉相连""血浓于水"，同胞有难，自然应当加以体恤。莎士比亚说："心心相印的人，在悲哀之中必然会产生同情的共鸣。"把心血都花在那些贫穷无依、困难可怜的人身上，是一种高贵的行为。

南亚海啸灾难发生后，世界各国人民纷纷解囊相助，中国人也不甘落后，短短几天就捐赠了数十亿元的现金与物资。这次灾难，也是对地球村居民同情心的一次大检阅、大洗礼。还有一件事也使我们很感动，2005年的维也纳新年音乐会，为悼念海啸遇难者，在演奏中取消了最欢快的《拉德斯基进行曲》。音乐中断了，主持人走上台，悲壮地讲到海啸灾难，讲到此刻要向灾民捐款，为此今晚将不再演奏《拉德斯基进行曲》。可以说，这是历年来最人性的一次维也纳新年音乐会。

体恤他人，奉献心血，不仅可以升华自己的心灵，也让这个社会乃至世界充满了温暖。假如一个社会冷酷无情，将会冷漠可怕。因此，要在每一个人的心里播种爱的种子，培植善良和同情之花，建设美好的社会。

体恤是一种无私的布施和救济

恤的异体字为"衅"，从贝，从血，"贝"是古代曾使用的货币，这里泛指钱财等物质的东西。"血"指心血，也即精神上的关怀。"衅"表示要用钱财等物质上的东西以及精神上的关怀去救济抚恤别人。

有一位国王，纵欲无度，过着极尽奢华的日子。数十年后，国王渐渐衰老，不禁生起惶恐之心："我这一生都没有为人民做过什么好事，现在老了、病了，死后一定会堕入可怕的地狱。我的日子不多了，该怎么办呢？我看还是多带一些宝物献给阎罗王，请他善待我。"于是，国王命令全国人民献出金银财宝，不得私自留存。

一名少年认为国王如此贪得无厌，一点也不为人民福祉着想，因此决定挺身而出，要让国王从迷信中觉悟。他找一笔钱，亲自送到国王面前。国王觉得它和平常的钱不一样，好像埋过再拿出来，怀疑他一定在地底下藏了许多财宝："你的钱从哪里来？老实说出来！"

少年说："我家已经一无所有了，这枚钱币是从我父亲的棺木中拿出来的。当年我们让过世的父亲口中衔着钱，要带去献给阎罗王。"

国王听了，问："难道阎罗王没收到你父亲的钱币？"

少年答："人一旦过世，什么金银财宝、官禄爵位都带不走，这就是'万般带不去，唯有业随身'。"国王听了感到惭愧，急忙问少年："我以前都没做过好事，恶事倒做了不少，我该怎么办？"

少年说："国王，如果您能多为国内贫穷苦难的人着想，忏悔过去的错误，您内心的业就清净了，善的种子也将发芽。"听了少年的话，国王终于明白，随即打开国库，将钱财布施救济贫困的人。

当然，体恤是基于爱心、能力，而且需要适度和得当。

心学之窗 恻隐之心，人皆有之

恻隐是一种最原始的道德感情。中国古代儒家强调以恻隐、仁心、良知等情感或综合性的道德悟性、直觉来作为划分人禽的主要标志。如《孟子·公孙丑章句上》："由是观之，无恻隐之心，非人也；无羞恶之心，非人也；无辞让之心，非人也；无是非之心，非人也。"

恻隐之心有些什么基本特征？牟宗三先生《理性的理想主义》认为：道德的心，浅显言之，就是一种道德感，经典地言之，就是一种生动活泼怵惕恻隐的仁。可以用"觉"与"健"来概括此心，"觉"与"健"是恻隐之心的两个基本特征。但此仁心又不仅涵"觉""健"之两目，亦不只涵仁义礼智四端之四目，而是涵万德，生万化，儒家道德形而上学（或谓"理性主义的理想主义"）即完全由此而成立。

天变不足畏，
祖宗不足法，
人言不足恤。

——《宋史·王安石传》

解 读

　　天象的变异不足以害怕，祖宗的成规不足以效法，人们的议论和攻击不足以忧虑。王安石看到北宋当时社会政治的严重弊端，提出了变法革新的政治主张，却遭到了保守势力的猛烈攻击。他们鼓吹"天命"论，宣扬天象的变异是时人的惩罚，借口祖宗定下的成规不可更改，煽动人们反对改革。这几句话就是针对这种攻击而言的。王安石表示：自然自有其规律，天象的变异与人事无关，因而不足害怕，祖宗的成规只适用于祖宗的时代，形势变了，法规也应随着形势的变化而变化，不可因循守旧，抱守残缺；他人的议论和攻击不足忧虑，只要坚信自己的主张是正确的，就坚决地干下去。他的话具有反"天命"的唯物主义因素，充满着无所畏惧的斗争精神，显示了政治家的襟怀与风度，对我们今天仍有启发和教育意义。

性

XING

少成若天性
习惯如自然

魏晋时刘桢写了一首诗：

赠从弟

亭亭山上松，瑟瑟谷中风。

风声一何盛，松枝一何劲！

冰霜正惨凄，终岁常端正。

岂不罹凝寒，松柏有本性。

在这首诗里，刘桢用松柏不惧寒风、冰霜的风范，告诫从弟要学习松柏坚毅、正直、勇敢的品性。

"性"字揭示了性命的起源，本性、性情的本质，对于启发我们修身养性有重大意义。

《泉石高闲图》 （明） 文徵明

社会
伦理

403

性，形声字，生兼表义，表示生而有的特质。生，表示天然萌发。"生"常在古文中被假借为"性"，表示内心萌发的与生俱来的本能。

《说文·心部》："性，人之阳气性善者也。"本义为人生而有的特质，如陶渊明《归园田居》："少无适俗韵，性本爱丘山。"引申指事物的性质，如《孟子·告子上》："是岂水之性哉？"又指生命，如汉枚乘《七发》："皓齿蛾眉，命曰伐性之斧。"引申指生命的欲望，如《孟子·告子上》："食、色，性也。"引申指性格，南唐李中《献张拾遗》："官资清贵近丹墀，性格孤高世所稀。"又引申指性情、脾气，如《韩非子·观行》："西门豹之性急，故佩韦以自缓。"

含"性"的成语可分为两类：一是褒义的，用"存心养性"，指保存赤子之心，修养善良之性；用"兰心蕙性"，比喻人品高尚，举止文雅；另一类是贬义的，如"逞性妄为"指坏人任意干坏事；用"灭绝人性"，指完全丧失人类具有的理想；用"嗜杀成性"，形容极端凶残。

性是人类生生不息的根源

性，从生，生是生命、生产，意指人类延续、人口繁衍，是生命的再生产，人和动物皆然。孟子说，人性有两个相同的基本内容，"食、色，性也"。食色，是人和一切生物生存、繁衍和发展的需要。俗话说：生口的要吃，生根的要肥。《易·乾》："乾道变化，各正性命。""性者，天生之质，若刚柔迟速之别；命者，人所禀受，若贵贱夭寿之属也。"性命、性命，有性

孟子像

才有命。性是我们所见到的令人惊奇的生命的本源，从袋鼠到橡胶树，乃至每天出生的数十万名人类的婴儿，无不如此。

性是与生俱来的天性、禀性

性右边为生，生指天生、天然，常有天生的成分。人的容貌，是天生的，常有父母遗传的基因，其生理和心理也带有先天的成分。如男人与女人，由于其性别的差异，其言谈举止也有所不同。人的血型不同，其性格也不一样。又由于所处的生活环境不同，会产生不同的肤色、生活习惯，所有这些，都是由"性"决定的。也正因为人有天性，就应当认识天性、尊重天性、顺应天性，这样，才能符合人道的要求。我国古代教育家孔子说："少成若天性，习惯如自然。"一个人从小遵循善良的天性，养成良好的习惯，将会影响到一辈子。

性是人的心理、性格、情感的自然流露

性从心，从生。这个"心"是指心理、性情、情感，是内在的东西，"生"是指生命、性命，是外在的东西。从这两个字的组合看，"性"是生理和心理的结合，性情与生命的结合，灵与肉的结合。心生为性，性由心。心为性之本，性为心之貌。一个

人的性情、性格、习惯都是由人的心地所决定的。心善之人，其性情是温和的。心恶之人，性情必然凶煞。在人的性格中，最可贵的首先是忍性，经得起打击，受得了委屈，愠色不惧，处变不惊；其次是耐性，也即韧性，坚韧不拔，持之以恒，不懈努力，专注专一，认准了的事情就坚持做下去，不达目标决不罢休；再次是悟性，即灵性，这是一种感悟和体悟的能力，有敏捷的应变能力和接受能力。一个人的性格是坚强还是软弱，很容易决定这个人是成功还是失败。

性是幸福生活的一部分

"性"音通"幸"，且从"心"而生。这就是说幸福生活是每一个人最本能的生活，只有从内心出发去发现去创造，才能更好的生活，才能获得幸福。另一方面，也指"性"是幸福生活的一个方面。有人把"幸福"说成"性福"。当然，"性福"不是幸福的全部，但假如没有"性福"，也不能称之为真正的幸福。

性爱，是情爱与性欲的完美结合。性爱不是下流的。一位著名的性学家曾经说过："性爱就像一扇门，不同关系的男女在经过这扇门之后就会变成不同关系的人。"这"不同关系"是由"性"的感受而形成的。本来感觉很好的，却因为性的不和谐变得别扭；本来只是一般的，又因为性爱的完美而结合在了一起……可见性爱是一件美妙的事情。

性、姓、牲，形相近。性是生命之源，生命繁衍了，有了家族，才有姓氏；性又是一种本能，体现了人的动物性，在这个意义上，人与牲同理。但人又高于动物，他赋予了性社会学的意义——爱情。

什么是异性效应

　　"异性效应"是一种普遍存在的心理现象，这种效应尤以青少年为甚。其表现是有两性共同参加的活动，较之只有同性参加的活动，参加者一般会感到更愉快，也干得更起劲，更出色。这是因为当有异性参加活动时，异性间心理接近的需要得到了满足，因而会使人获得程度不同的愉悦感，并激发起内在的积极性和创造力。男性和女性一起做事、处理问题都会显得比较顺利。

　　异性效应现象甚至在人类征服宇宙的过程中也曾发生。在宇宙飞行中，占60.6％的宇航员会产生"航天综合征"，如头痛、眩晕、失眠、烦燥、恶心、情绪低沉等，而一切药物均无济于事。美国著名医学博士哈里教授向美国宇航局提出建议，在每次宇航飞行中，挑选一位健康貌美的女性参加。就这么一个简单的办法，竟使困扰宇航员的难题迎刃而解。

性静情逸，心动神疲。

——南朝·周兴嗣《千字文》

解读

　　性情安静，精神就恬淡舒适；动了欲念，精神就疲劳倦怠。性情安静，万事万物能不想就不想，能放开就放开，超脱于利欲之外，精神就会安逸舒坦；利欲之心一动，总要想方设法满足自己的欲望，精神就疲劳了。老子主张"无为"，顺其自然，同时强调任何事物都是相对的。他的长寿和养生经验与他的哲学观念紧密相连。庄子特别重视修心养性，认为一个人的心境会影响到人的精神面貌和身体状况。一个人要做到心境平和、超然自在，很重要的一点是保持心理平衡，私欲滋生是修心养性的大敌。

JI

忌

　　成语"投鼠忌器"出自《汉书·贾谊传》："里谚曰：'欲投鼠而忌器'，此善喻也。"意思是说老鼠靠近器物，要打老鼠，又恐损坏器物，因而犹豫不决。后来，人们就用投鼠忌器来比喻做事有所顾忌，不敢放手进行。

　　三国初期，汉献帝与丞相曹操、皇叔刘备一起去打猎。曹操为了显示自己的武力，竟跟汉献帝齐头并进。汉献帝见不远处有只兔子，就叫刘备射箭，说是要看看皇叔的箭法。刘备连忙弯弓射箭，正好命中兔子，献帝连夸好箭法。献帝又看见一头大鹿，连射三箭不中，就叫曹操射。曹操拿过献帝的金比箭，一箭就射中了鹿。将士们见射中鹿的是金比箭，以为是献帝射的，都高呼"万岁"，曹操得意地站到献帝前接受欢呼。关云长实在看不下去，要拍马刀砍曹操，刘备忙暗示他不可轻举妄动。事后，关云长问刘备为什么不让杀曹操，他说："投鼠忌器，他身边还有献帝呢。"因此，关羽懂得了砍杀曹操也许会误伤了皇帝的道理。

　　"忌"字告诉我们人类忌妒的原因、心理和影响。

忌，形声字，从心，己声。

《说文·心部》："忌，憎恶也。""忌"的本义为憎恨，如《管子·大匡》："诸侯加忌于君。"引申为猜忌、嫉妒，如《左传·僖公九年》："忌则多怨，有焉能克？"又指顾忌、忌惮，如《左传·成公十二年》："诸侯贪冒，侵欲不忌。"又指禁忌、忌讳，如《国语·越语下》："子将助天为虐，不忌其不祥乎？"

含"忌"的成语很多，如嫌弃贫穷的人、妒忌富有的人为"嫌贫忌富"，非常放肆、一点没有顾忌为"肆无忌惮"，比喻怕人批评而掩饰自己的缺点和错误为"讳疾忌医"，形容儿童天真无邪、讲话诚实、纵出不吉之言亦无须见怪为"童言无忌"。

妒忌源于极端的私心

"忌"为"己""心"，意为极端的私心是嫉妒产生的根源。私心重则胸怀狭窄，看不起他人能力强，看不惯他人比自己过得好，因此性格变得乖戾，用陷害、污蔑打击等下三流的手段对付他人。"夫建大事者，不忌小怨"出自范晔《后汉书·岑彭传》，大意是：建立大事业的人，不能顾忌个人的小恩小怨。一个人若要办成大事，必须胸怀开阔，目光远大，不能顾忌个人的恩恩怨怨，不能私心过重。《左传》记载，晋文公重耳为了登上中原霸主的宝座，抛开了在楚时受到楚成王礼遇的恩惠，大败楚兵，他也不计较寺人披曾奉献公之命至蒲城追杀自己的旧怨，而听信他告密免受灾难，最后终于达到了目的，夺得晋国的政权，成为春秋五霸之一。

私心太重则性情乖张偏执。私心裹挟下的人，会过分、病态地关注自己，不论公事、私事想的都是自己，目的性特别强，一旦得势，则会丧失德行。明代理学家薛瑄在《读书录·体验》中讲："金有一分铜铁之杂，则不精；德有一毫人伪之杂，则不纯矣。"意为，私心杂念影响人之德行的精纯。清代重臣鳌拜、和珅一人之下万人之上，权倾朝野，耍尽手段，贪赃枉法、视人命如草芥。鳌拜挟天子以令诸侯，私欲膨胀，最终这位为大清开疆拓土的一代功臣锒铛入狱，损了满洲勇士之誉，毁了英明人格；而和珅投机取巧获得重位，不思为民，只思为己，家之藏金胜于国库，大清股肱之臣，最终成为阶下之囚而名声扫地。从古至今的贪奢奸佞之官，其结局无不有着惊人的相似，其原因，无不有着"重蹈覆辙"般的相同——私心。私心如同一曲哀歌，使多彩的人生在声色犬马、利益纠葛中变得黯淡。纵然因私心而得志者，也会是难以善终，为后人所不齿。

忌妒表现为扭曲的心态

"己"的字形为蛇形，为扭曲的心，忌妒因羡慕表现扭曲的心态，也即通常所说的变态。忌妒是一种难以公开的阴暗心理，它对人们造成严重的危害，就像一条凶悍的毒蛇，吞噬着人焦灼的心灵。忌妒心理总是与不满、怨恨、烦恼、恐惧等消极情绪联系在一起。忌妒心理有不同的忌妒内容，主要在四个方面表现得尤为突出，这就是名誉、地位、钱财、爱情。有的还表现为一种综合性的笼统内容，即只要是别人所有的，都在其忌妒之内。由于社会道德的约束，忌妒心理会习惯性地自我伪装，企图使人不易察觉。譬如，本来是忌妒某人的某一方面，却不敢直言，故意拐弯抹角地从另一方面进行指责或攻击。

《三国演义》中，有位英才盖世、文武双全的大英雄叫周瑜。在赤壁之战中，更显出叱咤风云、谋略高人的军事奇才。当

后人对周瑜其人褒奖盛赞之际，人们也同时看到了这位英年早逝者的致命弱点，那就是他的量窄和忌才。在取得火烧赤壁大战成功后，容不下与他共同抗曹的诸葛亮，并密令部将丁奉、徐盛击杀诸葛亮。不料诸葛亮早有准备，密杀不成。周瑜为什么容不下诸葛亮？原来，诸葛亮处处高周瑜一筹，尤其在关键时刻，事事想在周瑜之前，且能将周瑜内心活动看得入木三分，这使得周瑜妒忌得寝食难安，并随时想除掉才智高于自己的诸葛亮。而诸葛亮总能提前防备，更使周瑜一次次地气憋于心。"妒忌"，让周瑜把自己给活活"气死"。周瑜忌才、忌能，心胸狭窄、妒忌心太强，害人最终害己，给后人留下了深刻的教训。

顾忌多最终伤害的是自己

"己""心"为"忌"，意为心上只有自己，不了解别人，意寓自己缺乏自信，是出于一种害怕、畏惧的心理。顾忌太多的人内心敏感、感情丰富、在意别人的感受。然而，因为他们太在乎别人的看法，所以在沟通中顾忌太多，显得优柔寡断畏首畏尾，很怕做错说错，于是干脆不做不说，而后惧怕太过则畏缩不前，错失了许多机会。"忌贤妒能心不宁"，顾忌太多，最终伤害的是自己。伤害自己的心情，进而伤害自己的身体。

　　鲁国正卿季文子每做一件事情，都要考虑很久，考虑很多次。孔子听到后，认为对于一件事情，考虑两次也就可以了。在孔子看来，一个人做事过于谨慎，顾忌太多，就会发生各种弊病。处事多思是好事，但过分了，过犹不及。翻阅历史的画卷，江东岸边，残阳如血，曾叱咤风云的一代枭雄项羽正一步步走向生命的末路，亭长的劝告他不曾在意，最终以自刎为人生画上了不完美的句点。因为对江东父老的殷切期望他不能放下，却未料到，这一丝不敢放下的顾忌反倒成了心中的负担，重重地压在心头。若不是对心中的那份顾虑不肯释然，又怎会有"江东子弟多才俊，卷土重来未可知"的感慨呢？俗语说，"前怕狼、后怕虎"，太多的顾忌常常让我们不敢迈开前行的步伐，太多的顾忌常常让我们与成功失之交臂。世界上没有完美的事情，一味患得患失，顾忌重重，容易丧失掉处理事情的大好机遇，甚至功败垂成。太过于计较得失，最终只会一事无成，顾忌太多只会给我们增添无形的压力。生活如海，放下顾虑，泛舟于海，方知海之宽阔；生活如山，放下顾虑，循径登山，方知山之巍峨；生活如歌，放下顾虑，和曲高歌，方知歌之美妙。顾忌是理想道路上的绊脚石，冲破顾忌，放下犹豫，一切都会变得简单从容。

气忌盛，心忌满，才忌露。

——明·吕坤

　　血气最忌讳的是盛大，心胸最忌讳的是自满，才华最忌讳的是显露。"气忌盛"。气，有情绪、气势、表情等不同意思。盛气，就是血气方刚，浮躁傲慢，盛气凌人，情绪冲动，这些都是修养不足的表现。学问深时意气平，学问修养想要有成就，必须戒除这些。"心忌满"。"满招损，谦受益"，一个人的心胸是宽广还是狭窄，对于一个人的成就十分关键。涵养心志，要戒除骄傲自满，保持谦虚卑下。月满则亏，水满则溢，自满自矜就会阻碍自己向上提升，心胸宽广，能容纳天下，可包容一切善恶敌友；如若心胸狭窄，连自己都装纳不下，如何还能够去容纳得了别人？"才忌露"。天生我材必有用，真正有才华的人即使不刻意显露也会脱颖而出。而浮华炫露者恰好说明其见识浅薄，难以成就大器。许多有才的人得不到重用的原因也很简单，就是"才华尽显、锋芒毕露"。《礼记》曰："傲不可长，欲不可纵，志不可满，乐不可极。"凡事发乎情，止乎礼，则心平气和、功成名就。

恕

SHU

圣言贵忠恕
至道重观身

　　恕，是人生的美德，有时候必要的恕甚至能够成就一个人。麦德卢是17世纪中期意大利的著名画家。年轻时的他虽然喜欢绘画，但毫无名气，为了生存，他就在威尼斯一家画廊里做起了仿造名画的营生。一天，麦德卢正在画廊里伪造一幅名叫《提水的妇女》的名画，这幅画本是西班牙画家迭戈·委拉兹开斯3年前的作品。这时，走进来一位外国游客，静静地站在其身后看着，还不时给他提出些意见。3个小时后，麦德卢按照游客的意见把这幅名画伪造了出来，简直能以假乱真。这时，那位游客说："这样就好了，既不会太糟蹋我的声誉又能为你带来很高的收益！"麦德卢惊讶地看着这位外国人："你的声誉？冒昧地问一声，你的名字是……"游客回答道："迭戈·委拉兹开斯！"迭戈不但没有因为麦德卢的伪造行为而恼羞，反而好心地指导麦德卢，使其画功大大提高。这样的胸襟让麦德卢羞愧不已，从此再不伪造别人的画，而是把精力用在了真正的艺术创作上。正是因为迭戈的宽恕精神，激励着麦德卢最终成为一位大画家。

　　"恕"字上下结构是如人之心，如什么人之心呢？大致包含如下的几个方面：

汉字小词典

恕，形声字，从心，如声。

《说文·心部》："恕，仁也。"本义为用自己的心去推想别人的心，如《论语·里仁》："夫子之道，忠恕而已。"引申为体谅、原谅，如《战国策·赵策四》："老臣病足，曾不能疾走，不得见久矣。窃自恕。"

有"恕"字的成语大都表示饶恕、宽恕，如"恕不奉陪""恕我直言"等。

恕是如人之心

在籀文中，"女"加上"心"构成了"恕"字，无独有偶，"子""心"为"忞"，古代通"信"字；由此看来在古人眼中，无论是男人还是女人，都可以有一颗能宽容、讲诚信的善良的心。宽恕的本质是爱，是化解一切矛盾纷争的良药，让世界变得更美好，所以佛家说："宽恕是世间最宝贵、最好的礼物。"孟子说："人皆有不忍人之心。……无恻隐之心，非人也；无羞恶之心，非人也；无辞让之心，非人也；无是非之心，非人也。恻隐之心，仁之端也；羞恶之心，义之端也；辞让之心，礼之端也；是非之心，智之端也。人之有是四端也，犹其有四体也。"孟子是一个人性善论者，认为"四心"就像人天生就有胳膊脚腿一样。他认为凡是一个真正意义的人，都应该是一个有善心的人、仁慈的人。如果一个人没有任何同情心，那么他只能是一个冷血动物；如果一个人没有任何羞耻之心，那么他与猪狗没有任何区别；如果一个人没有辞让之心，也就与强盗没有两样；如果一个人是非不分，那他是一个愚蠢的人。恕这个字，非常清楚地告诉我们，一个真正意义上的人，必须有恻隐、羞恶、辞让、是非之心，否则，与动物没有区别。

恕是如己之心

这就是孔子所说的"己所不欲，勿施于人""己欲立而立人，己欲达而达人"。子游说："推己及人就是恕，自己不愿意的，也不要强加给别人，你希望自己达到的目的和要实现的愿望，也要帮助别人达到。"孔子心目中的儒家道德准则就是"恕"。也就是，你要求别人做什么时，首先自己本身也愿意这样做，或你本身也做到如别人这样了，那么你的要求才会心安理得；通俗理解就是，自己做不到，便不能要求别人去做到。推己及人，仁爱待人，所谓："人同此心，心同此理。"孔子认为，我们做人一辈子都应该尽力保有同理心、同情心。所以"恕"字的结构与儒家思想不谋而合，如心，要做到自己的心能理解同情别人的心，能感受到、同情别人的不高兴。

有一天孔子要出门，天阴了，眼看就要下雨，但他没有伞。这时，一个弟子说："老师，子夏有，您可以向他去借。"孔子教导这个弟子说："你知道，子夏有一缺点：比较吝啬。如果我向子夏去借伞，他勉强借给我，这不就是把他不愿意的事情强加给他了吗？如果他不借给我，大家就会觉得这个人太吝啬了。所以不要向他借伞，既不让他痛苦，又可以保全他的名声。"接着孔子又跟弟子们说，"跟人交往，一定要推崇别人的长处，掩饰他的短处，这样和别人的交往才能长久。"

恕是如他人之心

恕即"如自己的心"，每一个人通过对自己的"心"的观察，知道自己喜欢什么，不喜欢什么，进而据此推断他人会喜欢什么，不喜欢什么。这就是把自己当作别人。但这样还不够，还要有他人之心，把别人当作自己。这一点说起来容易做起来难，人人都有一颗私心，都想自己好，如果都像佛那样，把世间万物都当自己来爱，那样也不太现实。但是，同情别人，在别人有困难的时候尽力帮助别人，这是我们完全可以做到的。一个无私的人，一个纯粹的人，一个心胸开阔的人，往往能够接纳并帮助比自己弱小的人，并且在这样做的时候会感到无限的快乐。相反，那些不把别人当作自己的人也会受到相应的惩罚。把别人当自己，是指与人相处中要诚恳待人，忠厚待人，就像对待自己一样，实实在在，没有虚情假意。只有以诚待人，别人才能信任你，才愿意和你交往，也才能发展出真挚的友情，开出友谊之花。现实生活中，我们不一定能对任何人做到把别人当自己，但当你认为值得交往的朋友，你希望建立真正的友谊，真需要把别人当自己，拿出你的赤诚，拿出你的真心，拿出你的热情去对待朋友，这样的交往才一定是真挚的、恒久的、经得起考验的。说到底，把别人当自己，讲的是真情实意。

周作人做官时，以前的一个学生来找他帮忙谋个职位，他来时恰逢老师屋里有客人，门房便挡了驾，他怀疑是老师在回避推托，于是，站在门口大骂，声音足以让屋内的周作人听得一清二楚。没想的是，过了五天，那位学生就得到了一个职位上任去了。有人问周作人，他对你不礼貌，你为何还要帮助他，是何道理？周作人说："能到别人门口骂人，如果不是他的境况确实不好，走投无路，他又怎么会轻易这样做。"周作人的善举是因为有他人之心，才有大器量，才会有宽恕。明代哲学家吕坤在《呻吟语》中说，别人见识不广、所问不切、力不能及、情有可原、疏忽大意，有苦难言都应怀着豁达的胸怀去宽恕。当然，宽恕也不是姑息迁就，更不能让恶性横行。所以，吕坤又说："好色者恕人之淫，好货者恕人之贪，好饮者恕人之醉，好安逸者恕人之惰慢，未尝不以己度人，未尝不视人犹己，而道之贼也。故行恕者不可以不举也。"恕要区别情况，切不能助纣为虐，纵容滋长。

恕是如来之心

这可以说是恕的最高层次。如来之心，也是佛祖之心，一切以慈悲之怀，以善良之心对待。一次，有人把释迦牟尼侮辱了一番，他非但没有回击，反而微笑地问："别人送你的东西，如果你拒收，那么这个东西应该属于谁？"那人回答道："当然属于送东西的人。"释迦牟尼说："那就对了，物归原主。"在我们的生活中，正是让自己懂得去拒绝假、恶、丑，才能为真、善、美留空间。对于卑鄙的行为，可以用鄙视的态度去对待，不必要劳心伤神，一笑了之。要记住宽恕别人，就是善待自己，包容他人，解放自己。

心学之窗 宽恕的定义

在西方，最早阐释宽恕的文献可能是希伯来圣经的旧约和新约。希伯来圣经旧约中的宽恕意为神的宽恕，指上帝对罪人的罪恶的监视、保密、净化或消除。新约中的宽恕意为上帝消除、放弃、赦免对罪人的惩罚，同时恢复罪人同自己的和谐关系及满足自己对罪人的无条件的爱。

心理学文献一般将宽恕定义为：宽恕涉及两个人，其中的一个人在心理、情感、身体或道德方面受到另一个人的深度而持久的伤害；宽恕是使受害者从愤怒、憎恨和恐惧中解脱出来，并不再渴望报复侵犯者的一个内部过程。

法有明文，情无可恕。

——北宋·欧阳修

解读

　　法律有明白的条文规定，违反了法规，情理上没有值得宽恕的地方，必须受到惩处。《慎子·君臣》有"官不盲私，法不遗爱"之说，更何况情理上没有值得宽恕的地方。此二句可用来说明人犯了法，就应按法律规定受到惩处，不应为之说情，请求宽恕。

恩

以清俭自律
以恩信待人

　　"羊有跪乳之恩"语出古训《增广贤文》，比喻子女对父母感恩尽孝。很早以前，一只母羊生了一只小羊羔。羊妈妈非常疼爱小羊，晚上睡觉让它依偎在身边，用身体暖着小羊，让小羊睡得又熟又香。白天吃草，又把小羊带在身边，形影不离。遇到别的动物欺负小羊，羊妈妈用头抵抗保护小羊。一次，羊妈妈正在喂小羊吃奶。一只母鸡走过来说："羊妈妈，近来你瘦了很多。吃上的东西都让小羊吸收了。你看我，从来不管小鸡们的吃喝，全由它们自己去扑闹哩。"羊妈妈讨厌母鸡的话，就不客气地说："你多嘴多舌搬弄是非，到头来犯下拧脖子的死罪，还得挨一刀，对你有啥好处？"气走母鸡后，小羊说："妈妈，您对我这样疼爱，我怎样才能报答您的养育之恩呢？"羊妈妈说："我什么也不要你报答，只要你有这一片孝心就心满意足了。"小羊听后，不觉下泪，"扑通"跪倒在地，表示难以报答慈母的一片深情。从此，小羊每次吃奶都是跪着。它知道是妈妈用奶水喂大它的，跪着吃奶是感激妈妈的哺乳之恩。

恩，发自于内心

"恩"，上"因"下"心"，说明恩来自于心底，施恩的人，皆有一颗善良的心，恻隐之心，仁慈之心，然后才会施恩。感恩发自内心，对万事、万物、众人的义举，均起过他应尽的义务。而报恩的人，同样也有一颗真诚的心，是心受感动、心有体验，才会知恩图报，正如古人所说："滴水之恩，当涌泉相报。"古代韩信"一饭千金"的故事，至今仍为美谈。在近代，梅兰芳也是一个懂得感恩的人。"八吊钱，一世情"，说明了梅兰芳不但是一个艺术家，而且是一个重情义的人。梅兰芳15岁那年，不幸染上了白喉病，仍每日带病坚持演出。但白喉病若治疗不及时是会危及生命的。时任清廷三品御前侍卫的李宣倜得知情况后，不由得心急如焚，马上跑去梅家，找到梅兰芳的祖母质问："小孩都病得这么重了，为什么还让他登台演出，这不是要孩子的命吗？"祖母顿时泪下，叹息道："三爷，您有所不知，我们全家都靠这孩子每天唱戏赚的8吊钱来养活。他一天不唱，一家人就揭不开锅，我也是迫不得已啊！"李宣倜当即吩咐："那好，从明天起，你每天派人到我家去取8吊钱来，马上送孩子去治病，治好为止。"对于贫病交加的梅家而言，这真是雪中送炭，全家的生活来源有了保障，梅兰芳就不必再去演出，每天待在家里安心养病。40天后，梅兰芳病情痊愈，重新登台。李宣倜接济梅家，完全是出于爱才心切，以他当时的显赫地位，自然没把这300多吊钱放在心上，但梅兰芳却对此番恩情终生不忘！岁月沉浮，人生的际遇总是

梅兰芳（1894—1961）

很难捉摸。抗战胜利后，梅兰芳名满天下时，李宣倜已沦为"汉奸"，妻离子散，穷困潦倒。富贵时的朋友早已消散，别人对他唯恐避之不及，但梅兰芳从不避嫌，不光每月资助他200元生活费，还经常派上海的弟子去陪他聊天解闷。梅兰芳每次到上海演出，必先把李宣倜接来吃饭，依然毕恭毕敬，喊一声"三爷"。1961年，李宣倜病重，弥留之际，梅兰芳侍奉床前，紧握住他干枯的双手，动情地说道："三爷，您放心，身后之事，我一人承担。"老人闻言，潸然泪下，不久之后安然辞世。梅李二人的情分，因赏识而起，以报恩而终，有始有终。梅兰芳用一生来回报"8吊钱"的恩情，他留给世人的，不只是灿烂夺目的艺术，还有熠熠生辉的品格。

恩，因果相承，因缘相聚

恩首先是播种一种善因，虽然主观上不图回报，客观上却会带来意想不到的实惠。中国的古话："善有善报、恶有恶报""赠人玫瑰，满手余香"，说的就是这个道理。有一个故事说的是一个人无意中施恩，却带来意想不到的结果。

100多年前的某天下午，在英国一个乡村的田野里，一位贫困的农民正在劳作。忽然他听到远处传来了呼救的声音，原来，

一名少年不幸落水了。农民不假思索，奋不顾身地跳入水中救人。孩子得救了。后来，大家才知道，这个孩子是一个贵族公子。几天后，老贵族亲自带着礼物登门感谢，农民却拒绝了这份厚礼。在他看来，当时救人只是出于自己的良心，自己并不能贪恋别人的财物。老贵族因为敬佩农民的善良与高尚，感念他的恩德，于是，决定资助农民的儿子到伦敦去接受高等教育。农民接受了，能让自己的孩子受到良好的教育是他多年来的梦想。农民很快乐，因为他的儿子终于有了改变自己命运的机会；老贵族也很快乐，因为他终于为自己的恩人完成了梦想。多年后，农民的儿子从伦敦圣玛丽医学院毕业了，他品学兼优，后来被英国皇家授勋封爵，并获得1945年的诺贝尔医学奖。他就是亚历山大·弗莱明——青霉素的发明者。那名贵族公子也长大了，在第二次世界大战期间患上了严重的肺炎，但幸运的是，依靠青霉素，他很快就痊愈了。这名贵族公子就是后来的英国首相丘吉尔。老贵族与农民，一个出于报恩，一个缘于善良，都在别人需要帮助的时候毫不犹豫地伸出了自己的援手。他们是幸福的，因为他们都完成了自己的心愿；他们更是无比幸运的，因为他们的善举，令他们的后代转危为安、苦难化尘。

恩，压在心上的"因由"

　　这个"因由"是他人的善意、付出与救助。这个"因由"，是你饥渴时的一杯水，是你寒冷时的一件衣，是你迷茫时的一声鼓励，是你痛苦时的一个安慰……《诗经》中说："投我以木桃，报之以琼瑶。"《增广贤文》中说："有仇不报非君子，忘恩负义是小人。"感恩往往都是有原因的。秦时，项伯杀人，张良救了他。项伯对张良一拱手说："大恩不言谢！"可随后他侄子项羽要发兵攻打刘邦时，项伯连夜骑马潜到刘营，告诉了身在刘营的恩人张良。项伯报恩是因为张良救他在先。报恩，有的人用自己的生命，有的人用自己的钱财，其实，有心则可。只要记在自己的心里，尽自己的力量去回报，就是一个懂得感恩的人。有一个谜语："一人困于口，安然上心头。"谜底是"恩"。"一人"为"大"字，困在口中，即为"因"，安然躺在心上头，为"因+心=恩"。

心学之窗 感恩的力量

　　美国有心理学家宣布："感恩心理有助身心健康。"美国杜克大学生物心理学家杜雷思沃密教授继而证实，因感恩心理而产生的感激、满足、愉悦等积极心情，都可以促进脑部加速释放出包括多巴胺和5-羟色胺在内的让人"愉悦"的化学物质，让人感到快乐。大脑同时还会加大量地分泌一种激素——催产素，缓解焦虑、紧张、沮丧等心理压力，进一步使感恩者长时间地保持心境平和。俄亥俄州州立大学的研究者对100余名罹患不同程度抑郁症的大学生患者进行调查研究，发现每天坚持10分钟发自内心的"有效感恩"者，其抑郁症状会明显减轻，康复时间也有所缩短。加州大学研究者则指出，感恩可促进孤独症患者与他人或社会的积极联系，还可使得更多缺乏社交技巧的人缓解孤独的压力。

以夷坦去群疑，以礼让汰惨急。

以清俭自律，以恩信待人，

——唐·刘禹锡

　　以清廉俭约的标准约束自己，以宽厚诚信的态度对待别人，以公正坦荡的胸怀去消除大家的猜疑，以礼貌谦让的作风去替代严酷峻急的行为。这首诗，道出一个人做人的美好境界。入世时当以清廉俭朴的生活准则要求自己，以感恩诚信来待人。以一颗宁静豁达之心，以出世超脱的情怀来营造自己的精神世界。

悌

入则孝与悌
出则信与忠

　　有一个谜语："心同手足不分离，敬长尊上守礼义"。谜底是一个"悌"字。为什么是"悌"字呢？我们先看前半句，"手足"即"兄弟"，"心同手足不分离"，即心与兄、弟二字结合，"心+兄"则为"怳"字，"心+弟"则为"悌"。再看后半句，"敬长尊上守礼义"，是对前半句的所得字的进一步解释。"怳"字，同"恍"，忽然、仿佛的意思。"悌"字，敬爱兄长的意思，与谜语后半句的意思相符。所以，谜底为"悌"字。

　　"悌"字揭示了处理兄弟姐妹关系的基本原则。

汉字小词典

　　悌，形声字，从忄，弟声。

　　《说文·心部》新附："悌，善兄弟也。""悌"的本义是敬爱兄长，亦泛指敬重长上，如《孟子·梁惠王上》："谨庠序之教，申之以孝悌之义。"后引申为"和易"之义，如"恺悌"，指和乐平易；"悌睦"，指和睦。

与"悌"有关的成语主要有三个："入孝出悌"，表示回家要孝顺父母，出外要敬爱兄长；"孝悌忠信"，指孝顺父母，敬爱兄长，忠于君主，取信于朋友，此指传统社会所提倡的道德标准；"孝悌力田"，指孝顺父母，尊敬兄长，努力务农。

悌是由衷的敬上

悌，从心。"心"为内心、心理，从心，即由心而发；"弟"为弟弟，古同"第"，又有"次第"的意思，即弟弟对哥哥要尊敬顺从。所以，"悌"意指弟弟的心，即心中以己为弟，故知兄弟之礼并遵从之。中国伦理中强调长幼有序、尊长敬上，这在儒家思想中论述得最为详实。《孟子·滕文公上》中将"父子有亲，君臣有义，夫妇有别，长幼有序，朋友有信"归结为"五伦"，被看成是做人处事的基本准则，其中"长幼有序"就是晚辈要服从、尊重长辈的意见。《礼记·礼运》中也有"父慈子孝，兄良弟悌，夫义妇听，长惠幼顺，君仁臣忠"的"十义"，是古代圣哲所界定的道德原则。如果说"孝"，是两辈人之间理想的相处模式，那么"悌"，就是同辈人之间理想的相处模式。古人倡导尊长敬上、礼让兄长，除了耳熟能详的孔融让梨故事，类似的还有很多。

南北朝时候，有一个人叫刘琎，表字子敬，是刘瓛的弟弟。有一次，他的哥哥刘瓛半夜里在隔壁房间里叫着他的名字，但是刘琎并不去答应他。等到下了床，穿好衣服立正到哥哥床前后，他才应答。刘瓛对弟弟答应得迟感到奇怪。刘琎从从容容说道，之前是因为身上的带子还没有束好，恐防礼貌不周得罪兄长，所以不敢随随便便答应。刘琎便是如此敬重哥哥的，后来成为一代有名的臣子。这就是《二十四悌》中有名的《刘琎束带》的故事。

具体到实际生活中，应如何做到"敬长尊上，礼让兄长"？清代康熙时山西绛州人李毓秀所作《弟子规》的"出则悌"篇，梳理了一些具体标准："兄道友，弟道恭，兄弟睦，孝在中。"意义是说，做哥哥的要爱护弟弟，做弟弟的尊重哥哥；兄弟之间和睦相处，这其中包含了孝道。日常相处中，不计较财物则"怨何生"，言语多忍让则"忿自泯"，无论是就餐还是行走，"长者先，幼者后"；长辈召唤他人时，"即代叫，人不在，己即到"，称谓尊长时"勿呼名"，对待尊长时"勿见能"；路遇尊长时"疾趋揖"，长辈没有吩咐时"退恭立"；长辈若骑马坐车，应"下马""下车""过犹待，百步余"；长辈站立时"幼勿坐"，长者就坐时"命乃坐"，尊长前"声要低"，但若声音过低也"非宜"；去见长辈，接近时"必趋"，告退时"必迟"；长辈问话时应"起对""视勿移"；无论何时何地，"事诸父，如事父，事诸兄，如事兄"。虽然，《弟子规》距今三百多年，其中的有些做法不一定适合现代社会，但其展现的思想仍具有一定的启发意义和借鉴价值。

悌是相互的爱惜

悌，心在弟旁，既可理解为"弟弟的心"，即视己为弟，心中有兄，也可理解"心中有弟"。辩证说来，"悌"，即弟者心中有兄，兄者心中有弟，"悌"所提倡的，就是兄友弟恭，互敬互爱，兄弟姐妹之间和睦相处，就是年轻的应该对年长的有敬爱之心、孝顺之心，而年长的要对年轻的有慈爱之心、关怀之情。伯夷、叔齐就是最广为流传的兄友弟恭的典范。

商代末年，孤竹国的国君偏爱第三个儿子叔齐，希望将君主之位传于叔齐。但当他去世后，叔齐却不慕权势，依照嫡长子继承制的原则，希望遵长兄伯夷为新任君主。可伯夷也不肯继位国君，他认为应当顺从父亲遗愿，由三弟叔齐继位。由于彼此谦

让，两兄弟先后避走他乡，宁流落异国也不愿与自己的亲兄弟争抢国君之位。

相比后世里太多手足相残、你死我活的兄弟阋墙之事，"悌"弥足珍贵。三国时期，曹丕对曹植的刁难、迫害，而有大家熟知的"七步诗"：煮豆燃豆萁，豆在釜中泣。本是同根生，相煎何太急！在伯夷、叔齐的心中，"悌"不是令人桎梏的礼教，不是虚以示人的伪装，而是源于惜惜之情的，一份对彼此的爱护。

悌的实质是仁义

悌，从心；心有中央、枢纽、核心之义。《孟子·离娄上》指出，"义之实，从兄是也"，指义的实质是"从兄"，从兄即为"悌"，"悌"即为义。也就是说，"悌"不仅是社会提倡的规矩法则，更是人人心底皆有的一寸仁义的土壤。《论语》说："孝弟（悌）也者，其为仁之本欤！"大意是说，拥有孝悌之心，是仁义之本。这里所指的"悌"，不仅包括具有血缘关系的同姓兄弟姐妹间的相交，还包括异姓兄弟姐妹间的相交。陶渊明说得好："落地为兄弟，何必骨肉亲？"这就明确将"兄弟"的意义推广到了大千世界的浩浩洪流中。人生如尘，江湖四海，漂泊如絮，相依相伴，此时结交的"兄弟"之情，是跨越了家族血缘的，一份更深的情缘。《三国演义》中刘备、关羽、张飞桃园三结义的故事，为中华文化留下了属于血性男儿的一篇热血神话，成为人们萍水相逢时根植心底的对于知己的向往和情结。这种异姓相交，也给后世人指出了一个令人欣喜的方向——"四海之内皆兄弟也"（语出《论语·颜渊》）。

所谓"四海之内皆兄弟",即以兄弟般的情谊,兄弟般的"敬"与"恭",以开放、包容、互敬的态度来对待遇见的一切人物。

悌是平等的、和平的,而悌的力量也是伟大的。"悌"的良好属意,不止一墙之内,已泛乎四海之间。在联合国的大厅里,悬挂着《论语》中"四海之内皆兄弟"的巨幅标语,这说明中国古代的圣人之训已经成为世界各国谋求和平的共识。"海内存知己,天涯若比邻",信任、珍惜、理解、互助,这就是悌道延续到当今的意义。它是人与人之间和谐相处的花露,任何一个家庭、一个单位、一个地方、一个国家都需要孝悌和谐。在世界无限大又无限小的今天,我们每个人的悌道,也大可放诸四海,喜结同道人,相惜即为朋友,认可即为同志,交心即为兄弟,珍爱即为姐妹。

诗书立业，孝悌做人。

——清·王永彬

　　读书人将读书看做自己立身处世的根本，做人必须以孝顺友爱作为基础。读书，一可授人以学识，二可传播高尚情操。只有从学习中培养情操，才能以我所学，为我所用。读书人必须以诗书作为安身立命的根本，为人要从孝悌上立下基础。安身立命之本在于扬善弃恶，"诗"既无邪，"书"亦无邪，故能成为读书人处世的根本。做人由最基本的孝悌做起，自然能逐渐推广到"老吾老以及人之老，幼吾幼以及人之幼"的大仁境界。

慈

慈惠留千室 友于存四海

孟郊的《游子吟》是一首大家都熟悉的诗："慈母手中线，游子身上衣。临行密密缝，意恐迟迟归。谁言寸草心，报得三春晖。"这首诗非常生动地描写了慈母的形象和慈母对子女的深情。游子要远离了，慈母是多么的疼爱，给予无微不至的关怀，把所有的爱都凝聚到手里的针线，每一针一线，都是慈母的思念、嘱咐和深情。这首诗，实际上已经把"慈"字作了生动地表述。

"慈"字以"心"为基，揭示了慈爱的本质。

汉字小词典

慈，形声字，从心，兹声。

《说文·心部》："慈，爱也。"本义为上对下的爱，如《管子》："慈者，父母之高行也。"又有和善的意思，如北齐颜之推《颜氏家训·教子》："父母威严而有慈，则子女畏慎而生孝矣。"又引申指母亲，如宋王安石《寄虔州江阴二妹》："庶云留汝车，慰我堂上慈。"

有"慈"字的成语基本上都是褒义的，表达的都是仁爱、善良，如："慈悲为本"，指以恻隐怜悯之心为根本；"慈眉善目"，形容人的容貌一副善良的样子；"大发慈悲"，比喻起善心，做好事。

慈，是心软如丝的仁爱之心

慈，中间的"丝"，表示柔软的细丝，比喻心肠软如丝。慈，从兹，是草木繁盛的意思。慈，从心，表示"慈"发自心底，是出乎心性的，是一种丝丝相连、永不枯竭的爱。"慈"字寓意心要软如丝，大爱苍生，万物就会被感化，获得生机。唐代张说有诗云："慈惠留千室，友于存四海。"古人说："人生有三好：父严、母慈、人不老。"父因爱而严，母因爱而慈，慈爱是一个合格的父母的基本要求，这都是来源于天然的一种血脉联系和亲情。当然，在现实生活中，也有父母虐待子女的现象，这种人可以说是禽兽不如。慈是一种善良之心，是一种同情之心，是一种恻隐之心。

慈爱的这颗心不但表现在对待子女上，还应扩展到对他人以及对有生命的各种各样的生灵上。

滴水和尚十九岁时就上了曹源寺，拜仪山和尚为师。有一次，师傅洗澡嫌水太热，便让他去提一桶冷水来调凉一些。他便去提了冷水来，把热水调凉了，他先把多余的热水泼在地上，又把多余的冷水也泼在地上。师傅便说他："你这么冒冒失失的，地下有多少蝼蚁、草根，这么烫的水下去，会毁掉多少生命。而剩下的凉水，用来浇灌，可养活多少草树。你若无慈悲之心，出家又为了什么呢？"他于是开悟了，并以"滴水"为号，这便是"曹源一滴水"的故事。

慈是一种大爱、是一种泛爱，也是一种博爱，大慈是一种由己及人，对天下所有的人、所有的生物的恻隐怜爱的仁心，是一种恩惠苍生的胸怀，是源自内在的善良之心。

慈，是对他人尊重的平等心

慈，心上有两个"幺"，这两个"幺"，是平起平坐的，是一视同仁的，是平等的。如果一个高高在上的有钱人施舍一点残羹冷炙给乞丐，这不是慈悲，而是怜悯、同情、施舍。慈下面是一个"心"，首先是"心"，然后才是钱，所以，慈善要以心灵为基础，要抱着无所求的心态，不要有高高在上的施舍，心灵才能永远充满能量。

很多人一听到慈善就想到捐钱，的确，捐钱是最直接的慈善，但是金钱却不能成为衡量慈善的砝码。比如层出不穷的明星"诈捐门"和媒体的"炒作"，把慈善当作噱头、炫富、作"秀"的工具，以此来获取道德优越感，这样的慈善毫无高尚可言。以金钱为标准的慈善，只会让慈善逐渐变味，甚至趋向病态。

2007年2月16日，刚刚卸任的联合国秘书长安南，在美国德克萨斯州的一个庄园里举行了一场慈善晚宴，旨在为非洲贫困儿童募捐。应邀参加晚宴的都是富商和社会名流。在晚宴将要开始的时候，一位老妇人领着一个小女孩来到了庄园的入口处，小女孩手里捧着一个看上去很精致的瓷罐。

守在庄园入口处的保安安东尼拦住了这一老一小。"欢迎你们，请出示请柬，谢谢。"安东尼说。"对不起，我们没有接到邀请，是她要来，我陪她来的。"老妇人抚摸着小女孩的头对安东尼说。"很抱歉，没有请柬的人不能进去。"安东尼说。"为什么？这里不是举行慈善晚宴吗？我们是来表示我们的心意的，难道不可以吗？"老妇人的表情很严肃。"是的，这里将要举行一场慈善晚宴，应邀参加的都是很重要的人士，他们将为非洲的孩子慷慨解囊。很高兴你们带着爱心来到这里，但是，我想这场合不适合你们进去。"安东尼解释说。"叔叔，慈善的不是钱，是心，对吗？"一直没有说话的小女孩露西问安东尼。她的话让安东尼愣住了。突然有人说："不用了，孩子，你说得对，慈善的不是钱，是心，你可以进去，所有有爱心的人都可以进去。"说话的是一位老头，他面带微笑，站在小露西身旁。他躬身和小露西交谈了几句，然后直起身来，拿出一份请柬递给安东尼："我可以带她进去吗？"安东尼接过请柬，打开一看，忙向老头敬了个礼："当然可以了，沃伦·巴菲特先生。"

当天慈善晚宴的主角不是倡议者安南，不是捐出300万美元的巴菲特，也不是捐出800万美元的比尔·盖茨，而是仅仅捐出30美元零25美分的小露西，她赢得了最多最热烈的掌声。而晚宴的主题标语也变成了这样一句话："慈善的不是钱，是心。"第二天，美国各大媒体纷纷以这句话作为标题，报道了这次慈善晚宴。看到报道后，许多普普通通的美国人纷纷表示要为非洲那些贫穷的孩子捐赠。

真正的慈善不是金钱的施舍，而是发自内心的关怀与给予。人世间最宝贵的是什么？法国大作家雨果说，是善良。而善良是一种感情，是一种品质，由心而发。因此，发自内心的善意和行为才是真正的慈善。天空之美，在于纯净剔透的湛蓝；森林之美，在于苍翠欲滴的青绿；太阳之美，在于淋漓尽致的火热……而慈善之美，应在于由"心"而发的纯和真。因此，金钱不是衡量慈善的标准，"心"才是。

以精进力，身无疾病，一切怨害，慈心相同。

——佛经

因为修行非常勇猛精进，所以业障消除，自然不会生病。对于怨恨恼怒我的一切众生，都用平等、慈悲之心来对待，绝对不起嗔心。佛家认为，贪瞋痴慢疑是一切病因，怨恨恼怒烦是一切病缘。仁义礼智信是一切病的药，仁义礼智信就是五戒：仁是不杀生，义是不偷盗，礼是不邪淫，智是不饮酒，信是不妄语。常怀慈悲之心，则健康长寿。